主　　编　　埃里克·埃德蒙兹（Eric Edmonds，美国达特茅斯学院）

尼娜·帕维克里克（Nina Pavcnik，美国达特茅斯学院）

副主编　　弗朗西斯科·H．G．费雷拉（Francisco H. G. Ferreira，世界银行）

卡拉·霍夫（Karla Hoff，世界银行）

利奥拉·克拉珀（Leora Klapper，世界银行）

阿尔特·C．克雷（Aart C. Kraay，世界银行）

戴维德·J．麦肯齐（David J. McKenzie，世界银行）

路易斯·塞尔文（Luis Servén，世界银行）

编辑团队感谢前主编安德鲁·福斯特（Andrew Foster）监督本期文章的审阅。

编辑助理　　马尔贾·凯珀(Msrja Kuiper)

编辑委员会

哈罗德·H．奥尔德曼（Harold H. Alderman，国际粮食政策研究所）

白重恩（Chong-En Bai，中国清华大学）

普拉纳·K．巴德汉（Pranab K. Bardhan，美国加州大学伯克利分校）

考希克·巴苏（Kaushik Basu，世界银行）

托尔斯滕·贝克（Thorsten Beck，英国伦敦城市大学卡斯商学院）

约翰尼斯·冯·比斯布洛克（Johannes Van Biesebroeck，比利时鲁汶大学）

莫琳·克罗珀（Maureen Cropper，美国马里兰大学）

昆特·阿斯里（Asli Demirgüç-Kunt，世界银行）

全归仁（Quy-Toan Do，世界银行）

弗里德里克·杜克尔（Frédéric Docquier，比利时鲁汶大学）

埃里安娜·拉·费拉拉（Eliana La Ferrara，意大利博科尼大学）

弗朗西斯科·H．G．费雷拉（Francisco H. G. Ferreira，世界银行）

奥古斯丁·夸西·福斯（Augustin Kwasi Fosu，芬兰联合国大学世界发展经济研究所）

保罗·格里夫（Paul Glewwe，美国明尼苏达大学）

杰里米·马格鲁德（Jeremy Magruder，美国加州大学伯克利分校）

威廉姆·F．马洛尼（William F. Maloney，世界银行）

戴维德·J．麦肯齐（David J. McKenzie，世界银行）

热姆·德·梅洛（Jaime de Melo，瑞士日内瓦大学）

乌戈·潘妮兹（Ugo Panizza，日内瓦研究所）

尼娜·帕维克里克（Nina Pavcnik，美国达特茅斯学院）

维贾英德拉·拉奥（Vijayendra Rao，世界银行）

马丁·瑞威廉（Martin Ravallion，美国乔治敦大学）

热姆·萨维德拉-桑杜维（Jaime Saavedra-Chanduvi，世界银行）

克劳迪娅·塞普尔韦达（Claudia Sepúlveda，世界银行）

多米尼克·冯·德·沃勒尔（Dominique Van De Walle，世界银行）

克里斯托弗·M．伍德鲁夫（Christopher M. Woodruff，美国加州大学圣地亚哥分校）

世界银行主办

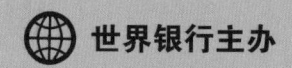

世界银行经济评论
The World Bank Economic Review

埃里克·埃德蒙兹（Eric Edmonds）
尼娜·帕维克里克（Nina Pavcnik）
主编

2016 No.3 第30卷

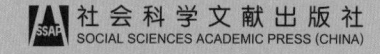

社会科学文献出版社
SOCIAL SCIENCES ACADEMIC PRESS (CHINA)

©International Bank for Reconstruction and Development/The World Bank
This edition was originally published in English in 2016.This translation is published by arrangement with Oxford University Press.

本书根据牛津大学出版社The World Bank Economic Review 2016年第3期译出

目　录

在贫穷劳动力过剩的经济体中劳动福利制度对扶贫是否具备较好的性价比

……………………… 林库·穆尔盖伊（Rinku Murgai）

马丁·拉维里昂（Martin Ravallion）

多米尼克·冯·德·沃勒尔（Dominique Van de Walle）／1

何谓总体经济的外援收益率

……………………… 查宁·阿恩特（Channing Arndt）

萨姆·琼斯（Sam Jones）

芬恩·塔普（Finn Tarp）／43

利用劳动力调查估计季度贫困率：初步结果

……………………… 穆罕默德·杜依蒂奇（Mohamed Douidich）

阿卜杜勒乔伊德·埃兹拉利（Abdeljaouad Ezzrari）

罗伊·范·德·韦德（Roy Van der Weide）

保罗·维尔麦（Paolo Verme）／77

世界银行经济评论（2016 No.3）
THE WORLD BANK ECONOMIC REVIEW

弥补性别差距：识别加纳、卢旺达、坦桑尼亚和刚果
共和国中阻碍自雇女性的因素

.... 艾米丽·尼克斯（Emily Nix）

艾莉萨·伽姆博尼（Elisa Gamberoni）

雷切·黑斯（Rachel Heath）/ 110

中低收入国家道路基础设施建设成本探讨

.... 保尔·科利尔（Paul Collier）

玛蒂娜·吉尔伯格（Martina Kirchberger）

曼斯·索德尔博姆（Måns Söderbom）/ 134

延长义务教育是否有助于不同性别和农村/城镇居民受教育程度平等

.... 姆拉特·G. 吉尔达（Murat G. Kirdar）

梅尔滕·代伊古鲁（Meltem Dayioğlu）

伊斯梅特·科克（İsmet Koç）/ 170

学而升级还是不学亦可升级：对学生入学和退学的影响

.... 伊丽莎白·M. 金（Elizabeth M. King）

皮特·F. 奥拉兹姆（Peter F. Orazem）

伊丽莎白·M. 帕特诺（Elizabeth M. Paterno）/ 207

在贫穷劳动力过剩的经济体中劳动福利制度对扶贫是否具备较好的性价比

林库·穆尔盖伊（Rinku Murgai）

马丁·拉维里昂（Martin Ravallion）

多米尼克·冯·德·沃勒尔（Dominique Van de Walle）*

劳动福利制度通常被认为是一种能够实现对穷人自我定位的颇具吸引力的转移支付方式。然而，这样的激励性论据事实上能否充分使效果不佳的劳动福利制度比非目标现金转移支付更受青睐呢？本文在某个失业率居高不下的印度穷邦中，借助一项基于调查的非参数性的方法，估计了一个大规模的劳动福利制度计划的性价比。之前的收益是明显的，但缺乏市场工资数据。就同样的预算而言，相比于基本收入计划或与政府定量供应卡

---

* 林库·穆尔盖伊（Rinku Murgai）的电子邮箱是 rmurgai@ worldbank. org。多米尼克·冯·德·沃勒尔（Dominique Van de Walle）的电子邮箱是 dvandewalle@ worldbank. org。他们都是世界银行首席经济学家。马丁·拉维里昂（通讯作者）在乔治敦大学担任首届爱德蒙德·D. 维兰尼（Edmond D. Villani）经济学教授，以及国家经济研究局研究员；他的电子邮箱是 mrl1185@ georgetown. edu。本文借助了普甲·杜塔（Puja Dutta）和林库·穆尔盖伊所开展的世界银行项目中搜集的数据和开展的分析。笔者感谢西班牙冲击评估基金为本文提供资金帮助。笔者还对 Sunai 咨询私人有限公司以及 Gfk Mode 公司所提供的实地调查帮助表示感谢；对比哈尔邦政府农业发展部的帮助表示感激，他们为比哈尔境内所面临的挑战以及正在进行的各种倡议提供了真知灼见。阿里卡·拉格朗日（Alik Lagarange）和玛利亚·米妮·乔斯（Maria Mini Jos）提供了十分有效的研究帮助。此外，我们还收到了来自相关编辑和三名匿名阅稿人、印度统计协会研讨会、巴黎经济学院、澳大利亚国立大学、乔治敦大学、新德里政策研究中心以及世界银行等的有帮助的评论。这些都是笔者的看法与观点，并不反映其雇主（包括世界银行或者其成员国）的意见。

配给相关联的转移支付制度，非生产性的劳动福利制度对贫穷的影响要小一些。劳动福利制度的生产效率对于将其作为一项扶贫政策的正当理由是十分关键的。JEL 代码：I32, I38。

劳动福利制度计划对其受益者设置了一定程度的工作要求。这样做的政策依据几乎很少建立在该项工作的产出价值上。然而，当信息和行政管理方面的约束导致无法实现最优收入所得税或转移支付时，他们认为劳动福利制度解决了目标定位的问题。通过只吸引那些有真正需求的人，并鼓励他们在无需帮助时回归正常工作岗位，劳动福利的激励措施解决了分辨谁是真正"贫穷"而谁不是的问题（Besley and Coate, 1992）。

前现代欧洲的福利接受者通常被封闭在"劳动救济所"中，在那里，他们的"不良表现"可以得到控制，这或许是使用劳动福利制度这种"自我目标定位"特点最为著名的例子。从最开始的时候，相关的看法是，仅有最穷的人才愿意被如此封闭。因此，劳动救济所也被视为扶贫中性价比最高的手段（Thane, 2000, 115）。1834 年，著名的英格兰《贫穷法》改革，使用了劳动救济所来确保更好的目标定位，并且这也被视为扶贫资金从 1830 年前后占国家收入的 2.5% 下降到 1840 年的 1% 的主要原因（Lindert, 2013）。

然而，低效率的劳动福利制度是不是减轻消费贫穷的一个性价比高的方法呢？有证据表明，劳动福利制度的确是自我目标定位的。例如，在本文研究的印度劳动福利制度计划中，平均参与率由最为贫穷、缺少财富的人口百分比的 35%，平稳下降到最为富裕的人口百分比的近乎 0（Dutta et al., 2014）。没有任何针对穷人的直接努力，贫穷的家庭倾向于参加（劳动福利制度计划）。然而，如果劳动福利制度参与者的净收益较小，那么即便是极好的目标定位也无济于事。如果劳动福利制度计划在一个充满竞争、充分就业的经济体中给出一个市场工资率，那么就会出现上述情况。然而，如果出现高失业率，比如经济萧条，在饥荒或者青黄不接的地区或时期，劳动福利制度就会得到推崇。推崇者通常会认为（直接或间接）如果没有劳动福利制度计划，工人就会无所事事，并认为净收益就是劳动福利制度的薪资。

这样的假定可信吗？著名的刘易斯经济发展模型（1954）假定，在损失很少或不损失农业产出的情况下，劳动力能够从农民耕作业进入现代产业部门。然而，正如罗森兹维格（Rosenzweig，1989）指出的，这就需要农村农场工人的边际产量为零，家庭农场少一个工人，其他家庭成员通过更加努力地工作来弥补这样的差距。人们可能会质疑这两种条件的合理性。更为普遍的是，还有一种私人农村劳动力市场，在参与劳动福利制度的任何阶段，都存在着寻找到工作的可能性。我们依然对劳动福利制度参与者放弃的收入情况知之甚少。

即便从整体而言，失业率高居不下，放弃的收入也是不能被忽视的。对于更为贫穷的人而言，当参与的私人机会成本较低时，自我目标定位就能从根本上得到保证；但对于所有的人而言，这一成本不大可能都为零。这些隐藏成本的重要性很明显地与政策选择有关。在一份颇具影响力的报告中，世界银行（1986）指出，鉴于劳动力的私人机会成本，劳动福利制度计划对扶贫的性价比较低。但是，这份报告没有提出相关证据。正如我们将要看到的，放弃的收入分布也会对贫困产生影响。

然而，即使不存在放弃的收入，劳动福利制度计划也产生了那些不可能被忽视的、在替代性的现金转移支付计划中不可能产生的其他成本。为了组织并监管工作场所，劳动福利制度需要相对熟练劳动力的支出，还需要补充的材料投入支出。我们将这些称为"非工资成本"。即便是在南亚非熟练劳动高度密集型的计划中，这些额外的费用也占到了公共支出的1/3。

我们对印度比哈尔邦的一项大型劳动福利制度进行了研究。这是印度最贫穷的邦之一（通过某些指标来衡量，是最贫穷的），2009~2010年，在9000万农村人口中，有55%的人生活在官方确定的贫困线之下。[①] 同时，农村地区的失业率为18%（其中男性为16%，女性为32%），是国家

[①] 基于2009~2010年官方规划委员会设定的贫困线。在印度，该邦长久以来扶贫工作效率最为低下（Datt and Ravallion，2002）。

平均失业率的两倍（劳工与就业部，2010）。未充分就业率（工人的正常状态是被雇佣的，但没有足够的工作可做）似乎要更高一些。

这是一种贫穷劳动力过剩的经济体类型，在这里，劳动福利制度被认为能够战胜并消除贫困。以此为目标，印度2005年构建了一项大规模的国家级劳动福利制度计划，承诺每年为任何希望工作的农村家庭提供100天的非技能手工工作时间。

本文探寻的是，这项雄心勃勃的计划在纯劳动福利制度方面是否能够充分扶贫，以便证明其是一项向穷人转移资金的有效方法。该计划是否能在信息约束十分严重、失业率居高不下，即便是在工作并不产生任何价值的情况下，仍然使得借助工作要求的自我定位机制的平衡向有利于劳动福利制度的方向倾斜？在这个贫穷劳动力过剩的经济体中，潜在放弃的收入和非工资成本是否过高？

其中一个方法论挑战就是估计放弃的收入。我们基于一个反事实问题的调查回答进行估计——特别是要求受访人预测如果没有这项计划，那么他们能够获得什么。对于其他的方式（将在稍后进行论述），这种方式存在诸多优势，并且我们还发现，当与同时聘用的临时工人的平均工资收入相比时，这种方式给出了可信的结果。然而，当个体受访者没有考虑到随时间推移的或者是人与人之间的替换可能性时，我们认识到基于调查的方法可能会导致我们高估放弃的收入。这些会在总体上重复计算放弃的机会（比如，在没有劳动福利制度计划的情况下，个体工人可能会知道存在另外一个可获得的工作，但其他的工人可能会在他们的回答中想到相同的一份工作）。我们甚至使用自己的方法对大幅高估放弃收入的可能性进行敏感程度测试。

在解决这些问题时，另外一个重要的选择是反事实分析。在理想状态下，人们能够通过将财政资金用于大规模的劳动福利制度项目中从而降低贫困，这并不会让人意外（很大程度上通过对非穷人的征税来获得资金）。更为有趣的问题是，如果对同样的公共资源进行可行的替代性分配，是否会产生更好的效果。

在贫穷劳动力过剩的经济体中劳动福利制度对扶贫是否具备较好的性价比

一个明显的反事实情况就是基本收入计划（BIS）。① 无论其是贫穷或富裕，这个计划确保给每一个人固定数目的现金转移支付。在寻找转移目标中没有明确的努力。该计划的行政成本很可能会低，但由于需要一定形式的人员登记系统以避免"重复取款"问题，并确保规模较大的家庭能够有更大比例的收入，因此成本也不可能为零。

近期，基本收入计划的可行性会受到质疑，虽然当前已经铺开的国家身份证系统可能会对此有所改变。由于基本收入计划可能会需要新的公共交付机制，且因为近期的可行性，另外一个我们感兴趣的反事实分析就是利用现存的目标工具，虽然这一工具跟预算中立转移支付机制一样并不完美。印度也拥有一个基于"低于贫困线"卡片制度的救济食物分配系统，"低于贫困线"卡片制度由印度各邦政府设立，并且通过广泛的本地化网点传递食物。很多人都认为"低于贫困线"卡片制度并不能十分精确地针对贫困人口。② 在本文中，我们在调查数据中，将现有的卡片分配作为已经给出的，并借助其构建一个选择性的反事实工具，以便对劳动福利制度的性价比进行评价，也就是对同样的预算进行分配，但是将其作为现金转移支付，或者分配给那些持有"低于贫困线"卡片的人。

下一部分讨论本文研究的项目，第二部分将对我们的数据和估算方法进行描述。第三部分将对我们获得的劳动福利制度参与者的工资调查数据进行考察。第四部分将转向我们对放弃的收入的发现。将这些因素组合起来，第五部分我们会提供一个与上文描述过的两项预算中立计划有关的，对贫困影响的估算。第六部分，作出结论。

---

① 它的称呼很多，包括"集中转移"、"保障性收入"、"公民收入"以及"未变的社会红利"。基本收入计划由米德（Meade, 1972），阿特金森和苏特兰德（Atkinson and Sutherland, 1989），拉维里昂和达特（Ravallion and Datt, 1995），拉文托斯（Raventos, 2007），巴丹（Bardhan, 2011），以及达瓦拉等人（Davala et al., 2015）提出。

② 比如，贝思利等人（Besley et al., 2012）发现，作为一个地方的政治家，在对富裕指数——包括没有土地指标——进行控制之后，某些人很有可能将拥有"低于贫困线"卡片。在撰写本文时，使用"低于贫困线"卡片进行食物分配在印度十分流行。2013 年《全国食品安全法案》设想了一个更高的覆盖层次，覆盖目标的选择则留给州政府决定。

一 项目

长期以来，印度都有关于劳动福利制度计划的历史。其中的核心理念体现在英属印度1880年前后设立的《饥荒法案》，直至今日，这样的制度设计都在南亚次大陆上发挥着重要的作用。劳动福利制度计划中一项重要的要素就是确保任何希望就业的人都能够就业，并能获得预定的（通常较低）工资水平。在南亚，此类"就业保证计划"十分流行。其中，最为突出的（虽然不是唯一的）是1973年在印度开始的"马哈拉施特拉邦就业保证计划"，它长久以来也被视为一个典范（Dreze，1990；Ravallion，1991）。2005年，印度中央政府实施了一个中央级版本，目前被称为"圣雄甘地国家农村就业保证计划"。这一计划确保了每个愿意从事非技术性手工劳作的农户能在一年内获得大约100天的工作时间，并获得本项目所规定的最低法定收入。该工作的要求（或多或少是直接地）被视为一项确保的手段，以保证该项目能够使印度的穷人受益。现有的证据表明，该计划很明确地针对了贫穷的农村家庭；参见阿里卡—拉格朗日和拉维里昂关于整个印度的论述（2015），以及德塔等人关于比哈尔的论述（Dutta et al.，2014）。

"圣雄甘地国家农村就业保证计划"的目标是减轻农村的贫困，其承诺也是伟大的。的确，这一计划的推崇者宣称，该计划可以在很大程度上消除印度农村的贫困。比如，德瑞泽（2014）就称"该计划可以使印度农村最贫穷的家庭跨越贫困线"。这虽然看起来是一项无法完成的任务，但不可否认的是，这是印度国内一项雄心勃勃，并且出发点良好的扶贫计划，并且最为重要的是，它给出了宏大的承诺。该计划的规模令人印象十分深刻；根据行政管理方面的数据，大约有5000万户家庭在2009年和2010年参与了该计划。[①] 该计划是全国性的。在本文中，我们主要关注比哈尔邦，我们将比哈尔邦的"圣雄甘地国家农村就业保证计划"称为"比哈尔农村就业保证计划"。

[①] 参见印度政府网站关于MGNREGS的信息（http：\\nrega.nic.in）。

在贫穷劳动力过剩的经济体中劳动福利制度对扶贫是否具备较好的性价比

该计划最开始且最直接的方式就是根据农村地区需求提供额外的工作，从而减轻贫困，并且该计划直接面向穷人。直觉上，这很容易让人联想到低收入的手工工作，通常在烈日下劳作，对于那些不是真正的穷人而言是没有多少吸引力的。事实上，正如之前所说过的，该计划能够使贫穷的人受益。在与私人雇佣者进行工资谈判时，通过提供最低保障工资的职位，该计划可以对那些本计划之外的临时劳工的工资率施加上行压力。当出现整体经济冲击或特异性冲击时，一个运行良好能够保证就业的计划也能够提供至关重要的保障措施和安全的救济金。对于参与者而言，可能还存在着一些额外的收益：他们可能会获得一些技能，通过为政府而非当地的地主工作获得一些公用设施服务，其中一些人还可能因此受益，政府还能保护他们工作的权利。

然而，我们从文献中已经获悉，并且从观察中了解到，在实际操作中，这一计划的诸多潜在影响可能并不能如愿：

- 对于计划中的工作需求，供应侧的反应可能会比较缓慢，留下诸多未被满足的需求（定量配给）。
- 工人可能达不到获取最低工资的生产力标准。
- 支付方面可能会出现一些延迟（无意的或有意的）。
- 腐败可能会存在，当地的领导或官员可能会从中盘剥。①
- 可能会存在剥削，这来自村庄领导的买方垄断力量，特别是充当订约人时。
- 可能会存在被放弃的收入，也就是指，工人在之前经济活动中，例如临时工市场中的类似工作的机会成本。

确定贫困人群从该项计划中获得收益的关键因素是定量分配的程度；比哈尔农村就业保证计划中的工人是否在需要时就能从计划中获得工作呢？德塔等人（Dutta et al., 2012）对全印度的调查结果表明，关于"圣雄甘地农村就业保证计划"存在着大量未被满足的工作需求。这一发现是

---

① 比如，当地官员可能会针对服务收取"费用"，例如提前支付工资，或者代替"影子工人"收取工资。

基于2009~2010年的"全国抽样调查"。德塔等人（2014）借助本文中使用的调查工具（特意为本研究设计的），还发现了比哈尔农村就业保证计划工作大量定向分配的证据。在那些计划中有工作需求的人里，仅有1/3的人获得了工作。工作定向分配的程度对本计划有着重要的意义。由于比哈尔农村就业保证计划中的工资率高于同类工作的市场工资率，因此一个获得比哈尔农村就业保证计划工作的可靠机会能够帮助非比哈尔农村就业保证计划的工人（和雇佣者）商讨更高的工资。然而，此类对私人工资—劳动力市场的溢出效应不大可能会出现，其原因是人们获得比哈尔农村就业保证计划工作的程度有限。根据德塔等人（2014）发现的平均定向分配率，对于一个考虑到比哈尔农村就业保证计划工作的临时工人来说，比哈尔农村就业保证计划收入预期值可能会远低于一般的市场工资率，这也是农村劳动力市场中的常识。因此，在当地工资议价的过程中，比哈尔农村就业保证计划就不会是一项可靠的外部选择。定向分配也损害了该计划的保证收益，而这在很大程度上取决于工人在需要时是否能够选择该计划。德塔等人（2014）报告了以调查为基础的证据，表明在这一背景下，该计划对于冲击的反应十分迟滞。

该计划减轻贫困的第二个途径就是为穷人创造资产价值（可以是直接的，也可以是间接的，如通过私人工作供应效应）。相对于参与者直接的就业收益，"圣雄甘地农村就业保证计划"在这一方面给予的关注较少。我们到处都能听到的一个描述是，这些资产大部分都是没有价值的，但这显然有些夸张。威尔玛（Verma，2011）报告实地考察结果并用以评估了"圣雄甘地农村就业保证计划"下140项水务工程的收益。结果表明，"圣雄甘地农村就业保证计划"的一些项目的确能够带来比直接就业更为持久的积极效应。然而，其报告样本的选择有意地青睐于那些运营良好的项目，因此也就不能被用来反映整体的情况。报告中存在一些有趣的观察现象，例如项目设计和维护的本地化能力不足，以及本地工程师对该项目兴趣缺乏等情况。[1]

---

[1] 参见威尔玛（Verma，2011）、曼恩和庞德（Mann and Pande，2012）以及吉姆曼（Zimmerman，2013）的评论。

此外，还存在着另外一些有趣的观察现象，那就是该计划中任何持久的资产创造通常都会有利于当地的地主以及政治家，而不是直接使贫困农户受益，这些农户通常是没有土地的。

二　数据和方法

调查数据

为了本文的研究，我们从比哈尔农村地区的150个乡村中收集了两轮用家庭面板结构表示的数据。第一轮数据收集的时间在2009年5~7月，第二轮数据收集的时间为2010年的5~7月。这些数据收集的时间段是农业低迷的时期，因此也就可能是比哈尔农村就业保证计划实施的高峰时段。这两轮数据收集都包含回忆之前12个月发生过的事情的问题。第一次调查之前一年的雨季（2008年7~8月），位于戈西河流域某些区域的汇水区发生了严重的洪灾。而2009年雨季时，雨水就很稀少，在第二次考察期间，诸多地区还出现了旱灾。

根据2001年人口普查的村庄表，我们先后推行了一项由两阶段构成的抽样设计。在第一阶段，以2008~2009年的行政管理数据为基础，从比哈尔农村就业保证计划覆盖的较高和较低的两层次中随机选择150个村庄。在第二阶段，在每个村庄中随机选择20个家庭，从所有村庄初始清单中以及少数选定的特性中选择三个层次的数据。这一分层的方法确保了样本既包含计划的参与者也包含那些可能会有参与者的家庭。我们使用了适当的样本权重以反映抽样设计。

这些调查收集了一系列家庭层面特点的信息，包括人口统计学、社会经济地位（包括资产所有权和消费）、就业和工资、政治参与度、社会网络以及关于比哈尔农村就业保证计划参与度的信息和相关的过程问题。

我们对包含至少一男一女两名成年成员的家庭进行了访问，访问内容包括他们在比哈尔农村就业保证计划中的参与情况、在最近的一个工作场所对于该计划的体验、关于该项目的了解和看法、农村劳动力市场以及女性的作用等。在选取个体时,我们偏向于本计划的参与者。抽样家庭中的成年人平均人数为2.5人(中位数为2.0人),但成年人的数量范围为1～11。所以,我们并没有采访所有抽样家庭中的所有成年人,在某些情况下,一些家庭中也只有一位成年人。我们的目标是抽取一个能够代表总体参与者样本的个体样本。然而,事实是,相对于男性而言,女性通常会待在家里,因此我们也很难找到那些我们希望访问的人。同样,随着时间的推移这种情况也是属实的,正如相比任何一轮的调查,这种情况反应在一个小的个体面板中。其中接近69%的受访参与者都是已婚男性户主,而他们的配偶和未婚子女则分别占18%和8%。此外,在每个村庄,关键的信息人都被问到了关于村庄现实和社会基础结构,以及如何接触到政府项目的问题。

总体而言,在两轮调查中,共有3000户家庭和大约5000个人接受了访问。平衡的面板包括2728户家庭以及3749名受访个体。这两轮调查之间,未接受采访的家庭为8%,并且没有集中在任何一个特别的阶层。拒绝接受采访的人相对较少;在未接受采访的家庭里面,有大约2/3是因为调查小组访问村庄时家中无人。

2009年2月和8月,我们还在比哈尔北部和南部精心挑选的6个村庄里开展了定性研究(Gaya, Khaimur, Kishanganj, Muzaffarpur, Purnea 以及 Saharsa)。① 这些定性研究的结论将被我们用来解读一些定量研究的结果。

评估放弃的收入

从文献中,我们可以确定两项评估放弃的收入的方法。第一种是结构性的方法,遵循经济学中对观测的结果进行建模的长期方法,假定人们对其参与这样一个项目的收益保持消息灵通以及理性的(信息客观的)预期。人们接着可以对其参与的抉择以及劳动力供应的决策进行建模,并且(在某些条件下)重新得到他们得到的利益的估计量。第二种方法几乎未

---

① 定性的结果报告发布在《发展选项》(2009)、《印度格拉曼服务》(2009),另外参见 Sunai (2009) 的论述。德塔等人 (Dutta et al., 2013) 提供了研究结果及其影响的总结。

对行为作出假设,并且使用了标准的"简化模式"冲击评估方法。这需要对那些参与者的均值和挑选的未参与者组(均值)做对比。遵循一种或两种方法,在持久的可识别的假设下,多种方法被用来评估冲击,其中包含时间分配计量经济学模型和匹配估计量。放弃的收入均值估计量从占劳动福利制度收入的25%(印度马哈拉施特拉邦)到50%(阿根廷)不等。①

然而,通过这两种方法,关于放弃的机会潜在的大量经济相关的个体特质信息会被忽视。并且这一信息被那些决定是否参加的人清楚地知晓。这就引出了赫克曼(Heckman)等人所谓的"根本异质性"(也被称为"相关随机系数"),他们证明从标准计量经济学的估计量(包含那些使用随机分配作为工具变量的估计量)中得到的关于甚至是总体平均影响的推断是错误的。长期以来,这样的异质性在估算文献中都是一个关注点。② 这一问题源于估算者缺乏关于放弃的机会的信息。

还有第三条路径估算放弃的收入,也就是我们在本文中使用的。③ 这是一种通过向个体参与者提出反事实问题的,处理异质性问题的非参数方法。我们援引结构性方法中的关键假定,也就是参与者对他们从参与活动中获得的收入持有无偏见的期望。差别在于,我们试图直接从参与者那里获得信息。随后,我们也不必用结构的或简化模式的方法对计量经济学估计量做出任何标准的假设,特别地假定回归残差项拥有零均值,这取决于处置状态或某些状态(工具变量)的关联。这一方法存在优势,我们能够估算平均冲击,包括对于贫困的衡量标准,并且能够从非参数角度假定调查回答中只存在传统的测量误差。我们对于利益的个体估算假定参与者对从项目中获得的收益持有无偏见的期望。虽然这是结构性方法的一个存在

---

① 分别来源于达特和拉维里昂(Datt and Ravallion, 1994)以及拉兰和拉维里昂(Jalan and Ravallion, 2003)。拉维里昂等人(Ravallion et al., 2005)(使用不同的方法)确认了阿根廷的结果。
② 早期的讨论包含赫克曼和罗布(Heckman and Robb, 1985)以及布约克兰德(Bjorklund, 1987)。
③ 我们并不知道之前有人使用过这种方法。Jha 等人(2012)同样问过在"圣雄甘地农村就业保证计划"工作的受访者他们是否认为存在任何其他的工作。然而,他们并没有询问关于放弃的收入的问题,而是运用了现行的工资率进行估值。

已久的假定，但它依然受到质疑，可能会出现测量误差。在评估贫穷冲击时，我们通过获取收入的条件均值来解决这一问题。我们还从替代性工作的数据中给出观测结果，以提高通过我们的方法得到的平均放弃收入的有效性信心。

从根本上说，每一个被取样的个体都被问及，如果他们没有获得劳动福利制度的工作机会，他们对于就业和收入的期望。如果受访者回答他们会在没有这一项目的情况下工作，那么我们会问他们关于工作天数和工资的问题。在试验阶段，我们会对具体问题（根据当地方言）进行适当的调整。我们也会问他们关于实际收入的问题。因此我们基本上向个体询问了收入问题。我们的方法拥有一定的优势，那就是我们获得了关于个体的冲击信息，将现存机会的特有的信息包含在内——那种在考察研究中不大可能存在的信息。因此，我们就能开展很好的分布分析法，而这是对贫穷冲击进行评估所必需的。

事实上，比哈尔农村就业保证计划的参与者在村庄内所拥有的获得收入的唯一选择就是为当地的地主或一些非农业活动开展临时性的手工劳作。比哈尔农村就业保证计划的大部分参与者都没有土地，并且在村庄世代居住。可以假定在整个农业年中，他们对于自己的劳动收入选择有清晰的认识。

我们发现，通过精心设计，受访者回答问题的比率比较高；相对于更为普通的"目标性"问题，这些问题并不会很难。对访问者进行适当的培训，在我们调查的第一阶段，关于放弃的收入问题的总体回应率能达到92%，在第二轮调查中，总体回应率可达到98%。

当然，这里会存在一些异常值，或许反应出对于调查问题的误解。然而（我们将继续展现），在报告中放弃的收入的平均值与未参与项目的同类工人的平均工资率十分接近时，这样的答案就是有意义的。我们还对自己过高估计放弃的收入的可能性进行了稳健性检验。即使大幅高估放弃的收入，我们的主要结果对此仍是稳健的。

正如在序言中指出的一样，由于双重计算，在我们对放弃的收入的加总估算中，存在着潜在的上升偏差；两个不同的调查受访者可能会想到同

在贫穷劳动力过剩的经济体中劳动福利制度对扶贫是否具备较好的性价比

一份放弃的工作机会，由此加总的放弃的收入将低于个体报告的（放弃的收入）总和。同样，在家庭成员之间，也存在着替代的可能性，一个成年人也会承担起比哈尔农村就业保证计划参与者放弃的工作。我们将会对我们的结果所使用的方法论导致我们高估放弃的收入可能的敏感性进行检验。

对于清理和分析这些数据，我们建立了一定的程序：

- 对于家庭劳作或者自有生意（通常是自有农场），放弃的收入被假定为零，基于这样的工作可以随时进行重新分配从而确保很少甚至是没有放弃的收入的合理假设。

- 对每一个人，都会问在比哈尔农村就业保证计划工作一段时间所放弃的工作和放弃的收入问题。随后，将特定性别的中位数作为家庭数值使用，以开展家庭贫穷估算。

- 如果数据仍然遗漏，放弃的收入遗漏的数值会被家庭所在村庄的社会阶层（放弃的收入）中位数或是村庄的中位数（遍及所有社会阶层）替代。

- 大约有10%的受访者报告称其放弃的收入大于其从公共工作中获得的收入。由于涉及的工作在公共工作与其他临时性工作之间是类似的——都涉及非工资收益不明显的手工劳动——因此人们不大可能放弃工资较高的工作来参加这一计划。我们认为这些受访者很有可能误解了这一调查的问题，或者时间单位输入存在一定的偏差。因此，我们将这些视为一种错误。我们选择删除这些数据，因此在任何阶段放弃的收入都不会超过从公共工作中获得的收入。

在估算贫穷衡量标准时，我们遵循标准的做法，把我们的衡量方法建立在综合性的消费加总之上（使用基于全国抽样调查就业—失业计划的调查模型）。贫困线是第一轮（调查）人均消费水平的中位数，随着时间的推移，我们借助农业劳动力的消费者物价指数对此进行更新，以此获得第二轮（调查）的贫困线。从而获得第一轮的人均贫困线为6988卢比，第二轮的人均贫困线为7836卢比。然而，认识到任何贫困线都一定存在某种程度上的武断性，我们还对一系列潜在贫困线的冲击进行了估算。

应当指出的是,在本研究背景中,将消费作为福利衡量标准,会忽视比哈尔农村就业保证计划相对于其他工作选项的时间负效用之间的所有差异。这在非福利主义人士对项目评估的传统中是常见的。[①] 比哈尔农村就业保证计划中开展的工作类型与所有的临时性手工劳动十分相似,因此对于全职雇佣工人而言,这似乎不是什么问题。对于失业的工人而言,由于工作产生负效用的猜测,工作就会存在增加的福利成本。这种可能性的隐含之意将在阿里卡—拉格朗日和拉维里昂(Alik - Lagarange and Ravallion, 2015)的论文中进一步探讨。

在设定本计划成本以进行开展反事实分析时,我们把比哈尔农村就业保证计划在中央管理数据里的所有公共开支(数据)都包含进来。这些数据包含材料、监控以及比哈尔农村就业保证计划工资;在第一轮(调查)和第二轮(调查)中,非工资成本分别占据了比哈尔项目总开支的36%和39%(Dutta et al., 2014)。我们使用的精确预算为,第一轮(调查)中每户858.42卢比,第二轮(调查)中每户1194.92卢比。[②]

随后,对于反事实贫困衡量标准的计算其实就是一种简单的会计练习。真实的(观察到的)后比哈尔农村就业保证计划贫困衡量标准基于观测到的人均消费分布 $y = (y_1, \cdots, y_n)$(其中 y_i 是家庭 i 中的人均消费)。在没有比哈尔农村就业保证计划的情况下,反事实则以分布 $y - w + f$ 为基础,其中 w 是从比哈尔农村就业保证计划中获得的真实工资的 n 维向量,f 是由于参加比哈尔农村就业保证计划而导致放弃的收入的 n 维向量。基于这两种分布的衡量标准之间的差异随后对贫穷造成了一定的冲击。相反,当反事实是基本收入设计时,贫困衡量标准基于 $y - w + f + c$ 分布,其中 c 是该计划人均成本(工资成本+非工资成本)(可以将它按比例缩小,以考虑遗漏的情况)。相反,对于以当前定量供应卡分配为基础的反事实,

---

[①] 参见贝思利和科特(Besley and Coate, 1992),达特和拉维里昂(Datt and Ravallion, 1994)以及阿里卡—拉格朗日和拉维里昂的探讨(Alik - Lagrange and Ravallion, 2015)。

[②] 管理数据表明,2008~2009财年的总开支为130.58亿卢比,2009~2010财年的总开支为181.77亿卢比(Dutta et al., 2014,第1章)。这些资金被比哈尔农村1520万户家庭所享有。近期的数据给出了稍高的估算,但是我们最好使用基于调查的数值以便保持内在的一致性。

相关的分布为 $y-w+f+(c/p)r$，其中 $r=(r_1,\cdots,r_n)$ 指代定量供应卡的分配（如果家庭 i 拥有低于贫困线卡，$r_i=1$ 并且如果家庭 i 没有此卡，则 $r_i=0$），p 是拥有定量供应卡的家庭比例。

还需要指出的是，后比哈尔农村就业保证计划的分布潜在地反映了该计划的一般均衡效应。虽然由于在比哈尔农村中存在大量的定量供应，我们依然希望上述效应较小（第二部分），此类效应可根据设计和现金转移支付的不同而不同。我们对于反事实贫困率的计算假定，这种效应在不同计划之间是相同的。

三 工资

在比哈尔农村就业保证计划实施中，存在着与正式指南不同的一系列方法，包括收到工资的影响以及（由此而来的）贫困冲击。在调查期间，公开的比哈尔农村就业保证计划工资标准为每天 89 卢比，2009 年 6 月上涨到 102 卢比，2010 年 5 月上涨到 114 卢比。生产力标准规定，一个健康的工人可以获得这些公布的工资。该计划的官员被要求通过度量工作进度完成工作，确保这些标准能够得到满足。然而，将近一半的受访工人报告在其最近的工作场所中没有看到有人测算工作进度。当度量工作完成之后，在那些了解这个程序的人之中，大部分工人（受访人中大约有83%的男性工人和75%的女性工人）都报告了与工作场所所有工人同样的款项。当我们问选举出来的村领导（Mukhiya）为什么工人说没有获得规定的比哈尔农村就业保证计划工资时，他们一般回应称这些工人并没有达到生产力标准，因此也就无法获得规定的工资。他们还告诉我们，工人一般都不理解这一点。

从 2008 年 4 月开始，在一项推动普惠金融和支付透明化的工作中，所有的工资都应该通过互惠银行或邮政账户发放，而不是直接的现金支付。根据我们的调查和实地工作，这一做法是否得到了持续的落实是不得而知的。官员报道称，大部分的工资支付都是通过银行或者邮政账户完成的。但是工人报告称他们通常是在工作场地获得现金。2010 年，超过一半的受访者——52%的女工人和56%的男工人——都报告称,在最近的工作场所中,他们直接从村领导、承包商、雇主或其他官员那里以现金的形式获得工资。在第一轮调查中,男、女工人直接获取现金报酬的比例分别为78%和64%。然而,随着时间的推移,虽然这一现象有减少的趋势,但在工作场所直接获得报酬的工人总比例依然较高。在某些情况下,这可能反映了部分(工资)通过村领导以现金支付给工人,同时基金以转账的形式支付到工人的账户。

村领导本人或其配偶,或者亲近的家庭成员一般都是作为资金借贷者和承包商,向工人提前支付工资。[①] 给出的原因包括,工作衡量中的延迟、获取邮政或银行账户的延迟以及资金流向银行或邮政账户过程的延迟等。[②] 基本上,这一体系应当向完全依靠正规的账户发展,而不是现金。但是,在我们进行调查时,(我们发现)实际情况跟理想状态仍然存在较大的差距。资金流或者账户管理的弱点,导致支付时间的延迟,为中间人向有需要的工人提前支付工资并从中获利创造了空间。[③] 本研究的实地调查部分表明,当地的官员还通过提前支付工资的过程克扣工人的工资。

对于工资支付中的部分支付和较长时间的延迟问题,本文进行了定性的报告。我们的调查提供了进一步的证实。我们问到比哈尔农村就业保证计划的参与者是否全额收到了工资,在我们的第一轮和第二轮调查中分别有72%和67%的女性参与者获得了全额工资,而男性参与者获得全额工资的比例则分别为66%和72%。在第一轮和第二轮(调查)中,那些未能获得全额工资的女工人们,平均来说还有58%和75%的工资没有得到。那些未能获得全额工资的男工人们还有64%和57%的工资没有得到。随着参与率的增加,这一拖欠的数目有望降低。我们的数据表明,对于那些参加了比哈尔农村就业保证计划的人而言,随着时间推移,收到的工资比例要

---

① 如其他的州一样,比哈尔邦内1/3选举的职位是留给女性的。因此,选举出来的村领导有时候就为女性。然而,一旦选举结束,代理的男性——通常是其丈夫——会在这一职务中发挥主动的作用。当我们指村领导时,我们既指被选举出来的,也指代理人。
② 同样参见卡赫拉(Khera,2011)的讨论。
③ 这并不仅限于比哈尔邦;范尼克(Vanaik,2009)报告在拉贾斯坦邦也存在同样的实践。拉贾斯坦邦被认为是实施"圣雄甘地农村就业保证计划"最好的邦之一。

在贫穷劳动力过剩的经济体中劳动福利制度对扶贫是否具备较好的性价比

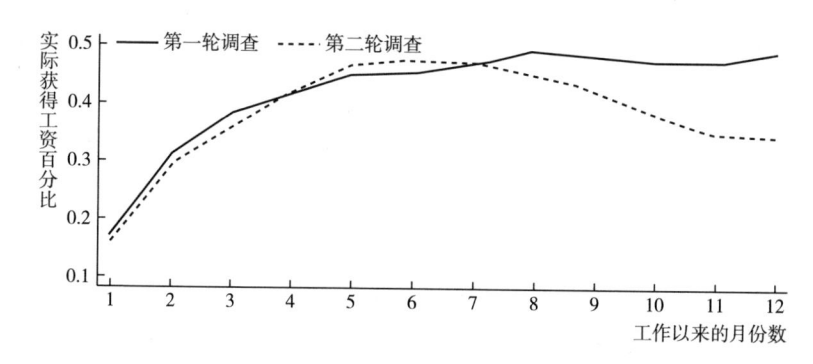

图1 比哈尔农村就业保证计划工资支付延迟情况

注：一些参与者因自身原因未能拿到比哈尔农村就业计划全部工资，使样本数据受限。
资料来源：笔者根据比哈尔农村就业保证计划调查作出的估算。

更高一些。我们可以从图1中看到这一点。图1绘制了那些工作已经完成但未收到全额工资的样本参与者被拖欠的工资实际得到的比例在数月内的曲线。支付工资的平均比例在6个月内随着时间增长，随后稳定（第一轮调查）或下降（第二轮调查）。然而，即便在其最高点，那些感觉收到工资比应得工资要少的人，所获得的工资比例也不超过50%。

劳动福利制度的推崇者希望这样的计划可以减轻对农民工的剥削，这种剥削源于拥有较多土地的农民或承包商在劳动力市场上的操纵力。由于当地领导人负责实施该计划，而他们往往又是雇佣者，因此这种期望很难实现。比如，村领导直接作为承包商，或者通过密切的盟友，能够在实施这些计划的过程中，维持类似的剥削关系。从官方而言，这一计划禁止承包商介入，但是他们十分常见，大约一半还多的受访工人都报告称承包商曾出现在工作场所。

家庭获得的工资

比哈尔农村就业保证计划调查从两个来源获得工资信息。家庭调查问卷对每位成年家庭成员询问其在调查前一个星期内的收入数量和工作天数。[①]它对公共工程工作和临时工作进行了区分，但是并没有对比哈尔农村就业保

---

① 在此，我们将全国就业与未就业抽样调查中（计划10）的标准周模型进行修正。

证计划和其他的公共工程工作进行区分。① 工资收入包括现金收入和实物支付的报酬。此外,对于每一项工作活动,调查问卷分别记录了拖欠的工资和已经获得的工资信息。我们希望一个星期的回忆信息是适合于调查的,但是这些数据也存在一定的缺陷,那就是观察值相对较少。由于这一调查在5~7月开展,因此这一阶段的工资信息也仅仅适用于这几个月。

工资信息的第二个来源是个人层次的调查问卷,具体问及一个家庭中的男、女成年人在公共工程中的参与程度,包括种类(是比哈尔农村就业保证计划还是其他)、工作的天数、拖欠的工资以及获得的工资,问题分别针对过去一年每一次公共工程就业的场景。这些数据在谈到支付工资延迟的时候就已经涉及了。除了提供关于比哈尔农村就业保证计划的详细信息之外,这一数据来源还给出了比家庭调查问卷更多的观察值。不足之处是由于较长的回忆期而导致的测量误差,以及没有给出的工资数据。② 由于两种数据来源各有优劣,所以我们二者都使用。

表1 访问前一周日工资率

		平均数	标准差	中位数	样本数
第一轮					
所有的	公共工程	82.7	27.4	89.0	54
	其他临时工作	72.2	31.2	70.0	1031
男性工人	公共工程	85.8	25.2	89.0	41
	其他临时工作	79.1	29.2	80.0	815
女性工人	公共工程	73.0	32.6	80.0	13
	其他临时工作	46.0	23.6	45.0	216
第二轮					
所有的	公共工程	94.8	22.3	100.0	118
	其他临时工作	87.2	42.0	100.0	796

---

① 其他的公共工程就业包括比哈尔农村就业保证计划、道路修建工程,或者由州政府实施的其他公共工程计划。
② 为了降低测量误差的敏感性,我们将两个数据来源中超过每日200卢比(非常少)或者低于10卢比的记录工资作为遗漏的值。

在贫穷劳动力过剩的经济体中劳动福利制度对扶贫是否具备较好的性价比

续表

		平均数	标准差	中位数	样本数
男性工人	公共工程	99.4	18.2	100.0	75
	其他临时工作	97.9	39.3	100.0	574
女性工人	公共工程	86.8	26.6	100.0	43
	其他临时工作	59.4	35.2	50.0	222

注：以第23批为基础。我们将高于200卢比的或者低于10卢比的日工资作为缺失值。工资数据是名义价值，作为样本中未加权平均数和中位数报告。

资料来源：笔者根据比哈尔农村就业保证计划调查作出的估算。

表1报告了调查前一个星期中临时性工资的总结性统计数据。在第一轮中（2009），公共工程工资的中位数要比临时性工资高出大约30%。在劳动力市场的两个部分中，男性工人的工资皆高于女性工人。但是，对于女性工人而言，公共工程的工资要比私人部门的工资好很多。在2009~2010年，公共工程平均工资保持了实际价值的增长（相比于12%的通货膨胀率，名义价值增长了14.6%），① 但是，公共工程和劳动力市场之间的差距不断缩小，因为平均临时性工资增长了21%，临时性工资的中位数增长了43%。然而，在第二轮中，女性工人在比哈尔农村就业保证计划中挣得的工资远远高于临时性劳动力市场。

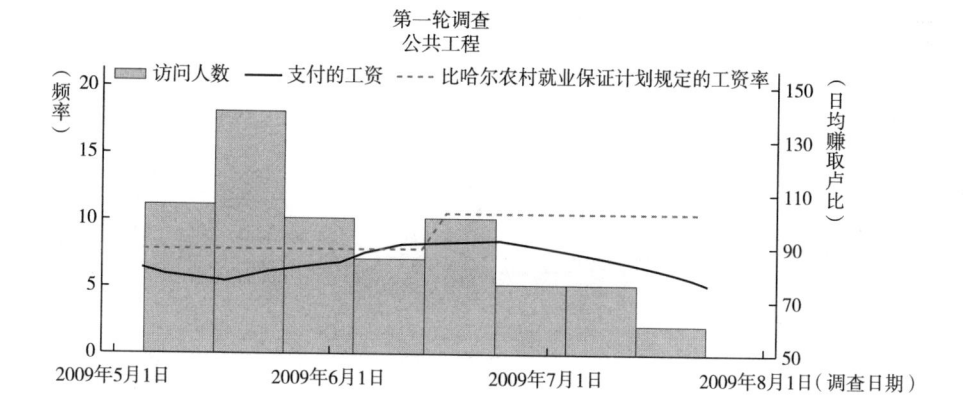

第一轮调查
公共工程

---

① 通货膨胀率基于该邦内农业劳动力的消费者价格指数。

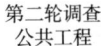

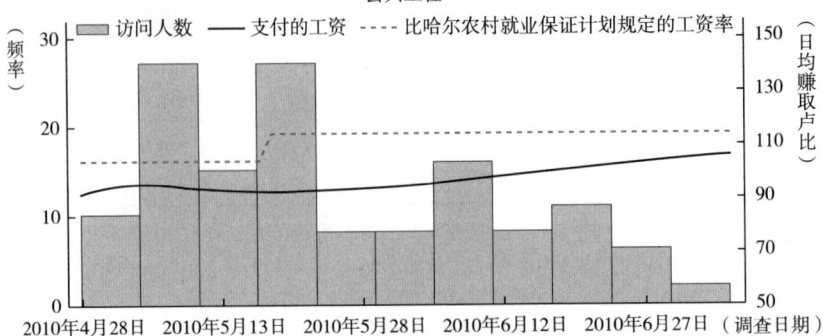

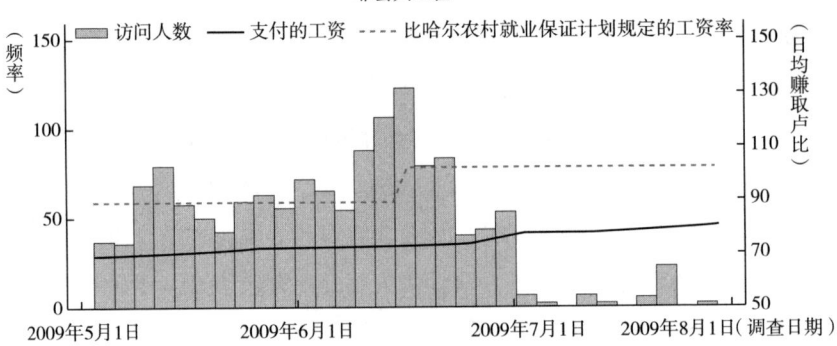

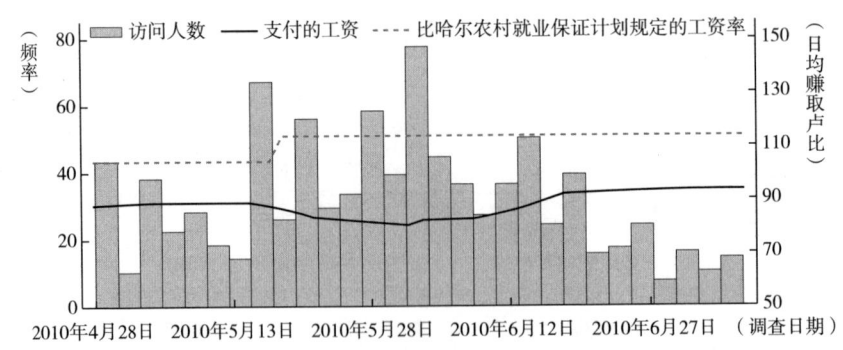

图 2　研究村庄内一段时间内的工资

注：本图报告了亏欠的工资，以关于在调查前一个星期完成的临时性劳动的问题为基础。工资为名义值。

资料来源：笔者根据比哈尔农村就业保证计划调查作出的估算。

在贫穷劳动力过剩的经济体中劳动福利制度对扶贫是否具备较好的性价比

表2　比哈尔农村就业保证计划公布工资增长前后的平均工资

		第一轮调查			第二轮调查		
		公共工程工资	非公共工程工资	公布的比哈尔农村就业保证计划工资	公共工程工资	非公共工程工资	公布的比哈尔农村就业保证计划工资
归定的工资增长之前	平均数 标准差	80.7 20.4	71.4 30.6	89.0	93.8 24.8	91.5 39.8	104.0
	样本量	46	946		54	226	
T-检验： H₀：平均实际工资=规定的工资		-2.8 (0.008)	-17.8 (0.000)		-3.0 (0.004)	-4.7 (0.000)	
规定的工资增长之后	平均值 标准差	92.2 32.8	74.7 30.1	102.0	95.5 24.3	83.9 39.2	114.0
	样本量	20	377		81.0	649.0	
T-检验： H₀：平均实际工资=规定的工资		-1.3 (0.199)	-17.6 (0.000)		-6.9 (0.000)	-19.6 (0.000)	

注：在第一轮，该工资于2009年6月16日由89卢比增长至102卢比，随后，在第二轮，于2010年5月18日由104卢比增长至114卢比。T-检验仅仅使用了大于10卢比和低于200卢比的日工资。工资数据未被加权。

资料来源：笔者根据比哈尔农村就业保证计划调查作出的估算。

图2和表2更进一步地观察了临时工的工资及与之相关的规定的比哈尔农村就业保证计划工资，以及它们的发展变化趋势。可以看到的是，参与者报告的支付的工资，比规定的比哈尔农村就业保证计划工资要低一些（图2）。表2报告的概括性统计数据以及检验表明，平均而言，在回忆的大部分时间里，工人每天收入比规定的工资少10卢比。[①] 注意，这一差距

[①] 内豪斯和苏克卡尔（Neihaus and Sukhtankar, 2013）在奥里萨邦发现了类似的偏差。

并不是由于支付的延迟，因为这些是拖欠个体的所有工资，而不是调查访问期间实际收到的工资。

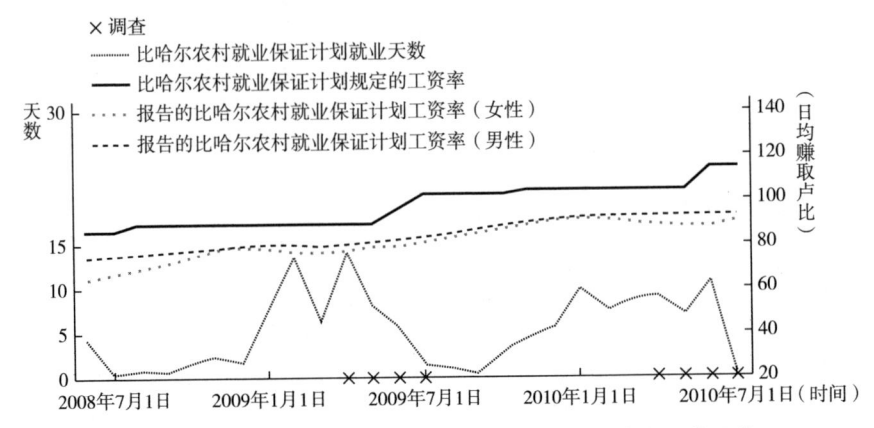

图3　整个调查期间比哈尔农村就业保证计划工资和工作天数

注：根据对过去一年回顾的个人问卷。报告的工资数据是亏欠工人的家庭加权的工资。
资料来源：笔者根据比哈尔农村就业保证计划调查作出的估算。

表3　2009年和2010年印度全国抽样调查中比哈尔农业和非农业临时性劳动日工资

次　轮	农业工作 所有活动 平均数	中位数	种　植 平均数	中位数	手工非农业 平均数	中位数
2009年7~9月	74.8	77.5	72.4	73.3	86.9	80.0
2009年10~12月	72.8	80.0	67.6	70.0	103.4	95.0
2010年1~3月	84.6	80.0	80.2	80.0	97.1	90.0
2010年4~6月	86.0	81.4	78.9	80.0	120.7	100.0
总　计	79.0	80.0	74.4	76.7	100.2	90.0
百分比	15	5	9	9	39	25

资料来源：笔者基于第66轮印度全国抽样调查进行的计算。

让我们关注调查中来自比哈尔农村就业保证计划中获得工资收入的第二个数据来源，图3展示了基于家庭调查问卷的男、女工人月工资率。该图还展示了总工作天数，并明确了调查的时间。表3出现了明显的季节性就业天数。在此之前，我们在规定的比哈尔农村就业保证计划工资率和实际报告的工资之间看到了持续的差距。随着时间推移，这一绝对差距大体上是不变的。男性和女性工资之间存在着一些重合的迹象，但这有可能是欺骗性的，因为在最初的几个月中，当女性工人工资较低时，观察值很少。这一工资数据来源所要求的更长的回忆期，同样导致了对早期数据点的质疑。

工资数据的第三个来源是2009~2010年的印度全国抽样调查。表3报告了平均工资率和中位数工资率，其时间横跨比哈尔农村就业保证计划的第一轮调查和第二轮调查。

在此，我们见证了农业工资的增长，也就是在第二次轮调查和第三次轮调查之间，对应于2009年最后一个季度和2010年第一个季度。比哈尔农村就业保证计划活动开始于当年的第一季度，因此农业工资的增长恰巧与比哈尔农村就业保证计划吻合。同样地，在这一年中，非农业手工工资出现了陡增。

这些工资如何比较？图4为公共工程以及三个比较因素的日常临时性工作工资（在调查前一个星期）提供了密度函数：（1）比哈尔农村就业保证计划参与者非公共工程的工资；（2）多余的需求者的非公共工程工资（那些愿意但并没有在比哈尔农村就业保证计划中获得工作的人），以及（3）所有其他的非公共工程工资。通过在访问前一个礼拜获得总工资收入，并除以该工作报告的总天数，对工资率进行计算。

有两点值得指出。第一，正如我们已经探讨过的，公共工程工资高于比哈尔农村就业保证计划参与者赚取的其他临时性工作工资，无论是男性工人还是女性工人，情况都一样。在第一轮调查中，我们可以拒绝男、女性工人的公共工程工资和非公共工程工资分布均衡的原假设（在这两种情况中，可能性皆低于0.0005）。对于其他的对比组，情况也是一样的：那些表达过希望获得比哈尔农村就业保证计划工作，但实际上未获得工作的人（多余的需求者）一般都比那些在公共工程中工作的人赚取的要少一些。

第二，比哈尔农村就业保证计划工资和其他临时性工作工资之间的差异并不是工人之间的能力差异造成的。有可能是比哈尔农村就业保证计划所使用的计件工作计划有利于身体强壮的工人。然而，这似乎也并不能成

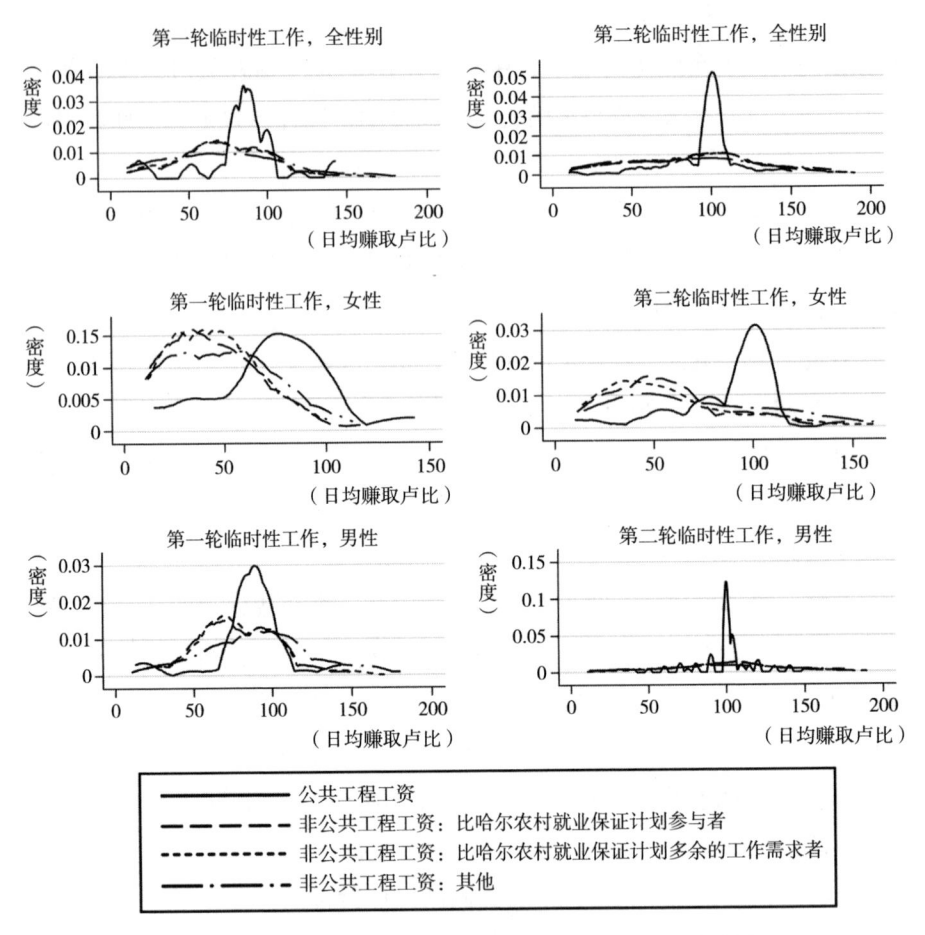

图 4 比哈尔农村就业保证计划参与日常临时性工资密度

注：基于调查对象关于上个星期完成的临时性工作的问题。
资料来源：笔者根据比哈尔农村就业保证计划调查作出的估算。

为理由，因为我们发现比哈尔农村就业保证计划参与者在非公共工程中的收入要远远低于公共工程中的收入。实际上，男性和女性工人三个比较因素的工资分配，并没有出现统计上显著的差异。①

在"多余的需求者"的工资分布和那些从事公共工程的人的非公共工

---

① 柯尔莫戈洛夫—斯米尔诺夫（KS）检验并不能拒绝这个原假设，即对于男性工人或女性工人来说，在三个比较工资分布之间，其二元比较是相同的。

程工资分布之间,并不存在根本性的差异。那些获得公共工程工作的人,从根本上而言,也是来源于那些希望获得而未获得工作的人群之中。这再一次表明了工作需求并未得到满足源于工作的定量分配。

对于工资的冲击

如果比哈尔农村就业保证计划能够以高于或等于替代性工作工资标准提供无条件的工作保证,那么比哈尔农村就业保证计划工资率就会对临时性的(农业和非农业)劳动力市场产生约束力。没有人希望以低于比哈尔农村就业保证计划的工资率参加工作。在调整阶段,可能会出现滞后,但是我们也会看到临时性工资赶上了比哈尔农村就业保证计划工资。如果是这样,那么就能在很大程度上提高该计划对贫穷的影响。

前述一些缘由可以用来怀疑比哈尔农村就业保证计划是否在临时性劳动力市场中对工资施加了上行压力。该保证是有条件的,仅仅为100天,并且实际上,这仅仅限于农业低迷的季节,在这一时段,对农业工资产生溢出效应的可能性很小。① 然而,也许是最为重要的,正如德塔等人(Dutta et al.,2014)在对比哈尔所做的研究中表明的一样[以及德塔等人(2012)使用了全印度的抽样调查数据],即使是那些工作时间不满100天的人,该计划有很多未满足的工作需求。在临时性劳动力市场上,比哈尔农村就业保证计划在工资议价中的选择价值,在很大程度上取决于雇主是否相信该计划是可获得的。因此,在比哈尔农村就业保证计划中,这也许不需要对就业给出严格的担保;该计划可能依然会帮助工人在非比哈尔农村就业保证计划工资中提高议价能力,因为他们拥有很好的机会来获得比哈尔农村就业保证计划的工作。然而,我们在第二部分中曾经指出,根据我们在数据中观察到的比哈尔农村就业保证计划定量分配的程度,我们很

---

① 很少有文章对"圣雄甘地农村就业保证计划"以及混合的结果对于工资的冲击进行研究。吉姆曼(Zimmerman,2013)没有发现任何劳动力市场效应的证据。相反,博格等人(Berg et al.,2012),英波特以及帕普等人(Imbert and Papp,2013)则发现对于农业和私人部门的工资存在正面的效应,但是这仅仅发生在那些实施质量和强度都很好的州内,也就是那些工作需求很有可能被满足的地方。阿扎姆(Azam,2012)发现了工资影响,但仅仅是对于女性的。

难相信这是事实。

第一轮和第二轮关于平均工资差距的比较表明，市场工资在第二轮中开始追赶上公共工程的工资，而这与劳动力市场缩紧的情况相吻合，或许是由于这一计划的原因。另一方面，在一种可预期的格局中，非公共工程的工资并没有对比哈尔农村就业保证计划公开工资的变化进行回应。在第一轮中，其他的工资（非公共工程）并没有在比哈尔农村就业保证计划工资增长之后随之增长；并且在第二轮中，即便比哈尔农村就业保证计划工资在报告期增长，但非公共工程工资实际上是下降了（请注意，这些都是名义工资率。因此工资中的趋势增长部分反映了通货膨胀）。

工资趋势表明了非公共工程工资和公共工程工资之间的差距正在缩小，但对于男性工人而言，差距缩小更加明显。虽然在第一轮中，女性工人在公共工程和非公共工程工资之间的差距更大。

农业劳动力市场的紧缩是来自非农业就业机会的增加，而不是来自比哈尔农村就业保证计划吗？表4报告了2009～2010年全国抽样调查中比哈尔样本里所有类型的非公共工程人员工作天数的数量。在第二轮调查和第三轮调查之间，我们看到了临时性工作（在其他人的农场上）与自有农场工作之间的替换，而农业工作的总数大体上保持稳定。在这两轮调查之间增长的是手工非农业工作的数量。在这期间，这一工作可行性的增加可以很好地推动农业工资率的提高，而非比哈尔农村就业保证计划。

表4　2009～2010年次轮中非公共工资的总人天数和行动

次　轮	手工农业	手工非农业	非手工非农业	遗漏的行动代码	所有的行动	家庭自有农场
2009年7～9月	1340.0	440.0	150.0	21.0	1951.0	2354.0
2009年10～12月	1284.5	473.0	324.0	32.0	2120.5	2406.0
2010年1～3月	973.0	577.0	235.0	7.0	1792.0	2728.0
2010年4～6月	1035.0	399.5	297.0	7.0	1759.5	2280.0
总　计	4632.5	1889.5	1006.0	67.0	7623.0	9768.5

注：排除公共工程。所有的行动包含某些被删除的项目。

资料来源：笔者基于第66轮全国抽样调查进行的计算。

我们调查中的受访者并不相信工资或就业机会的增加与比哈尔农村就业保证计划相关（参见 Dutta et al.，2014）。我们期待工人能够了解比哈尔农村就业保证计划提高了他们在劳动力市场上的议价能力，但是他们似乎并不能全部了解。同样，在此期间，公共工程和非公共工程工资之间的差距，女性工人要比男性工人受到的影响小一些。事实上，男性工人总的来说比女性工人更有可能参与到临时性的非农业工作之中，从而为我们的解释增加了影响力。

在定量配给较少的印度邦中，对于工资的影响可能会更大一些。如德塔等人（Dutta et al.，2012）所证实的，相对于其他的邦，在某些邦（包括比哈尔）中的定量供应可能会更多。对于那些定量供应较少的邦而言，这一计划对于私营部门工资的作用可能会更大一些。英波特和帕普（Imbert and Papp，2013）以及博格等人（Berg et al.，2012）提出了一定的证据，以证明，在计划落实更有效的邦内，该计划对于临时性工资的作用更大。

四 放弃的收入

当我们对放弃的收入进行衡量时，在调查中，我们向比哈尔农村就业保证计划参与者提出了反事实的问题，以获得如果在那段时间他们没有参加比哈尔农村就业保证计划，他们本来的工作天数以及他们认为自己本来能够获得的报酬的评估。

我们发现，不同的工人之间，放弃的机会存在着较大的不同。表5总结了比哈尔农村就业保证计划参与者确定的，由比哈尔农村就业保证计划所取代的各种活动。在第二轮中，大约有14%的男性工人（少于第一轮）称他们如果不是为了参与比哈尔农村就业保证计划，那么他们本来会迁徙；但仅有1%的女性工人才出现这样的情况。在第一轮中，大约有22%的男性工人和大约25%的女性工人认为农业临时性工作是他们放弃的工作机会。临时非农业工作对于男性工人而言比对女性工人更为重要。在第一轮中，44%的男性工人和大约36%的女性工人说，如果没有这一计划，他们本来会失业的；而在第二轮中，这一百分比下降为大约38%和13%。在自有的土地上工作或在家中工作是女人们给出的最为普遍的答案。

表5　比哈尔农村就业保证计划参与者确定的放弃的工作机会

比哈尔农村就业保证计划参与者认为"如果不参加比哈尔农村就业保证计划,他们本应当……"的百分比	第一轮调查 男性工人	第一轮调查 女性工人	第二轮调查 男性工人	第二轮调查 女性工人
为工作而迁移	10.7	2.9	14.0	1.0
支付工资的工作种类:				
临时性工作（农业）	22.4	24.8	19.4	23.6
临时性工作（非农业）	23.8	5.7	25.8	5.0
其他	1.0	0.8	2.1	0.0
寻找工作或者失业	44.0	35.7	37.6	13.2
在自己的土地上或家里工作	8.8	33.1	14.9	58.2
	100.0	100.0	100.0	100.0

注：这些问题是询问比哈尔农村就业保证计划参与者关于工作的相关问题。平均数是针对所有的工作时段而形成的，那些工作次数超过一次的人也被纳入在内。至于迁移者是否被纳入总数之内，则取决于他们本应当开展的活动类型。

资料来源：笔者根据比哈尔农村就业保证计划调查作出的估算。

2009～2010年，比哈尔农村地区的男性和女性的失业率分别为16%和32%，总失业率为18%。因此，在表5中，我们的比哈尔农村就业保证计划参与者所展现出来的失业率要明显高过这些数字，特别是男性。男性比哈尔农村就业保证计划参与者似乎是自我选择的工人，其失业率高于平均水平，但这对于女性工人而言并不明显。

调查设计允许我们对主要相关活动报告的放弃收入的可靠性进行检验（也就是临时性工作）。我们将对特定月份中工人在临时工作中所放弃的工资与临时性工人实际获得的平均工资（调查前一个星期）进行对比。样本规模表明，这一检验仅适用于2009年及2010年的5月和6月。表6展示了相关结果。报告中放弃的收入平均值较低，但是差距比较小。总体而言，我们发现了一个相当密切的关联，并且在第二轮调查中更加明显，这表明存在着一定的经验性（如前提到，回答率在第二轮中较高）。相对于实际工资，反事实分析的工资变化要小一些。通过这些结果，我们更加相信，这些反事实分析的问题得到了理解，问题的回答也是理性的。

表6 临时性工作报告的平均放弃工资与在相同月份中实际报告的工资的比较

		比哈尔农村就业保证计划工作人员报告的放弃的工资				未在比哈尔农村就业保证计划中工作的人员获得的临时性工资收益			
		平均数	中位数	标准数	样本量	平均数	中位数	标准差	样本量
所有个人									
第一轮	2009年5月	67	70	21	49	71	70	30	418
	2009年6月	68	70	17	32	72	70	30	571
第二轮	2010年5月	85	85	33	45	87	100	38	361
	2010年6月	81	100	27	31	83	90	41	337
仅男性									
第一轮	2009年5月	71	70	20	38	78	75	29	325
	2009年6月	68	70	17	32	79	80	27	454
第二轮	2010年5月	96	100	29	29	96	100	36	260
	2010年6月	90	100	23	18	95	100	37	240

注：右侧的面板基于对临时性工作者在调查前一周从事的所有非比哈尔农村就业保证计划工作（还包含其他公共工程）实际所获工资的反馈。

资料来源：笔者根据比哈尔农村就业保证计划调查作出的估算。

平均而言，工人不得不放弃的工作天数相当于比哈尔农村就业保证计划工作所获得的工作天数的40%~45%。而比哈尔农村就业保证计划在第一轮调查中为抽样家庭提供了18900人天的工作，我们计算得知，为了参加比哈尔农村就业保证计划的工作，工人不得不放弃了另外7700天的工作。在第二轮调查中，计划大约提供了20400人天的就业，但是工人不得不放弃另外9300天的工作。男性工人放弃的就业相对更多。在第一轮调查中，放弃的工作天数占总就业天数的比例对于男性工人是42%，对于女性工人是36%。在第二轮调查中，相应的比例分别是51%和31%。

存在三种类型截然不同的参与者。图5左侧面板的密度函数存在三种不同的模式。第一种是在0附近，这是整体模式。这些参与者如果不参加比哈尔农村就业保证计划，那么他们就不会有任何的工作天数。第二种模式是在0.6附近，第三种是最小的模式，大约在0.9附近。

在第一轮调查中，放弃的收入与公共工程工资之比的平均比率为0.35（标准差等于0.344；样本量等于930），在第二轮调查中上涨到0.39（标准

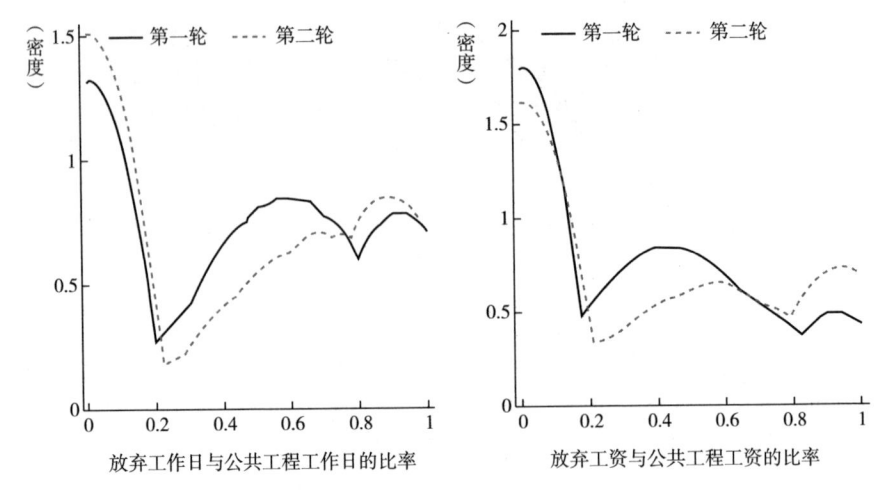

图 5　自我评估放弃的工作日与公共工作日的比率分配，以及放弃的工资与公共工资的比率

注：这些分布是针对家庭层次的所有公共工程而估算。

资料来源：笔者根据比哈尔农村就业保证计划进行的估算。

差等于 0.394；样本量等于 774）。① 相应的中位数分别为 0.30 和 0.31。放弃的收入与公共工程工资之比的密度函数（图 5 右侧面板）同样也有三种截然不同的模式。随着天数的推移，其中一种位于 0 附近，这是整体模式。这代表了那些声称如果不参加这一计划就不会获得任何收入的比哈尔农村就业保证计划参与者。第二种模式位于 0.5 附近，参与者会获得公共工程收入的一半左右，第三种也就是最小的模式大约为 0.9。后面的受益人本应获得等同的金额，但是不得不进行迁移，并承担这样做的成本。正如在第二部分中所表明的，在比哈尔农村就业保证计划中工作，也许仍存在一些未被观察到的非金钱收益，因此这比那些替代性的同等报酬的临时性工作更具吸引力。

总体而言，这些观察到的结果表明，放弃的收入是很明显的，虽然没有隐含的假定证明该计划劳动力的机会成本是临时性市场工资率。总共存在着三种截然不同的劳动福利制度参与者：参与本项目不大可能遭受收入

---

① 不剔除最高值的相应平均值分别为 0.63（标准差等于 2.31）和 0.63（标准差等于 2.73）。然而，由于某些明显是测量误差导致的异常值，这些平均值都被扭曲了（放弃的收入等于从公共工程中收到的实际工资的 68 倍）。

损失的人；参与本项目，但净收入很少的人；比哈尔农村就业保证计划工作工资大约为净收入一半的中间人群。

五 对于贫困的影响

在评估该计划对于贫困的影响时，我们使用了上一部分中男性和女性工人放弃的收入的家庭报告。比哈尔农村就业保证计划之后消费的分布在这一数据中就能观察到。而比哈尔农村就业保证计划之前的分布，通过该计划之后的分布减去从公共工程就业中获得的净收益而得到，而净收益通过毛工资减去估计的放弃的收入而得到。表7总结了影响贫困的各种模拟结果，下文我们将进行详细探讨。

表7 估算的贫困冲击总计

	第一轮		第二轮	
	低于贫困线的百分比（%）			
	仅参与者	人口	仅参与者	人口
干预前				
抵扣从比哈尔农村就业保证计划获得的毛收益	63.0	51.7	56.4	43.2
抵扣从比哈尔农村就业保证计划获得的净收益	62.2	51.4	52.6	42.3
干预后				
参照比哈尔农村就业保证计划进行观察	56.8	50.0	50.2	41.8
基本收入计划	60.8	49.5	50.9	39.1
基本收入计划中有20%的资金流失	61.1	49.8	51.4	39.9
基于定量供应卡的转移支付	60.5	49.8	50.1	40.0
20%资金流失的定量供应卡	60.8	50.0	50.9	40.3

注：根据观察可知，贫困线设置在"第一轮中位数"（干预后）。通过扣减毛收益而获得的第一行中的干预前贫困率，与假定所有的比哈尔农村就业保证计划参与者零放弃收入相等同。

资料来源：笔者根据比哈尔农村就业保证计划调查进行的估算。

我们评估得出，如果没有比哈尔农村就业保证计划，那么计划参与者的贫困率（比哈尔总人口中生活在贫困线下的人口比例）在第一轮和第二轮中分别为 62.2% 和 52.6%。而我们在数据中观察到的相应的贫困率分别为 56.8% 和 50.2%（当然，包括从该计划中获得的净收入）。因此，我们估计，该计划获得的额外收益使得计划参与者的贫困率在第一轮调查和第二轮调查中分别下降了 5.4% 和 2.4%。

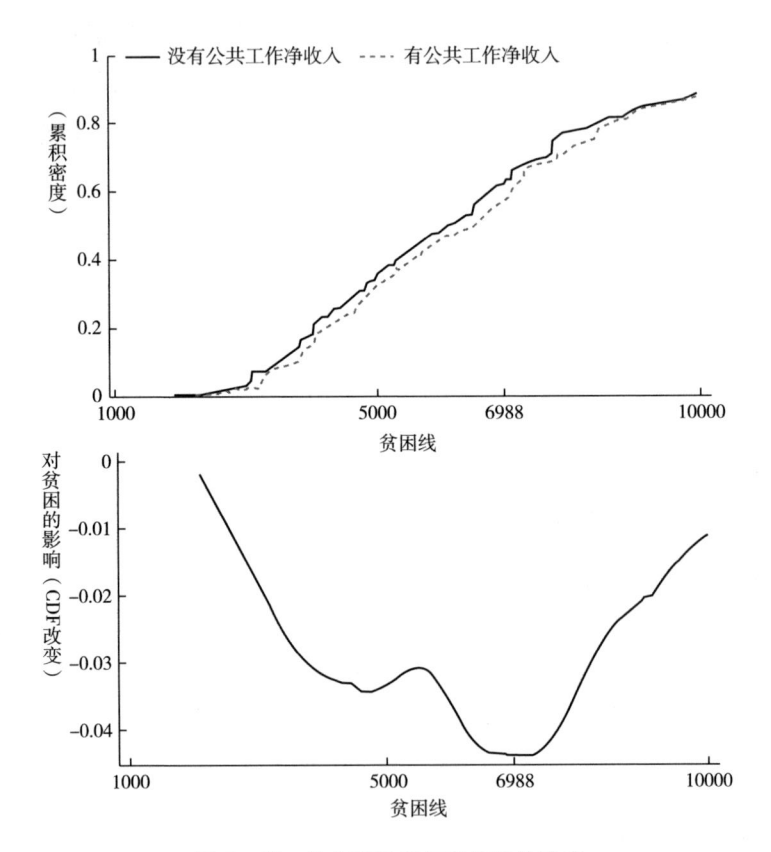

图 6　第一轮中对于参与者贫困的冲击

注：在本文中，所有数字均使用平滑参数 0.3。基于消费积累分布函数之间的差异，对贫困影响图形进行估算。

资料来源：笔者根据比哈尔农村就业保证计划进行的估算。

图 6 中的上部面板给出了观测到的（比哈尔农村就业保证计划之后）累积分布函数，以及第一轮中比哈尔农村就业保证计划参与者的反事实消

费分布。① 较低的面板绘制了分布函数之间的差异。因此，较低的面板绘制了在一个给定的贫困线上该计划对贫困的影响，我们称之为"对贫困影响图形"。贫困率削减的最高点（巧合地）位于第一轮人均消费的中位数附近。在中位数大约1/3处，贫困率下降了1个百分点，在高于中位数1/3时，贫困率下降了3个多百分点（自然，在最极端的情况中，冲击为0）。

当然，对于比哈尔农村地区的人而言，平均冲击是较低的。我们发现，如果没有这一项目，贫困率在第一轮调查和第二轮调查中分别为51.4%和42.3%。评估的项目后贫困率为50.0%（建构）和41.8%。因此，我们的结论是该计划在第一轮调查和第二轮调查中分别使比哈尔农村的贫困率下降了1.4和0.5个百分点。

图7从图6下方面板中复制了对贫困影响图形，但现在将其与第一轮调查和第二轮调查相应的总人口曲线进行比较。整个样本中，在第一轮调查中，比哈尔农村就业保证计划对贫困影响的顶点位于中位数附近，但是在另一侧则迅速下跌；在第二轮调查中，该计划对贫困影响的顶点略高于中位数。

作为一种敏感性测试，由于存在某些受访者也确定了同样的放弃工作机会的可能性，我们在较低的放弃收入水平上对贫困影响进行了再次估计。在50%较低的放弃收入（横跨版面）中，该计划对于贫困的影响要大一些（正如人们能够预期的），但是差别并不大。在第一轮调查中，位于中位数附近，对于参与者的影响增长幅度不到1个百分点。在第二轮调查中，额外的冲击甚至更小，但是更大的冲击——额外的1~2个百分点——在中位数1/3以下到1/3的范围内出现。② 自然，去掉所有放弃的收入，

---

① 注意，由于在创建这些数字时使用的是平滑计算方法，表7中的估计值并不与数字精确对应。
② 假定真实的放弃的收入为调查中报告的放弃收入的一半，那么我们发现在公共工作参与者中，第一轮贫困率因为比哈尔农村就业保证计划降低了6个百分点，而受访者报告称，如果加上放弃的收入，那么贫困率下降了5.4%。对于所有的农村人而言，在第一轮中，贫困率下降了1.6%，如果加上了所有的放弃的收入，贫困率下降了1.4%。在第二轮中，与完全放弃收入相比，较少放弃收入对贫困冲击的差异同样很小。

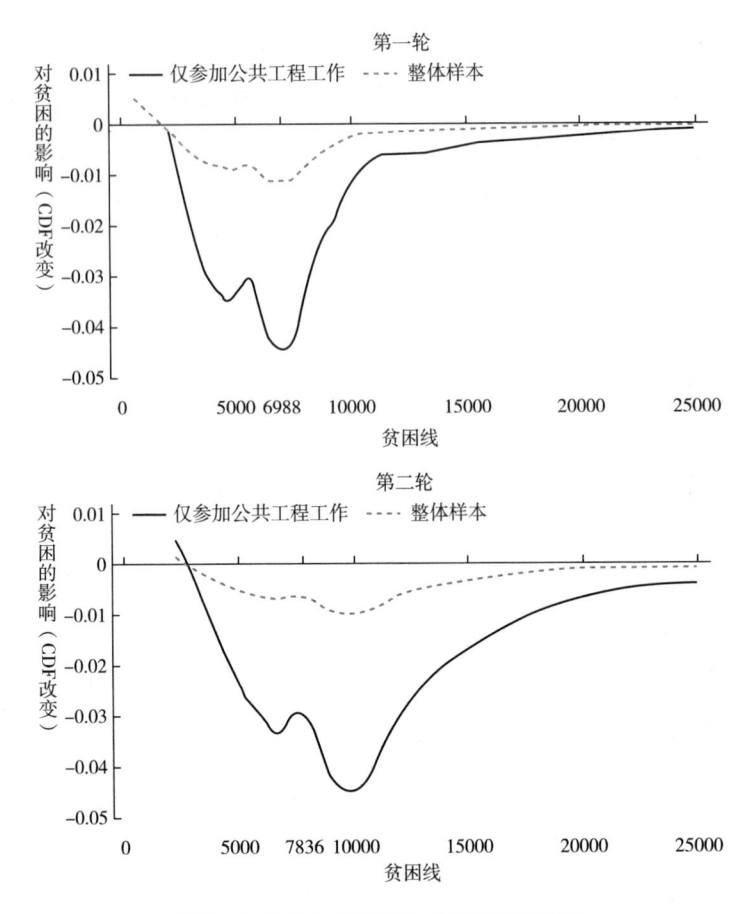

图 7 对于参与者和所有人贫困影响图形

资料来源：笔者依据比哈尔农村就业保证计划调查进行的估算。

造成了更大的对贫困的影响，就像在表 7 中展现的一样，如果放弃的收入被忽略，最顶部的一行就给出了评估的干预前贫困率（因此放弃的毛收入也就被扣除在外）。排除在第一轮调查中比哈尔农村就业保证计划导致贫困率下降 1.4% 的影响（考虑到了放弃的收入），我们本应获得一个 1.7% 的贫困率下降估算值。在第二轮调查中差别更大，根据毛收入，对于贫困的影响本应该是 1.4%，加入放弃的收入因素时，该计划对贫困的影响仅有 0.5%。

以上论述计算了该计划相对于项目不存在的反事实状态的影响。对同样总开支的其他可行分配相关的影响进行评估是我们十分感兴趣的。最简

在贫穷劳动力过剩的经济体中劳动福利制度对扶贫是否具备较好的性价比

单的替代性方法——基本收入计划——就是向每一户家庭（不论贫富）发放同样份额的资金，这些资金原先用于比哈尔农村就业保证计划，这一点我们在序言部分探讨过。请注意（再次），这一比较并未考虑到在比哈尔农村就业保证计划中创造的财产（或其他非金钱收益）。这里提出的问题是，单独的工资收入是否能够证明这就是一个性价比较好的减轻贫困的计划。

使用上述同样的办法，我们估计，在第一轮中，这样一个基本收入计划可以使比哈尔农村就业保证计划参与者的贫困率从62.2%降低至60.8%，在第二轮中，可以将贫困率从52.6%降至50.9%。这两个贫困率都高于比哈尔农村就业保证计划中的贫困率。当然，对于基本收入计划而言，关联性更强的比较是对于所有人口。我们发现基本收入计划可以在第一轮将整体贫困率从51.4%降至49.5%，在第二轮可以将整体贫困率从42.3%降至39.1%。在这种情况下，二者的贫困率都低于比哈尔农村就业保证计划的贫困率（参见表7）。

这一模拟假定，无论是因为行政管理成本还是腐败，从预算中用来转移支付的资金都没有流失。德塔等人（Dutta et al., 2014）发现，比哈尔农村就业保证计划中基于观察的毛工资大约占到了在管理数据中报告工资的80%。这一差距可以反映一系列因素，包括资金流失。如果我们假定仅仅是流失，并且基本收入计划转移支付导致了同样20%的遗漏，那么贫困率在第一轮和第二轮中分别下降到了49.8%和39.9%，对于所有的人而言，这个改善的程度都比比哈尔农村就业保证计划要好。①

另外一个我们感兴趣的模拟就是再次拿出同样的预算，但是向每个拥有低于贫困线定量供应卡的家庭平均发放（现金或者类似的形式）。由于低于贫困线定量卡是由政府发行的，所以这当然可行，并且在这一政策下，还设有现存的定量供应商店，以分发补贴的食物。我们假定政府只知

---

① 请注意，我们将流失定义为包含任何未被转移到指定受益人的任何资金，其中就包括行政成本。在一些对此类转移计划成本的少量比较性研究之中，格鲁什（Grosh, 2008）报告称拉丁美洲的情况中，行政成本大约占总成本的5%~15%。对于本文研究的大计划而言，较低的成本边界似乎更为可能。

道谁拥有定量供应卡,但不知道谁是真正贫困,以及他们究竟有多贫困,那么在反事实情况下,每个拥有低于贫困线定量供应卡的人都获得相同数量的物资,而那些没有卡片的人则一无所获。

我们对于这一替代性反事实情况的计算表明,它能够在第一轮调查中将贫困率从51.4%削减至49.8%,在第二轮调查中,可以将贫困率从42.3%削减至40.0%。在两种情况下,贫困率都低于比哈尔农村就业保证计划的情况。如果我们在转移过程中预设一个20%的资金流失,那么随后贫困率将在第一轮调查和第二轮调查分别下降至50.0%和41.8%。

值得注意的是,在对贫困的影响方面,低于贫困线定量供应卡反事实的分析情况并没有优于基本收入计划。

应该指出的是,如果资金流失达到20%,那么通过这些反事实转移支付计划获取的贫困率与第一轮调查中的比哈尔农村就业保证计划的贫困率是一样的(参见表7)。这意味着,劳动福利制度计划将会略优于超过20%的资金流失的转移支付计划。在第二轮中,差距相对要大一些,因此也就需要更多的资金流失来向有利于福利工作制度的方向倾斜。

我们还通过对一系列贫困线进行重复计算,从而对贫困线选择的敏感性进行测试。相对于基本收入计划和低于贫困线计划而言,在整个分布阶段没有流失的情况下,比哈尔农村就业保证计划对于贫困的冲击率要低一些,而基本收入计划和低于贫困线计划则十分相似。单独对于公共工程参与者而言,优劣程度十分模糊。在第一轮调查中,相对于基本收入计划或者低于贫困线计划而言,比哈尔农村就业保证计划对贫困的影响要大一些(但并不是所有的),在第二轮调查中,在贫困线高于第一轮调查的中位数时,比哈尔农村就业保证计划会有更大的影响,低于则不是如此,在低于中位数的情况下,低于贫困线分配计划优于另外两个计划,甚至对公共工程的参与者来说也是如此。

如果预留出20%的资金流失率并且贫困线也低于第一轮调查的中位数(正如我们在表7中使用的),则主要的结论是十分稳健的,这展现在图8中,图8对于阐释考虑多条贫困线的重要性并不是很合适;在第一轮调查中,中位数是一个不同寻常的数字,而对贫困影响不太显著,在较低的贫困线上,这并不正确。在第二轮调查中,除了在最低程度影响上没有差异,对于所有潜在贫困线,两个替代性的计划都优于比哈尔农村就业保证计划。

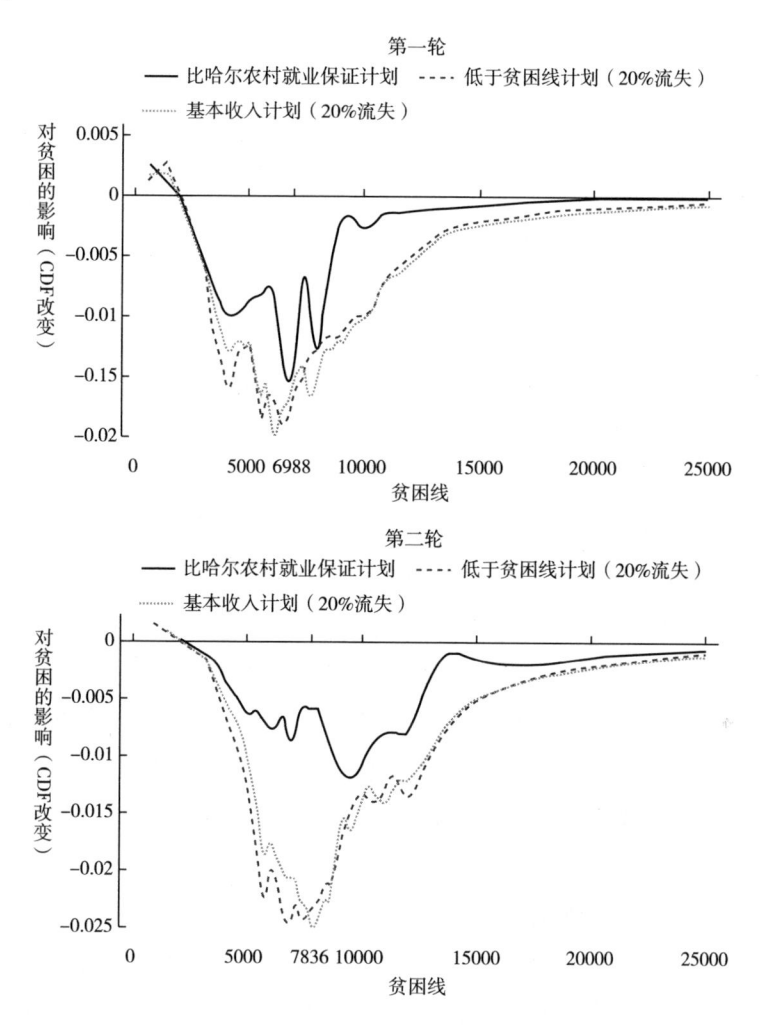

图8 与含有20%流失率的现金转移相比,比哈尔农村就业保证计划对所有人的贫困影响
资料来源:笔者依据比哈尔农村就业保证计划调查进行的估算。

总体而言,效果不佳的劳动福利制度,即便具备优良的精确性也不能超过基本收入计划或低于贫困线计划的两项优点:即较低的参与机会成本(零放弃的收入),以及避免劳动福利制度的非工资成本。

六 结论

我们选择将关注点放在印度比哈尔邦，其原因是比哈尔邦是印度最为贫困的邦之一。如果该计划运行良好，那么在该邦内的计划参与率就比较高，但事实并非如此。实际上，比哈尔邦是全国劳动福利制度计划中参与率最低的邦之一。虽然比哈尔邦的重要性很突出，但是我们不能将比哈尔邦的情况推广到全印度。

我们的结果表明，在这一背景下，劳动福利制度的参与者并非全部来源于未就业者。许多报告放弃的收入，虽然大多是很好的工作收益机会但低于市场工资。平均而言，大约 1/3 的劳动福利制度工资率都被放弃了。该计划还产生了管理成本和物资成本，大约占到预算的 40%。

计算所有的成本因素，我们发现来源于这一大型劳动福利制度计划的额外收益，相对于基本的收入保证——向每个人提供相同资金的统一转移支付，或者向所有持有政府发放的定量供应卡的贫困家庭统一转移支付——对于贫困的影响要小一些。我们主要的定性结果对过高估计放弃收入的可能性是十分稳健的，对于在更大范围内的贫困线的选择也十分稳健。转移计划中资金流失的程度是一个关键的未知数。当我们为转移计划预设 20% 的资金流失率时，我们关于比哈尔农村就业保证计划相对于其他转移支付选项所起的效果的主要结论同样成立，尽管如果资金流失率很高，劳动福利制度将开始占有优势。

很明确的是，即便在这样一个贫困的劳动力过剩的农村经济体中，这种通过施加工作要求而达成的过于高估的自我定位机制并不能使得天平向效果不佳的劳动福利制度倾斜，而不是选择很少或没有任何目标定位以及有资金流失问题的劳动福利制度项目的现金转移支付计划。

在实践中，是否能够对这一计划进行改革使其更好地发挥作用呢？这样一个计划很难控制放弃的收入。规定的工资率和收到的工资之间的差距可能会减少。有利于穷人的改革也可能会降低该计划大量的工作需求。可以通过提高公共信息和更为灵敏的供应端来实现上述目标；德塔等人

（2014）明确了一系列具体的改革。这些改革将加大对贫困的影响，包括对私人劳动力市场工资产生更大的影响。那么对于贫困更大的冲击将以更大的公共预算成本为代价。我们需要在更高的融资水平上，对性价比进行再次评估。

改革的第二个方向就是确定劳动福利制度是有效的——创造的资产对于穷人是有价值的（或非贫困的受益者可以收回成本）。持久资产的创造并没有引起计划倡议者和/或管理者的很多注意。这需要改变。本研究的结果表明，如果创造的资产对于穷人有足够的价值，那么劳动福利制度计划将优于提到的现金转移支付计划。

然而，我们应当指出两种认证。第一，需要存在一种权衡。满足更多的工作需求，未必能够确保这些资产确实具有持续的价值。应对这样一种权衡的公共选择应当基于降低当前与未来贫困的权重。第二，可以使用现金转移来帮助创造资产，也就是通过激励贫困家庭中儿童教育和健康护理来改善人力资源积累；然而，要使第二条路径能良好运行，这些服务的交付系统的有效性是至关重要的。"资产创造劳动福利制度"的性价比需要与此类有条件的现金转移支付进行对比。

参考文献

Alik-Lagrange, A. and M. Ravallion. 2015. "Inconsistent Policy Evaluation: A Case Study for a Large Workfare Program." NBER Working Paper 21041, NBER, Cambridge, Mass.

Atkinson, A. B. and H. Sutherland. 1989. "Analysis of a Partial Basic Income Scheme." in A. B.

Atkinson, ed., *Poverty and Social Security*. Hertfordshire: Harvester Wheatsheaf.

Azam, M. 2012. "The Impact of Indian Job Guarantee Scheme on Labor Market Outcomes: Evidence from a Natural Experiment." IZA Discussion Paper No. 6548, Bonn, Germany.

Bardhan, P. 2011. "Challenges for a Minimum Social Democracy in India." *Economic* and *Political Weekly* 46 (10): 39 −43.

Berg, E. , S. Bhattacharyya, R. Durgam, and M. Ramachandra. 2012. "Can Rural Public Works Affect Agricultural Wages? Evidence from India. " Center for the Study of African Economies Working Paper Series 2012 −05, University of Oxford, Oxford, U. K.

Besley, T. and S. Coate. 1992. "Workfare vs. Welfare: Incentive Arguments for Work Requirements in Poverty Alleviation Programs. " *American Economic Review* 82 (1): 249 −61.

Besley, T. , R. Pande and V. Rao. 2012. "Just Rewards? Local Politics and Public Resource Allocation in South India. " *World Bank Economic Review* 26 (2): 191 −216.

Björklund, A. 1987. "What Experiments are Needed for Manpower Policy?" *Journal of Human Resources* 23 (2): 267 −77.

Datt, G. and M. Ravallion. 1994. " Transfer Benefits from Public Works Employment. " *Economic Journal*, 104: 1346 −69.

———. 2002. "Has India's Post −Reform Economic Growth Left the Poor Behind. " *Journal of Economic Perspectives* 16 (3): 89 −108.

Davala, S. , R. Jhabvala, S. Mehta and G. Standing. 2015. *Basic Income: A Transformative Policy for India*. London and New Delhi: Bloomsbury Academic.

Development Alternatives. 2009. "Report on Scoping Study for Design and Development of Alternative Implementation Model(s) on NREGS. " Background note prepared for the BREGS study.

Drèze, J. 1990. "Famine Prevention in India," in J. Drèze, and A. Sen, eds. , *The Political Economy of Hunger*. Oxford: Oxford University Press, Volume 2.

———. 2004. "Employment as a Social Responsibility," The Hindu, November 22, (http://www.hindu.com/2004/11/22/stories/2004112205071000.htm).

Dutta, P. , R. Murgai, M. Ravallion and D. van de Walle. 2012. "Does India's Employment Guarantee Scheme Guarantee Employment?" *Economic and Political Weekly* 48 (April 21): 55 −64.

———. 2014. *Right −to −Work? Assessing India's Employment Guarantee Scheme in Bihar*. Equity and Development Series, World Bank.

Grosh, M. , C. Del Ninno, E. Tesliuc and A. Ouerghi. 2008. *For Protection and Promotion*. Washington, DC: World Bank.

Heckman, J. and R. Robb. 1985. "Alternative Methods for Evaluating the Impact of

Interventions: An Overview." *Journal of Econometrics* 30: 239 −67.

Heckman, J. S. Urzua and E. Vytlacil. 2006. "Understanding Instrumental Variables in Models with Essential Heterogeneity." *Review of Economics and Statistics* 88 (3): 389 −432.

Imbert, C. and J. Papp. 2013. "Labor Market Effects of Social Programs: Evidence from India's Employment Guarantee," Center for the Study of African Economies Working Paper Series 2013 −03, University of Oxford, Oxford, UK.

Indian Grameen Services. 2009. "Report on Scoping Study for Design and Development of Alternative Implementation Model (s) on NREGS and SGSY." Background note prepared for the BREGS study.

Jalan, J. and M. Ravallion. 2003. "Estimating the Benefit Incidence of an Anti −Poverty Program by Propensity −Score Matching." *Journal of Business and Economic Statistics* 21 (1): 19 −30.

Jha, R. , R. Gaiha and M. K. Pandey. 2012. "Net Transfer Benefits under India's Rural Employment Guarantee Scheme." *Journal of Policy Modeling* 34 (2): 296 −311.

Khera, R. 2011. "Wage Payments: Live Without Pay?" in R. Khera, ed. , *The Battle for Employment Guarantee.* New Delhi: Oxford University Press.

Lewis, A. , 1954. "Economic Development with Unlimited Supplies of Labor." *Manchester School of Economic and Social Studies* 22: 139 −91.

Lindert, P. H. 2013. "Private Welfare and the Welfare State." in Larry Neal, and Jeffrey Williamson, eds. , *The Cambridge History of Capitalism*, Cambridge: Cambridge University Press.

Mann, N. and V. Pande. 2012. "Comment on the Validity of the Claim: MGNREGA Builds Assets of Questionable Quality." Ideas for India (website).

Meade, J. 1972. "Poverty in the Welfare State." *Oxford Economic Papers* 24: 289 −326.

Ministry of Labour and Employment. 2010. *Report on Employment and Unemployment Survey* (2009 −10), Chandigarh: Government of India.

Neihaus, P. and S. Sukhankar. 2013. "The Marginal Rate of Corruption in Public Programs: Evidence from India." *Journal of Public Economics* 104: 52 −64.

Ravallion, M. 1991. "Reaching the Rural Poor through Public Employment: Arguments, Evidence, and Lessons from South Asia." *World Bank Research Observer* 6: 153 −76.

Ravallion, M. and G. Datt. 1995. "Is Targeting through a Work Requirement Efficient? Some Evidence for Rural India," in D. van de Walle, and K. Nead, eds., *Public Spending and the Poor: Theory and Evidence*. Baltimore: Johns Hopkins University Press.

Ravallion, M. E. Galasso, T. Lazo, and E. Philipp. 2005. "What Can Ex-participants Reveal about a Program's Impact?" *Journal of Human Resources* 40: 208-30.

Raventós, D. 2007. *Basic Income: The Material Conditions of Freedom*. London: Pluto Press.

Rosenzweig, M. 1989. "Labor Markets in Developing Countries," in H. Chenery, and T. N. Srinivasan, eds., *Handbook of Development Economics*. Vol. 1. Amsterdam: North Holland.

Sunai Consultancy Pvt. Ltd. 2009. "Process Qualitative Observation Report, Feb-Mar 2009, Four Blocks of Muzaffarpur and Saharsa Districts of Bihar." Background note prepared for the BREGS study, World Bank, New Delhi.

Thane, P. 2000. *Old Age in English History*. Oxford: Oxford University Press.

Vanaik, A. 2009. "Accounts of Corruption." *Frontline* 26 (1): Jan. 16, p. 21.

Verma, S. 2011. *MGNREGA Assets and Rural Water Security: Synthesis of Field Studies in Bihar, Gujarat, Kerala and Rajasthan*. Anand: International Water Management Institute (IWMI).

World Bank. 1986. *Poverty and Hunger: Issues and Options for Food Security in Developing Countries*. Washington DC: World Bank.

Zimmerman, L. 2013. "Why Guarantee Employment? Evidence from a Large Indian Public Works Program." Mimeo, University of Michigan.

何谓总体经济的外援收益率

查宁·阿恩特（Channing Arndt）

萨姆·琼斯（Sam Jones）

芬恩·塔普（Finn Tarp）*

近年来，学术研究逐步朝着外援能够改善总体经济增长的观点集中。我们采用模拟的方法：(1) 验证 2008 年以来出版的对外援助—增长实证研究的一致性；(2) 计算对外援助收益率的合理范围。我们的结果强调了，对外援助投资的长期属性和渠道的重要性，而非物理资本的积累。我们发现对外援助的收益通常存在于公共投资之中，同时鲜有关于投资对生产力有严重负面影响这类观点的评价。JEL 代码：E1，O11，O41。

---

* 查宁·阿恩特是联合国大学世界发展与经济研究中心（UNU–WIDER）的高级研究员，他的电子邮箱是 channing@ wider. unu. edu。萨姆·琼斯是哥本哈根大学副教授，他的电子邮箱是 Sam. jones@ econ. ku. dk。芬恩·塔普（通讯作者）是联合国大学世界发展与经济研究中心主任以及哥本哈根大学教授，他的电子邮箱是 tarp@ wider. unu. edu。笔者并未报告利益冲突。对于世界银行经济评论的编辑以及两名匿名审稿人的指导和十分有意义的评论，笔者表示感激不尽。此外，在本文撰写过程中，还收到了托尼·阿迪森（Tony Adisson）、理查德·卡里（Richard Carey）、卡尔－约翰·达尔加德（Carl–Johan Dalyaard）、约翰·胡德森（John Hudson）、理查德·曼宁（Richard Manning）、让－菲利普·普拉图（Jean–Philippe Platteau）、兰特·普利切特（Lant Pritchett）、罗杰·里德尔（Roger Ridell）、L. 阿兰·温特斯（L. Alan Winters）、阿德里安·伍德（Adrian Wood）以及第 17 届 IEA 世界大会（约旦，2014）和关于发展经济体的诺迪克大会的参与者（赫尔辛基，2014）给出的十分有益的建议。联合国大学世界发展与经济研究中心为本文的撰写提供了资金援助。本文的补充附件请参看 http://wber.oxfordjournals.org/。

多年以来,关于将外援作为发展中国家社会发展和经济进步工具的有效性的争论一直比较尖锐。正如莫斯利(Mosley,1986)早期指出的,在微观经济学层次和中观层次对外援的评估通常都具有正面的影响。近期更多沿着该脉络的研究也支持这一观点〔如米察洛娃(Michaelowa,2004)、米沙拉和纽豪斯(Mishra and Newhouse,2009),以及阿恩特等人(Arndt et al.,2015)的研究〕。在宏观经济层次上,这一问题的争议尤为剧烈。即便如此,迄今为止绝大部分经济学文献的实证研究也都发现了积极的影响。精确地说,2008年以来所有基于跨国增长回归的独立研究,都报告了援助对增长边际效应的可比较结果。这些研究建议,在长期内,接受相当于国内生产总值2.5%的外国援助将有望推动国内生产总值平均0.25%的增长。在结论上虽然有些发现因为噪音和数据缺失而导致在统计学上并不显著,但大部分结果还是显著的。这些研究结果的广度和方向确实是很值得关注的。这是我们的出发点。

在本研究中,我们对新文献进行了简要的回顾,并且继续来回答两个具体的问题:(1)近期关于外援对增长总效应的研究结果在数字上是否一致;如果是一致的,(2)它们对于经济的外援收益率意味着什么。之所以要解决第一个问题,是因为在宏观经济学数据中,确定因果关系是极为困难的。对于外援评估,发展中国家收入增长和外援总量的数据相对较差,这也提高了问题难度。

为了回答第一个问题,我们对一个囊括外援增加因素的动态新古典主义增长模型进行了数字模拟。数字模型广泛应用于从工程(Lin and Liu,1998)到经济学(Ashraf,2009;Dalgaard and Ericson,2009)的各个领域,也为确定实证现象的量值提供了一种清晰的工具。同样,数字模拟还有助于思考具体建模挑战的实证含义,如外援对增长影响适当的时间范围。第二个问题关注提供外援和其财务成本之间的比较优势。外援对增长的长期正面影响并不自动意味着外援在其时间周期内会在投资上产生一种可被接受的收益。同时,如果发现外援的收益很高,那么这就可能意味着在非特许条款上,有提供更大发展资金份额的空间。虽然收益率是在项目层面评估投资的常规标准，但这些问题在近期外援文献中都没有解决。① 我们的模拟方法可以在宏观经济层面直接计算出经济收益率的可行区间。

本文的其他部分结构如下：第一部分我们考察了2008年后出版的一系列外援对增长宏观影响的同行著作。第二部分展示我们的模型、模型的校准及结果指标。第三部分将在以实际资本投资、人力资本更新及外援相关的生产力冲击为关注点的宏观经济影响中，精选模拟以获得启示。第四部分基于蒙特卡罗模拟，考虑个人及个人与外援的组合影响的结果分布。第五部分对主要的结论进行总结，并对结论的深层含义进行思考。文中提到的两份补充性附件（A和B），可在如下网站获得：http：//wber.oxfordjournals.org/。

为了预先对我们的模拟结果进行考察，我们发现在一个短的时间范围（5年）内，外援对增长的边际效应在一部分不可忽略的观察上是负面的。然而，当评估视角扩展到30年，外援的宏观经济效应是持续正面的，并且与近期实证研究的结论是高度可比的。与此类结果相对应的平均内部收益率大约为11%。同时，我们表明，生产力和人力资源积累效应是决定性机制，通过该机制，外援可以对宏观经济，特别是长期的宏观经济产生影响。我们的结论是，将外援视为利润缓慢累积的长期投资是合适的。

一 近期的研究

本部分重点关注近期出版的关于外援与增长关系实证研究的主要结论。② 我们以拉詹和萨布拉马尼安（Rajan and Subramanian，2008）的著作为起点。该起点是有意义的，因为他们引入了两项具有影响力的创新。首先，他们表现了对跨国动态面板数据方法较弱的依赖度。相对而言，他们优选的战略涉及外援/国内生产总值和增长在相对长时期（达40年）的平

---

① 参见达尔加德和汉森（Dalgaard and Hansen，2005）以获取与外援存在关联的投资边际生产力的估算。
② 对于对外援助效应更为广泛考察的文献可以在其他地方找到。比如本文表1中的参考资料，以及汤谱（Temple，2010）、阿德特等人（Arndt et al.，2010）、罗德曼（Roodman，2007）；达尔加德等人（Dalgaard et al.，2004）。

均截面回归。这对应了某种观点，即在时间 t 给出的外援可能仅在 $t+n$ 年后才能对增长产生影响，该影响可能会在更长的时间内获益。其次，为了解决援助的内生性问题，RS08 使用了外生工具变量，而不是本就属于动态面板估算因子中的内生工具变量。

表 1 总结了近期涉及外援和增长研究的核心结果。在我们获取信息的最大范围内，该表覆盖了满足下列标准的全部研究：（1）是以发展中国家作为团体研究的，平均总体上的外援与增长的关系；（2）包含至少 30 年的数据；（3）试图解决对外援助的内生性问题；以及（4）在 2008 年 11 月至 2014 年 7 月出版的在有同行评鉴的经济学期刊上。[①] 由于包含在表中的多个结果使用了不同的解释，因此我们试图选择可比较的模型。在某些情况中，涉及援助因素的非线性情况，如平方项，也被包含在内。这些情况下，通过估计修正外援/国内生产总值为 2.5%，我们报告了外援/国内生产总值对增长的边际效应。[②] 在最后一栏中，我们报告了与双尾检验相关的点估计（beta）与 0 没有显著性差异可能性。

表 1　近期对外援助—增长研究小结

研究[a]	参考	期间	说明[b]	贝塔系数（Bata）	标准误差	可能性约数
RS08	表4第1行	1960~2000	线性	0.06	0.06	0.30
RS08	表4第2行	1970~2000	线性	0.10	0.07	0.17
MR10	表4第1行	1960~2000	线性	0.08	0.03	0.01
AJT10	表6第2行	1960~2000	线性	0.09	0.04	0.02
AJT10	表4第4行	1970~2000	线性	0.13	0.05	0.01
CRBB12	表7第6行	1970~2005	非线性	0.15	0.06	0.01
CRBB12	表7第10行	1970~2005	非线性	0.31	0.17	0.07
CRBB12	表9第9行	1971~2005	非线性	0.27	0.13	0.04

[①] 它遵循如下标准：在表 1 中报告的系数不包括 "naive" OLS 估算（甚至是在包含的研究中）；结果完全侧重于选定区域，分类援助措施或其他结果；以及来源于工作文件的估算（如 Galiani，2014）。

[②] 这一数值被作为发展中国家在过去 30 年中收到的年平均对外援助值的近似值。

续表

研究[a]	参考	期间	说明[b]	贝塔系数（Bata）	标准误差	可能性约数
CRBB12	表9第9行	1971~2005	非线性	0.42	0.20	0.04
KSV12	表2第5行	1970~2000	线性	0.05	0.05	0.32
LM12	表3第4行	1960~2001	线性[c]	0.85	0.43	0.05
NDHKM12	表1第4行	1960~2006	线性	-0.02	0.01	0.14
B13	表3第1行	1960~2000	线性	0.12	0.04	0.00
B13	表3第1行	1970~2000	线性	0.18	0.07	0.01
HM13	表2第1列	1971~2003	线性[d]	-0.01	0.00	0.00
AJT15	表1第2行	1970~2007	线性[e]	0.30	0.18	0.09
平均效应	未加权			0.19	0.06	0.00
	加权			0.12	0.04	0.00

注：[a] RS08 是 Rajan 和 Subramanian（2008）；MR10 是 Minoiu 和 Reddy（2010）；AJT10 是 Arndt 等人（2010）；CRBB12 是 Clemens 等人（2012）；KSV12 是 Kalyvitis 等人（2012）；NDHKM12 是 Nowak-Lehmann 等人（2012）；LM12 是 Lessman 和 Markwardt（2012）；B13 是 Bruckner（2013），HM13 是 Herzer 和 Morrissey（2013）；AJT15 是 Arndt 等人（2015）。

[b] 对于非线性规格而言（涉及平方的对外援助项），对外援助/国内生产总值对于增长的边际效应，通过将对外援助/国内生产总值固定在 2.5% 上来估算；对于这些情况而言，标准误差同样是适当的。

[c] 对于可比较性而言，由于假定政府支出没有分散，因此得益于对外援助这一结果辨识边际效应；然而，笔者发现，如果分散的程度超过了 7%，那么对外援助对于增长的边际效应在统计学上则不是很大。

[d] 这一估算控制投资，并且被作为平均数从国家特定的回归中获取。

[e] 贝塔系数以及标准误差被调整，以适应本研究中报告的标准值的初始值。

未加权和加权平均效应的标准误差取自本表中报告的一系列标准误差。可能性以常规的分配为基础。

资料来源：笔者通过引用谷歌学术中的材料整理得来。

除了两例外，表 1 中的贝塔系数均为正。① 3/4 的贝塔系数在 10% 的置信水平上近似的显著，只有两个贝塔系数在 20% 的置信水平上不显著。外援/国内生产总值对增长平均边际效应点估算的样本平均值为 0.19。通

---

① 突出第一批负面结果的数据（NDHKM12）已经得到重新检查（2016）；第二个负面结果（HM13）则来自控制聚合投资的等式模型，意味着对外援助对于产出的估算效应被限制在非投资渠道中。

过对其估算方差的反对数加权,产生了估算量为 0.12。也就是说,这些系数展现了较大的变动——它们的初始标准差等于 0.21,这意味着较大的(模型)不确定性。无论如何,根据佩萨兰和史密斯(Pesaran and Smith, 1995),我们可以使用一系列可比的回归系数标准差来获取关于其均值标准误差的非参估计。① 运用这一方法,可以得到未加权的 0.06 均值效应的标准误差估算。相应而言,均值效应在统计学上显著,这与之前梅卡萨和塔普(Mekasha and Tarp, 2013)在 68 个外援增长研究相关的荟萃分析是一致的。②

有意思的是,表 1 中报告的结果区间与原来 RS08 的实证估算一致,这激发了近期大量著作的发表。虽然这些作者自己的结果在统计学上并非标准层面上显著,但阿德特等人(2010)对那些外援资金流未报告值的处理进行纠正,从缺失改为空,并表明对 RS08 实证策略修正后,在同样的数据集基础上,产生正向显著的估计值。③ 此外,阿德特等人(2015)使用更新至 2007 年的数据(表 1,最后 1 列),发现了显著可比较的结果。它也证实了替换经济方法会有相似结论的说法。比如,利用国家(共同体)层面的时间序列分析,对 36 个非洲国家进行分析,朱利留斯等人(Juselius, 2014)发现外援在 27 种情况中,对投资或国内生产总值(或二者兼而有之)有统计上显著正向影响。在另外的 7 种情况中,对投资或国内生产总值的效应是正面的,但是在统计上不显著;仅仅在两种情况中(加纳和坦桑尼亚),外援的冲击是显著负向的。④

在继续分析之前,我们指出,基于外援对增长边际效应的回归估计可以直接通过与外援相关的内部收益率的近似值来获取。⑤ 在附件 A(在线

---

① 这一估计量假定系数是独立的,因此现有的结果必须被视为近似值。
② 这些学者在对外援助和增长之间发现了正面的和较大的加权平均部分关联,这对于消除出版偏见和审核效应的调整而言十分可靠。请注意,在梅卡萨和塔普中的估算是部分关联的,因此对于表 1 中的估算量并不直接可比。
③ 实际上,对于遗漏和无效的纠正足以表现统计学上的重要性。
④ 朱利留斯(Juselius, 2013)更加详细地考察了这样的情况,对国家特定的历史要素进行了考量,从而导致了不同的结论。
⑤ 对于提出这样联系的匿名阅稿人,我们表示感谢。

附件）中，这一关系被正式列出。在下一部分中，我们将更加详细地计算内部收益率，该近似值意味着表1中的加权均值效应大体转化为12%的内部收益率。总体而言，近期的实证研究为外援对增长有正向平均效应（在延长的时间段内）的观点提供了一致的支持。关于外援无效观点的支援则很少；总体而言外援平均是有害的观点在近期的学术研究中并没有背书（参见 Moyo, 2009）。

二 框架

模型

上一部分强调了2008年以来出版的所有实证研究呈现出了显著的连续性。尚存的问题就是这些结果的可靠与否，也就是说，根据我们所知的外援量，这些估算的分布是否与外援影响增长的合理假定一致。RS08提供了初步的结果。作者借助易懂的 Solow-Swan 框架，推导出了外援对增长产生的预期边际效应的表达式，即等于投资援助比、收入资本的比以及产出—资本比的乘积。后面基于对发展中经济体的粗略估计，RS08作出结论称，外援（GDP的比）对增长的边际效应的可行区间是0.08~0.16，但是如果外援能够提高（或损害）生产力的增长，那么边际效应可能会更高（或更低）。

遵循 RS08 和其他的研究〔如达尔加德和埃里克森（Dalgaard and Erickson, 2009）〕，我们保留了一种较高总体新古典增长模型，并将其往三个主要方向拓展。第一，我们关注模型的动态表现，而非静态结果。假定外援通过物理资本和人力资本积累实现增长，这就是相关的，因为外援对增长的影响将随时间的变化而变化，就如同绝对价值因折价而变动一样。

第二，在接收的外援及其对增长的影响之间，存在着潜在的时滞，这在很大程度上取决于外援的直接目标。事实上，我们发现关于时滞持续时间的不同假定是计算外援对增长效应的重要的条件，特别是在较短的时间范围内。

第三，我们不依赖于相关假定的简化，如外援仅通过物理资本的积累对增长产生影响。虽然从分析上讲这是便捷的，但是研究表明从低收入到高收入的经济转型过程不能单纯从物理资本积累的角度来理解。经济学范围的人力资本的更新是根本性的，特别是将生产从较低附加值的产品和服务转向较高附加值的产品和服务。此外，该渠道的纳入与许多外援在社会政策结果中的显性利益保持一致，比如教育和健康。

我们完整的模型总结如下：

$$Y_t = \theta_t K_t^{\alpha} (h_t L_t)^{1-\alpha} \tag{1}$$

$$K_t = K_{t-1}(1-\delta) + \delta K_0 + (1-\gamma-\varphi)A_{t-\mu} \tag{2}$$

$$A_t = \begin{cases} \lambda Y_t, & \text{if } 1 \leq t \leq t^* \\ 0, & \text{otherwise} \end{cases} \tag{3}$$

$$c_t = (1 + \varphi A_{t-1}/Y_{t-1})c_{t-1} \tag{4}$$

$$w_t = (c_{t-1} + 14w_{t-1})/15 \tag{5}$$

$$b_t = w_T^{\eta} \tag{6}$$

$$L_t = (c_t/c_{t-1})^k L_{t-1} \tag{7}$$

$$\theta_t^* = 1 + \tau A_{t-1}/Y_{t-1} \tag{8}$$

$$\theta_t = \begin{cases} \theta_t^{*\,t/\omega}, & \text{if } t < \omega, \tau \neq 0 \\ \theta_t^*, & \text{otherwise} \end{cases} \tag{9}$$

$$K_0 = (r_0/\alpha)^{\frac{1}{\alpha-1}}; L_0 = 1; w_0 = 1; c_0 = 1; 0 \leq \gamma + \varphi \leq 1$$

其中，t 指代时间（以年为单位；$t=0$ 是初始年份，或者基准年份）；Y_t 则指代实际的国民收入；θ_t 是指全要素生产（TFP）；K_t 是资金的总体测度；L_t 是劳动数量输入的度量（即工作小时数）；h_t 是人力资本素质的指数；A_t 是外援量；c_t 是儿童的人力资源素质指标；w_t 是工人人力资本的指数；r_0 是物理资本的最初租金率。所有的人力资本变量都以基准价值 1 实行标准化。

关于时间不变量的参数，$\alpha>0$ 是收入中的资本比例；$0<\delta<1$ 是物理资本的衰退率；$\mu \geq 1$ 是一个整数，以捕捉援助的时间效应；$0 \leq \gamma \leq 1$ 表示的是未构成生产国内因素援助的比例；$0 \leq \varphi \leq 1$ 则给出了运用于人力资本

素质升级的外援比例；$\lambda > 0$ 是援助在收入（国内生产总值）中的比例；η 反映的是工人人力资本的收益；$\kappa \geq 0$ 是人力资本支出对劳动力供应的影响；τ 则是外援对总产出的最终影响；ω 表示此类生产力增长的时间阶段（起始 $t=1$）。

我们首先要指出的是本框架的五个特点。第一，我们假定在本系统中之前并不存在外援（$A_0 = 0$），国内储蓄率被永久地固定在 δ。此外，在缺乏外援时，生产力，以及人力资源的质量与数量（$h_t L_t$）都是常数。这意味着经济从一个稳态起步，外援是唯一能够从经济最初的平衡状态变动的因素。其中采用这些假设不是源于现实；而是，它们是定义关注外援累积贡献的简单模型的结果。因为在一个反事实的情况中，$t > 0$ 时给定的宏观经济总效应与 $t = 0$ 时的比将特殊地捕捉刻画整体效应。

第二，该模型构建为一个密闭的经济体，以外援的形式接受资金的外部注入。我们发现该假设是存在疑问的。然而，巴罗等人（Barro et al.，1995）证实，信用受限的新古典小型开放的经济体展现了与密闭经济体类似的动态特性。因此，我们认为保留封闭经济体的假设时，关键特性并不会丢失。同样，我们明确允许人力资本和生产效应（分别通过 φ 和 τ）预存在，这是外援能够在开放经济体中对增长施加影响的关键聚合渠道，其中包括通过真实汇率。

第三，收入的资本占比在一定时间内保持常量，这是 Bowley 定律的直接（如：Krämer, 2011）推论。

第四，假定价格是常量，将其标准化为1。

第五，采用简单的模型的权衡中，某些特点被排除在外。定义，收入（或其他因素）冲击被排除在外，因此也就忽略了外援在支持消费中的潜在重要影响。同样，我们没有把非聚合的行为体（例如企业、家庭、政府）或它们之间的互动包含在内。具体而言，在特定的情况中，这样的动态可能是重要的；然而，它们超出了当前的行为，目的是创建外援效应的量级目标。[1] 此外，如果忽略效用最大代理的缺失，将 Solow-Swan 增长模

---

[1] 参见国际货币基金组织（2008）以获取关于国家特定对外援助模型的例子。

型视为动态的一般均衡框架也是合适的（参见 Acemoglu，2008）。

从细节来看，等式（1）和（2）是基本的 Solow – Swan 等式，以总条款表述（而非人均），并且得到外援的扩充。等式（3）是外生援助分配规则。我们将此类援助作为明确的外生变量，是因为我们的目标是调查外援对宏观经济的反事实影响。换句话说，由于我们希望对近期关于外援因果影响的计量经济学证据的合理性进行验证，那么"假设"外援为外生的而进行模拟是合理的。因此，等式表明，从 $t=1$ 到 t^*，模拟经济接收了与之前确定的国民收入比例相等的外援流入（λ）。在特定时期内终止外援流入意味着人均增长在后期变为 0。反过来说，这意味着在有限的时间段，研究因外援而产生的经济现象是有意义的。如下文所探讨的对外援收益的计算一样，由于解除了经济体中与外援相关的周期限制，这对于分析是有帮助的。

从等式（4）到等式（7），构建了人力资本模块，在这一模块中，外援通过两个主要的微观渠道发挥作用。在密集边际，我们允许对外援助改善包含儿童的人力资源素质，比如通过教育和营养措施。正如在等式（5）中指出的一样，我们假定在每一阶段，由代表性的儿童取代劳动力中的1/15，而这意味着从外援给出，到对工人人力资本质量产生实际影响并进入产出方程的这一过程，存在着较长的时滞。[①] 在广度边际中，我们设定外援增加工作的小时数，而这可以被视为疾病治愈率提高、环境改善和死亡率下降的合力作用。该效应是假定直接在当前的工人身上产生影响，并且是累积的。此外，我们假定所有的人力资本效应都是永久性的，因此允许经济在外援流入结束后到达收入的新稳态。这两种效应的意义是，国内储蓄（δK_o）（作为收入的比例）将下降，也就是说，我们将内生的储蓄反应排除在外。虽然这是保守的，但我们对于人力资本贬值率为 0 的假定将更乐观。然而，它与阿沙拉夫等人（Asharf et al.，2009）提出的假定保持了一致，并且避免了参数化的复杂问题（参见 McFadden，2008）。

[①] 我们承认，这些人口统计学的动态是十分粗糙的。然而，添加更为丰富的结构不会使得分析更加具体，因此为简便起见，将其排除在外。

最后，等式（8）和等式（9）代表了一系列直接（总）的生产力效应。具体而言，等式（8）是简单的线性关系，定义了全要素生产中外援调整的永久层次，而这一过程则是通过等式（9）的描述来逐步达成的。这些关系刻画了政策、机制或者生产技术中的进步，同时它们也经常性地作为资金募集中明确的目标。考虑这一渠道相关的动机是，虽然存在捐赠意图，但批评人士通常会认为这些援助对总生产力产生负面的后果（例如 Moss et al.，2006；Rajan and Subramanian，2007；Djankow et al.，2008）。正因为如此，这部分可被视为一系列重要特定渠道的集合，外援通过这些渠道影响生产力或竞争力，在此并未明确探讨。①

校准

上述框架提供了一种探索重要通用机制的基础，透过这些机制，外援通常会被认为拥有宏观经济学效应。为了提供数字方面的视角，模型的校准是必要的。通过这样的行动，我们强调，我们的目标并不是提供对特定的国家或环境给出近似模拟的单独结果。我们的目标是在单独或者同一的考虑个体的机制下，提供外援产生的宏观经济效应量级的边界。

模型模拟由参数取值定义；它们确定了相关的结果。更为正式的是，我们从联合分布为模拟 i 定义了一个参数向量：$s_i \in \Omega = f\{t^*, \lambda, \alpha, \mu, \delta, \gamma, \varphi, \kappa, \eta, \tau, \omega, r_0\}$，很明显，$\Omega$ 横跨多个维度。为了减少分析问题的维度，我们保持了次级重要参数固定（$t^* = \omega = 30$；$\eta = 0.4$；参见下文）。对于剩下的参数而言，之前存在的信息不足以完全说明它们联合分布。特别是超过 2 的协方差和矩一般都是未知的。因此，我们借助现有的文献来确定这些值的合理范围。在大多数情况下，我们也假设不可知独立的均匀分布。这与拉普拉斯不充分理论原则相对应，并且目标是在参数空间内产生先验值。

附件表 B1 总结了参数在不同的模拟之间存在差异的假定范围和分布。

---

① 对于实际汇率的评价是一个例子。参见阿德特等人（Arndt et al.，2005）和博格等人（Berg et al.，2010）以了解进一步的深入探讨以及围观动态一般均等框架（将某些复杂的特点包括在内）。

收入资本比范围是30%~70%；从提供外援到物理资本增加的延迟是1年和7年之间的整数均匀分布。外援中获得的收入部分来源于去截断的Beta分布（去大约5%的平均值），获得的分布范围大体上体现了历史外援流入的变动格局。外援流入的持续时间（t^*）在30个时期保持固定，这对近期研究中发现的评估窗口而言也大致是上限（参见第一部分）。

关于贬值率和资本边际收益的选择是重要的，也是更加充满争议的。对于贬值率，在文献中少有严格的估算，特别是对于发展中国家而言。布（Bu, 2006）针对一系列发展中国家，使用企业调查的数据，发现总股本贬值率位于9%~23%。这些数据与同一国家内的审计员使用的2%~10%的值相比，更常用在跨国股本估算之中（Bu, 2006）。面对这些取值范围，我们采取了一种不可知论的态度，假定贬值率被统一分布在2.5%~25%这一区间。

对于物理资本的收益率，我们依赖于卡塞利和费耶（Caselli and Feyer, 2007）的计算。他们的基准估算指向了资本的平均边际产出，这等于在规模报酬和竞争性资本市场不变的假设下租金收益率为0.27，低收入国家的标准差为0.09。也就是说，这些估算并未考虑"纠正因素"，如资本商品中的价格差以及补充因素的缺失。在某种程度上，这些项可被视为有助于形成一种有效的贬值率。在此，最初的净收益率$\gamma_0 - \delta$的均值为13.2%，标准差为11.0%，这与笔者估算修正后的收益率更加接近。

健康和教育冲击对总收入的影响，以及外援对这些近似驱动因素的效应，存在一定的争议。对于后者，阿德特等人（Arndt et al., 2015）估算大约5%的持续外援流入与成年人中平均受教育年份在2~3个完整学年的增长相关。巴罗和李（Barro and Lee, 2013）提供的关于受教育的全球估算表明，一代后（30年）的量级改善是合理的，特别是对那些从较低教育水平开始的发展中国家。比如，在博茨瓦纳，1970~2000年，受教育平均年份从2.14年增长至8.69年。相应地，等式（4）表明，如果大约一半的国内生产总值持续外援流入被用于人力资本升级（$\varphi = 0.5$，$\lambda = 0.05$），则儿童人力资本素质在一代后大约会倍增。

在此类投资的经济影响方面，我们的模型将人力资本素质的边际收益定义为：$\partial Y_t/\partial w_t = \eta(1-\alpha)Y_t/w_t$。因此，作为毛收入的一部分，这些收益的上限等同于 $\eta(1-\alpha)$。简单起见，为调查模型的表现，我们将 η 固定取值为 0.4，这表明工人素质改善的边际收益为 28%（$0.3 \leq \alpha \leq 0.7$）。而这比教育的典型 macro-Mincerian 收益要大一些（参见 Lange and Topel, 2006）；它代表了严格的上限，并且随着 ω 的增长而下降。此外，人力资本的更新产生经济范围内的正面外生性，该校准具有一定保守性。

由于发病率或者死亡率变动而产生的总收入效应可能更具争议性。然而，由于与大规模公共健康干预相关的人口统计学变化能够产生复杂的一般均衡效应 [参见布里克利的探讨（Bleakley, 2010）]，因此它们是很重要的。阿沙拉夫等人（Ashraf et al., 2009）使用疾病负担估算（因为残疾而损失劳动力的年份）以捕捉与穷人健康相关的工作时间丢失的效率，忽视了儿童的死亡率。世界卫生组织编撰的人均指数表明疾病负担指数在低收入国家大约为 11%。[1] 儿童时间损失率非常高，这意味着大规模健康干预能在较长时间内产生更为明显的劳动供应效应。想到这一点，我们设定 $k \in [0, 0.15]$，这意味着在模拟外援流入时平均存在大约 22% 的最大的劳动量增量。[2]

最后，生产力参数 τ [等式（9）] 被限定为在 0~2 变动。在外援模拟均值上，这意味着最大的最终生产力增量等同于初始收入的 10%，保持劳动力供应固定。由于我们假定这一增量是在 30 个阶段中分别获取的，因此它等同于生产力每年增长 0.3%。该量级的效应是可信的。对美国年度劳动生产力增长的长期估算平均为 1%（Nordhaus, 2002）。此外，在低收入国家，由于生产要素的错误分配而造成的效率损失估计，一般是较大的量级（Vollrath, 2009）。也就是说，这些估算表明，较大的一次性收益可以通过适当的政策干预来实现。

为分析之便，我们将 τ 的负值排除在外，因此在生产力和外援流入之间施加了一个正关联。我们意识到该假设会受到质疑；我们采用该假设的

---

[1] 参见 http://www.who.int/healthinfo/global_burden_disease/estimate_regional/en/index1.html。
[2] 借助等式（7）进行计算：$(1+\varphi\lambda)^{30k} = (1+0.9\times0.5)^{4.5} = 1.219$。

原因是，在缺乏正向现金流入的情况下，收益率的计算变得极度不稳定。无论怎样，由于 τ 的初指令效应在起源周围是对称的（平均），因此我们的蒙特卡洛模拟结果可以被用来考虑 τ 的（平均）量级，以将外援导致的生产力损失囊括在内，从而全面主导资本积累效应。在这方面还应当指出，外援对竞争力影响的理论和实证估算一般都指向相对增长较弱的制造产业（Rajan and Subramanian, 2011），以及在最差的状况下，停滞的总收入效应（Adam, Bevan, 2006）。正如我们在第三部分和第四部分中展示的那样，在公布的指数范围内，这一类型的影响完全与 τ 的负面值保持一致。

结果

为了分析该模型对数值结果，我们关注两个主要的指数。第一是在不同阶段计算的外援对增长的边际效应。对于 i 和时间阶段 j 而言，它被定义为：

$$g_{iJ} = \frac{1}{\lambda J}\sum_{j=1}^{J} \dot{y}_{i,t+j} \tag{10}$$

其中 $\dot{y}_t = (Y_t/Y_{t-1})(L_{t-1}/L_t) - 1$，可以被视为是人均资本增长收入率的下限，也就是说，如果等式（7）仅仅在死亡率改善方面发挥作用，那么它就是具有约束力的。这一指数与第一部分中提及的实证文献主要关注点相对应。与这些研究相一致，我们报告了 5、10 和 30 个周期的结果。也就是说，不同窗口长度的结果提供了替代性计量经济学方法如何解决问题的表现。[①]

第二个指数是内部收益率（IRR），是通过外援产生的内部现金流入（净额外收入）所计算的。假设在 $t=0$ 时，经济处于一个"无外援"的稳定状态，前期现金流入对外援的真实价值给定如下：

$$CF_t = Y_t - (Y_0 + A_t) = Y_t(1-\lambda) - Y_0 \tag{11}$$

[①] 面板估计量对若干国家内的多个保守窗口进行了考虑。即便如此，他们一般都借助第一批差异用于辨识，也就是，他们关注与对外援助流入变化相关的增长变化。根据这样的方式进行观察，仅有与基准线相对应的模拟初始阶段才会具备更多信息。

何谓总体经济的外援收益率

也就是说,在给定年份中,外援所导致的总经济现金流入是时间 t 中总收入(含外援)减去反事实收入总和(不含外援)的量与这个时期内外援有效成本的和。这一等式表明了我们的模型假设,即在经济体中所有的变化,包括生产力和人力资源效应的变化都仅被外援资金流入包含。

从项目财务的角度看,投资的收益不仅取决于此类现金流入的量,还取决于流入的时间。比如,虽然在早期现金流入可能是负数的,但可行的投资可能会在该项目期内产生正的净现值流入。换句话说,关键的问题是现金流入折价值是否为正。① 为了计算净现值,折价率必须事先说明。如果折价率未知,可以使用内部收益率来确定使净现值为 0 的折价率。直观而言,内部收益率表明了项目需要打破平衡的最大资本成本。我们模型模拟中的内部收益率计算表明,外援流入的最大有效融资成本并不会构成净损失。由于我们假定所有的收入收益与可用的外援或者融资成本的款项相关,那么这样的解读也就适用于我们的模型。比如,如果内部收益率被发现为 10%,那么为了使外援具有总体正的净收入效应,项目期间融资援助的有效成本就必须低于 10%。

考虑到外援对增长的边际效应估算代表着内部收益率的近似值(参见第一部分;同样参见附件 A),人们可能会对根据等式(11)对内部收益率进行精确估算的添加值产生质疑。除了精确的收益之外,我们的动机是,唯有在高度限制的环境中,这样的近似才是合理的。为了看到这一点,请注意,近似假定外援对增长的边际效应是稳定的,在第一阶段外援流入到达之时将对增长产生全面而及时的作用,而这与 RS08 的基本模型大体保持一致。一旦我们允许外援通过更为复杂的渠道来影响经济,近似的质量或许将下降。然而,这最终是实证的问题。

为了补充内部收益率,我们还计算了两种额外的量度。第一是净现金流入与初始收入之间的平均比率,记为 CFY。这与当贴现率为 0 时计算的

---

① 我们将项目时间定义为对外援助流入($t=1$)开始之际到增长归为 0 的阶段。对于模拟而言,这样的终止规则忽视了由于收入变化均衡等式的收益的现有流动。注意,我们为所有的模拟设置 60 个周期的时间段,也就是包含 30 年的对外援助流入,以及最少另外 30 年对于经济的影响。

净现金收入相等同，贴现率以最初收入水平的产品以及模拟中的时期数量所划分。大于 0 的价值意味着来源于这一项目的累计现金流是正的，也就是说，外援所产生的收入真实价值要大于接受外援的价值，而无论是正现金流入还是负现金流入的时间段（对于捐赠者而言没有不同）。第二个指标报告了现金流为正时的第一个阶段，写为 PCCF。在这一阶段，它给出了对外援助产生于给定对外援助数量价值等同的累计收益，再一次忽略了时间贴现或者融资成本。① 这同时也捕捉到了捐赠者观察对外援助流正向总收益的耐心程度。

三 影响渠道

我们根据两个步骤继续开展分析。在这一部分，我们根据一系列精选的参数向量对模型的一般表现进行了检查，也就是个体模拟。这些是经过明确选择的，以隔离外援可能影响宏观经济的总机制。结果的分布将在下一部分进行考虑。

物理资本积累

为了与之前的研究对比，我们的第一个模拟仅仅允许对外援助通过物理资本的投资对经济产生影响。在最初的阶段，生产力、劳动力供应和人力资本素质都是保持一致的（$\forall t: \theta_t = 1, L_t = L_0, W_t = W_0; \varphi = 0; \tau = 0$）。目前，我们假定所有的外援都是在没有浪费的情况下投入的（$\gamma = 0$）。由于所有因外援产生的物理资本的增量在长时期内都将会贬值，因此这些假设的主要隐含是外援对收入并没有持续或永久的效应。我们考虑把该模型作为可对比其他路径的基准模拟。

模拟中精选经济聚合的时间路径在图 1 中得以阐释，这是以大约等同于国内生产总值 5% 的外援流入（30 个时期内收到的）为基础的，将所有其他非零参数设定为它们的中位数（参见附件表 B2，以获取选定的参数

---

① 如果项目不产生正的现金流，那么使用最后的周期。

值)。图1(a)展现了外援流入的路径；图1(b)表明促成这些外援流入的额外股本的量(扣除折旧)，并作为其基准层次(稳定状态)的百分比来报告。由外援产生的劳动力收入增长效应在图1(c)中得以阐释，以百分比的形式进行报告；图1(d)展示了与外援相关的现金流。

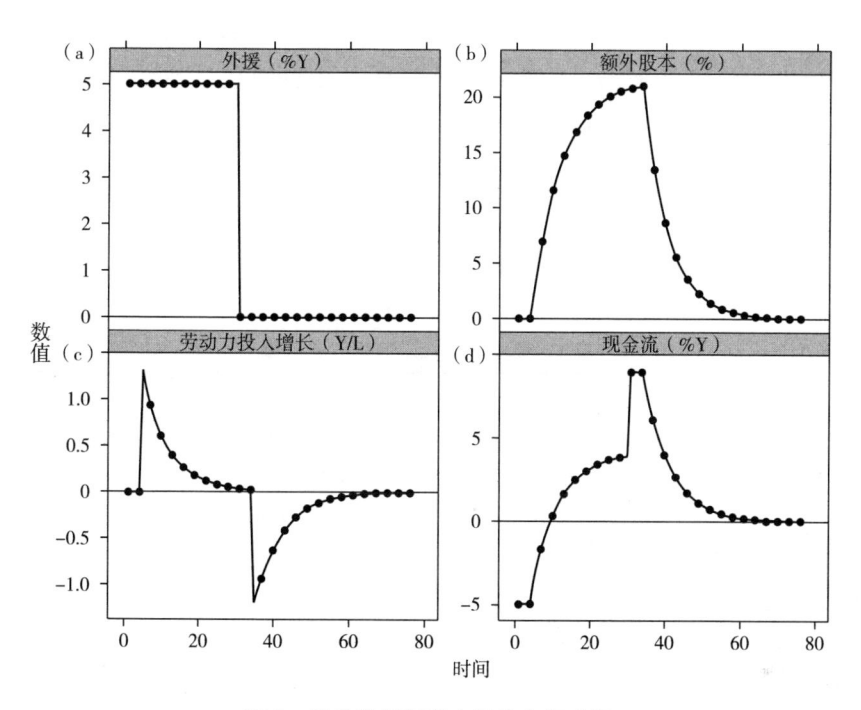

图1　基准模拟标准中精选变量路径

资料来源：笔者的计算。

图1突出体现了三点。首先，由于接收外援和额外资本进入生产使用阶段之间的时滞，对增长的正面影响和物理资本在 $t=1+\mu=5$ 时首先登记。同样，虽然在 $t=30$ 之后没有外援流入，新的外援出资的生产性资本继续被添加进经济体中，直至 $t=34$。当 $t=5$ 和 $t=35$ 时，在股本和收入增长中急剧的间断性反映了外援供应方面的中断。其次，根据等式(2)，在每一个阶段中，根据股本收取折旧费。一旦外援流入终止，它们能够确保经济逐渐恢复到收入稳态。的确，股本在 $t=34$ 时达到顶峰，并且将由于在下一阶段的折旧费用而遭受大幅度的账面价值下跌，从而产生负面的收入增长。最后，现金流入只有在 $t=10$ 时才进入正区域。这说明，外援的

收益需要时间来超过新的外援流入的成本［参见等式（11）］。

表2第1行总结了来源于同一模拟的主要结果。前三列报告了其他时间窗口内单位劳动力外援对增长的边际效应［参见等式（10）］，假定外援的边际单位等同于国内生产总值的10%。正如我们所发现的一样，边际外援增长结果对评估窗口的长度是敏感的，这是由于外援的交付时滞，对最短的窗口敏感度一般最低。无论如何，值得注意的是，即便是简单的模拟，所有这些估算都与那些在表1中报告的数量非常相似。在整个项目期间（78个周期）计算的关联内部增长结果等同于7.2%。因此，如果外援流入的资金以债务为基础，那么在该临界点上以融资为成本的外援流入就是不可持续的。

表2　精选模型运算中的估算总结

	渠道	增长结果			收益结果			$\Delta y\%$	
		5	10	30	内部收益率	CFY	PCCF	30	末端
1	物理资本	0.53	1.10	0.63	7.2	1.8	22.0	9.9	0.0
2	消　费	0.16	0.34	0.19	−4.7	−0.9	—	2.9	0.0
3	人力资本	0.23	0.58	1.06	9.1	18.1	26.0	17.2	26.5
4	人力资本+	−0.24	0.05	0.50	13.7	27.6	17.0	7.8	15.8
5	生产力	1.17	1.75	1.31	16.4	10.3	13.0	21.6	10.0

注：表格报告了模型中各模拟的结果，以展示特定冲击渠道的表现；行的名称用来指代模拟的渠道；列的名称指代结果。$\Delta y\%$ 是项目结束后30个周期，单位劳动力收入的差异；增长结果是援助对于增长的边际效应，针对等同于国内生产总值10%，并且根据输入的劳动力数量进行标准化计算；内部收益率估算根据聚合现金流入来计算；参见附件表B2，以获取用于各种模拟中的参数值。

资料来源：笔者的计算。

表2剩余的结果矩阵确认了支援对经济正面且适度的效应。比如，将现金流累计值（PCCF）转换为正数，总共耗费了22个周期。我们同样看到，劳动单位平均收入在30个周期之后高于基准线10%，正如我们所预料的，在本项目所有的时间阶段之后，它变为0。相反，平均来看，这也揭示了现金流作为基本收入的一部分仅仅在边际上高于0。

消费

在名为"消费"的第二个模拟中,我们将假设放开,认为所有的外援都代表一种可以转换为经济的生产力。为了比较之便,我们保留了之前(基准)的参数,将 γ 设定为0.7,并返回这一模型。总结结果报告在表2的第2列之中。通过建构,γ 较高的值缩小了在没有副作用的情况下进入系统的外援量。因此,所有的边际增长结果在比例上都是较低的,因子大约为0.7。内部收益率结果跌落至0以下,甚至适用于贴现率为0的情况,由外援产生的现金流平均净现值是负数的。更为细微的含义是,为了产生更为宏观的经济效应,外援必须包含接收经济体的生产性的转换。

人力资源

接下来两个模拟考虑了人力资本升级方面。在第一种情况中,我们忽视了劳动供应效应 ($k=0$) 并且将注意力限制在"纯素质"效应上,这种效应通过在儿童人力资本上的投资而发挥作用[参见等式(4)]。为了比较之便,我们假定80%的外援流向人力资本升级,而其余的外援则流向物理资本。因此,对于名为"人力资本"的模拟,我们取基本的参数值,并且将其简单地设定为 $\varphi=0.8$。

表2第3列从模拟中总结了相关结果。与基准模拟相对应的两项关键差异明显地表现出来("物理资本")。首先,增长结果相对较大,并且需要更多的时间来物化。在基准线上(第1列),30个时期之后的边际增长效应低于10个时期之后的边际增长效应。其原因在于额外股本投资的边际收益将很快下跌,且贴现成本会升高。而将大多数投资从物理资本转向人力资本将产生结果截然不同的格局。外援到工人素质变化之间的时滞至少需要15个周期。此外,即便当儿童人力资本素质是稳定的,工人素质也接近相同的指数价值[参见等式(5)]。因此,随着时间的推移,增长的影响会在30个周期之后持续辐射。

可以从图形中看出这样的差别。附件图B1描绘了60个周期内物理资本(标志○)和基本人力资本模拟中单位劳动力(标志Δ)收入路径。它表明了,当被纳入物理资本积累时,收入将迅速增长。对小于20个周期的评估窗口,物理资本渠道将在所有的方面起主导作用。在人力资本模拟中,随着评估窗口的拓展,我们看到的是收入的水平将大幅度提高,增长也将在更长时间内保持稳定。

第二项差别是,相对于基准而言,收益率将更大。这反映了人力资本升级的永久性本质,也就是此类投资所要求的更稳定的高收入。当前位于此类效应频谱最为有利一端的模拟表明,在30个周期以上的,每年等同于国内生产总值5%的持续外援流入将会产生大约25%的长期收入收益。虽然关于包括除虫或者改善营养等学前干预的回报(Bleakley,2010)数值较大,但这与大规模微观研究的量级并不一致。相应的内部收益率为9.1%,仅仅高于基准模拟下的1.9%。该增长得益于早期的收入增长,比基准线要低一些(参见附件图B1)。即便是对于较小的正贴现率,这些较早的周期都接收了更高的加权,而人力资本投资相对滞后的收益则在很大程度上打了折扣。这也强调了收益计算率对于现金流时间点的敏感度。

当我们允许人力资本升级产生正的劳动供应效应时,上述结论在很大程度上是很微妙的。为了对此进行考虑,我们设定k为最大值,$k=0.15$。来源于本模拟的结果,也就是"人力资本+",被报告在表2第4行中,劳动力单位收入时间路径被展示在附件图B1中(标志x)。外援对增长的边际效应大幅度降低。这反应了,在30个周期之后,劳动力供应对比基准线上涨了大约19%。此外,由于劳动力供应效应比素质提高体现得更快,单位劳动力收入实际上在短期内是下跌的。① 然而,人力资本升级最初效应的淘汰和净收入增长是正的,长期来看大约等同于16%的初始收入。

另外一个关键的区别在于,包含劳动供应效应的收益估算率要比不包含劳动供应效应的收益估算率高,这是因为收益衡量标准仅仅考虑总收益,而不是单位劳动的收益。的确,在这一模拟中,30个周期之后,毛收入大约高于其初始值的30%。此外,由于劳动供应效应也将及时发挥作用[参见等式(7)],从内部收益率衡量的视角来看,它们是特别持久的。总

---

① 这与阿沙拉夫(Ashraf,2009)模拟模型保持一致。

而言之，该模拟内部收益率在 13.7% 时，几乎是基准估算的两倍。

生产力

在当前模型中，因外援产生的直接生产力效应被捕捉在一种简单的形式之中。① 关于这一渠道的说明性模拟来源于参数的基准向量，并且将 τ 设定为 2（许可的最大值）。正如在第二部分中指出的一样，在其他条件保持不变的情况下，在 30 个周期内流入相当于 5% 的国内生产总值的外援将使得 10% 的收入长期稳定增长。来自这一模拟的结果被报告在表 2 第 5 列之中，相应的收入路径也被展示在附件图 B2 之中。更为宽泛地讲，所有的结果都大约是基准情景中的两倍，而产生差异的唯一原因就是生产力渠道。

附件图 B2 同样展示了 $\tau = -2$ 时同等模拟的收入路径。这一模拟拥有对称性的长期效应，导致了稳定收入下跌 10%。更为重要的是，从 $t=1$ 到 $t=30$ 的平均收入增长在这一模拟中大约为 0（−0.05 个百分点）。这意味着由外援产生的生产力量级的损失对清除与资本积累相关的收入增长是必要的。的确，该模拟假定所有的外援都是以物理资本进行的投资。

四　结果分布

上述部分的最终模拟表明，由于一种机制（如物理资本的投资）而产生的外援对增长的效应可以由其他机制来修正（如生产力效应）。也就是，在一个更为宽泛的参数组合上，对于相同的结果进行调查，能够获取更加丰富的观点。分析此类（蒙特卡洛）分布式，存在着三种更加具体的动机。第一，任何关于两国之间或者多个国家之间的结构性经济参数是很稳定的假设都是异常大胆的，因此，在参数空间内对结果的鉴别，使得我们对外援结果的潜在异质性进行考量。第二，在缺乏何种渠道组合能够产生何种效应的先验知识的情况下，这样的分析能够对可能由外援产生的宏观

---

① 如前文所述，生产力效应代表了一系列复杂的对外援助影响渠道。

经济效应的量设置边界。第三,可以运用结果的变化来确定与0或者甚至是负的长期总体宏观经济效应相吻合的特定参数组合。更为精确地说,该方法避免了对模型中一个或少数的临时校准标准的依赖程度。它还与我们对外援通过多个渠道同时发挥作用的整体影响进行量化的目标保持一致。

我们通过蒙特卡洛模拟对结果的分布进行检查。具体而言,我们从参数空间内对相应的向量取得5000个独立的随机签(Ω;参见附件表B1)。对每个签而言,我们对模型进行模拟,并且跟之前一样估算关键的结果。对于每一个结果,估算的完整数据集直接代表了其模拟的实证分布。主要的结果是那些来自蒙特卡洛模拟的值。在蒙特卡洛模拟中,所有的参数都可以同时变动。① 为了比较,我们对第三部分中调查的个体渠道进行了结果分布的计算。在计算它们时使用的参数矩阵,同样也曾经用于计算我们所有的蒙特卡洛模拟,唯一的例外就是特定的参数目前被设置为0,因此也就关闭了"特定的渠道"。比如,为了对物理资本渠道进行结果分布的模拟,我们固定 $\varphi = \eta = \tau = 0$,并且允许直接中和物理资本投资影响的参数发生变化。

表3报告了来源于蒙特卡洛模拟中结果的实证均值和标准差。第一行,也就是"所有的",是指所有的模拟,没有对任何特定的影响渠道赋予特定的重要性。换言之,这些结果是不可知的,是由特定的渠道主导的。② 其中有五点值得关注。

第一,与来源于单个模拟结果的模糊布局相反(表2),外援对增长的边际效应将随着评估窗口长度的增加而增长。根据之前的观点,这反应了与人力资本投资相关联的特定动态。表3中剩余部分报告的渠道相同结果的实际分布也确认了这一点。在此,我们看到,外援对增长的边际效应将在两个人力资本渠道中随着评估窗口的延长而增长。

---

① 跟之前一样,特定的参数一直保持稳定,也就是 $t^* = \omega = 30$;$\eta = 0.4$。

② 为了满足限制 $0 \leq \varphi + \gamma \leq 1$,分配给人力资本积累的对外援助比例值为:$\varphi^* = \varphi(1-\gamma)$,其中RHS的参数来自其分布。

何谓总体经济的外援收益率

表3 实证分布的平均数和标准偏差

渠道	增长结果 5	增长结果 10	增长结果 30	内部收益率	净现值	PCCF
所有	0.51 (0.39)	0.76 (0.35)	0.89 (0.33)	11.24 (3.56)	97.12 (16.73)	21.22 (6.24)
物理资本	0.65 (0.72)	1.08 (0.48)	0.72 (0.41)	7.46 (7.23)	63.80 (48.06)	33.76 (21.81)
消费	0.48 (0.55)	0.79 (0.39)	0.53 (0.32)	3.07 (7.86)	39.32 (48.85)	27.45 (9.85)
人力资本	0.41 (0.42)	0.77 (0.32)	0.95 (0.30)	8.99 (3.26)	95.06 (21.67)	25.27 (5.94)
人力资本+	0.26 (0.46)	0.60 (0.38)	0.77 (0.33)	10.65 (3.25)	97.30 (16.21)	22.03 (5.67)
生产力	0.98 (0.75)	1.42 (0.52)	1.06 (0.46)	13.12 (6.82)	91.82 (27.41)	18.17 (8.84)

注：表格报告了对外援助增长边际效应结果和收益估算的蒙特卡洛模拟分布的平均值和标准偏差；列表示模拟的特定渠道，其中"所有"指代的是可变化的所有参数（以及所有其他被关闭的渠道）；增长结果是对外援助对于增长的边际效应，针对等同于10%的国内生产总值的单位援助进行的计算，并且通过劳动力输入数量来进行标准化估算；内部收益率则是以聚合现金流为基础进行计算；净现值指代那些现金流为净现值份额的模拟。

资料来源：笔者的计算。

第二，对外援助—增长结果的标准差也将随着评估窗口长度的增长而下降。这表明，随着更长的时间推移，连贯性更强的或者更为精确的布局将会出现。此外，这一发现与表3中报告的所有模拟都保持一致，因此可以被视为外援对经济产生影响的所有特定渠道都是可靠的。

第三，关于之前两个结论的推论是，当在5年或10年的范围内进行考察时，外援—增长估算的大约99%的置信区间都将进入负的范围，同样的区间对30年的窗口期是正的（从0.16跨越至1.85）。图2（a）中对此进行解析，展现了三个评估窗口中外援增长效应模拟分布的箱型图，而这也是通过同样的模拟计算得来的。随着评估窗口长度的增长，分布的中间趋势同样也在增长，但变化在下降。

第四，在大于30个周期内，外援对增长边际效应的评估模拟估算，与

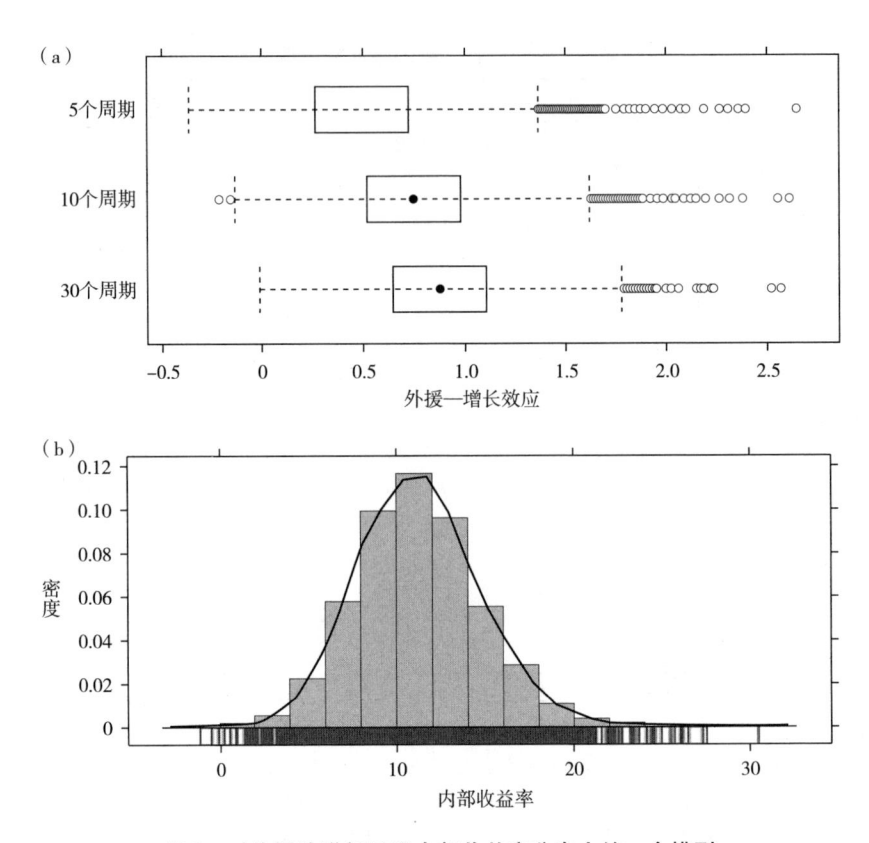

图 2　对外援助增长以及内部收益率分布小结，全模型

注：面板（a）中的水平轴是对外援助对于增长的边际效应，根据等同于国内生产总值 10% 的单位计算；面板（b）中的水平轴是与对外援助存在关联的内部收益率。通过输入劳动力的量对增长结果进行标准化处理；内部收益率的计算以聚合现金流为基础。

资料来源：笔者的计算。

近期的实证研究的结果相当接近（参见表 1）。因此，我们的结论是，由此得出的量级完全是合理的。此外，当我们将单一的渠道进行隔离之后，在外援增长结果的均值和分布中存在一定的变化，在所有情况中也存在着大面积的重叠。我们可以从附件表 B3 中看到这一情况，表中对 30 个周期的个体渠道外援增长边际效应的分布进行了刻画。因此，无论是将特定机制纳入在内还是排除在外，来源于近期实证研究的平均效应都是稳定可靠的。

第五，取自完全模拟的内部收益率结果均值为 11.24%，并严格位于正区间的99%的置信区间［横跨2.62%~22.34%；参见图2（b）］。值得注意的是，对于个体的渠道而言，该结果的变动（范围）与内部收益率的变化相比是很小的。比如，物理资本渠道计算的相同置信区间的范围为-11.54%~30.67%。如表3和附件图B4展示，外援收益估算较小的变动可能与人力资本投资效应存在关联。相反，该渠道对外援收益长期的评估将产生关键性影响。

我们强调，平均总体内部收益率与表1中计算的近似内部收益率保持着密切的对应。的确，正如我们所预料的，我们在估算的内部收益率以及相对应的模拟边际效应之间发现了强烈的正关联。然而，表3对内部收益率和30年的增长收益进行对比表明，在这些估算之间并不存在1∶1的配比关系。更为重要的是，当所有因外援产生的人力资本以及生产力效应得到许可的情况下，它显示出了系统性的偏差。比如，对表格的最后一列进行考察，取自边际效应均值的近似内部收益率大约为10.6%，而估算的内部收益率均值（精确的）则等同于13.1%。与第二部分的探讨保持一致，当因允许外援而导致复杂的动态情况时，近似值的精确度降低。

我们将会考量结果对单个参数变化的敏感程度，这也是我们最后的分析工作。可以使用来源于蒙特卡洛模拟中的参数值对近似值进行推导。这些不同的结果可以被当作因变量来使用，而且还需要对他们的变化进行解释。来源于该分析的结果被报告在附件表B3中。通过建构，对于这些片段的估算将对表3中报告的均值进行复制。假定其他所有的值固定不变，单个参数的系数估算可以被解读为参数中1个单位（100%）平均结果的预期变动。① 换句话说，预期中，所有的内部收益率和30年的外援增长结果都为0，几乎所有的援助都需要被消化（$\gamma > 1$）。

从这些分析活动中我们学到了什么？首先，注意 α 的系数估算为负数。这意味着在收入中带有较高初始份额的经济体一般都与较低的外援效率存在关联（可以通过增长的边际影响或者总收益来进行评估）。我们还发现，5年以及10年的窗口对 φ 的系数估算是负的，这意味着人力资本投

---

① 它们被作为回归系数的值被推导。标准误差通过德尔塔方法来计算。

资的外援份额的增长降低了它们对增长的近期影响。这些结果均未表明，物理资本投资通常承担着产生更高收益的预期。实际情况应当是，这些结果仅仅能够突出的是不与人力资本投资相关的、物理资本投资总效应的不同动态特性。我们的模型表明，人力资本投资的出现相对更为缓慢，通常需要耗费一代以上的时间来转换为经济收益。此报告的边际增长结果计算最多包含了 30 个周期，并不能在人力资本中捕捉外援完整的经济贡献率。根据定义，内部收益率同样会对收入效应施加更大的权重，而收入效应则会在较短的时间内实现。相应地，物理资本投资的"快速回报"获得了更大的权重。同时，不应当忘记的是，人力资本投资对更高的反事实收入水平做出了贡献，而外援促成的物理资本投资最终会不断贬值（参见表 2）。

附件表 B3 中的其他估算与之前的观点不断融合。与因外援产生的生产力效应相对量级关联的关键值，增长结果范围为 -1.61 ~ -2.70。为了完全抵消（平均）与外援相关的正的人力资本和物理资本积累效应，所有同时出现的生产力效应必须是负的，并且十分强大。比如，假如存在等同于国内生产总值 5% 的外援流入，那么长期而言，生产力必须下降 13.5% 以产生为 0 的净增长收益。通过对比，拉詹和萨马利安（Rajan and Subramanian，2011）估算，对外援/国内生产总值每 1% 的增长率，出口产业的增长会慢 0.5%。因此，假定在存在或者不存在外援（它们样本的均值）的情况下，等同于 5% 的外援/国内生产总值以及所有其他产业年增长率为 1.8%，它们的结果要求出口至少需要贡献 72% 的增加值以产生为 0 的聚合增长率。①

这些关于外援的消极结果与一种更为普遍持有的观点相呼应，那就是较大的生产力效应可能会摧毁增长，而不仅仅是抑制增长。为了更加清晰地说明，它并不排除负生产力效应可能会在特定的情况（因为一些潜在的原因）中出现，这些效应可能会足够强大，以至于能够抵消通过人力和物

---

① 也就是，将 x 定义为出口产业对于增加值的贡献，将 g 定义为整个经济体中的年增长率：$g = [0.018(1-x) + (0.018 - 5 \times 0.005)x] \leq 0$ iff $x \geq 0.72$。请注意，在第一部分中提到的研究总结中，我们并没有把拉詹和萨马利安（2011）包括在内，这是因为在特定的产业部门中，因变量就是平均增长率。

理资本积累而带来的正面效应。此外，如果此类大规模的负面效应通常来源于过去的外援流入，那么它就与表1中总结的回归估计不一致。

最后，附件表B3表明，结果对k中较小的变化都特别敏感，这表明因为持续外援产生的劳动力供应的变化（如通过死亡率）可能会在较长时间段内产生很大的影响。同样，由于较长的评估窗口被选定，所以关于物理资本投资时滞μ的假定越来越小，且关于物理资本贬值率的假定也就更重要。因此，在假定其他所有参数为其模拟均值的前提下，需要采取一个大致为0.62的折旧率来抵消30年的外援增长结果。

五　结论

针对近期发布的外援对增长的长期边际效应的实证研究，本文采取了截然不同的观点。采取不同的方法和数据，研究的大部分都将其效应聚焦于正的领域。这些研究的加权平均结果表明，等同于国内生产总值10%的外援持续流入有望将人均增长率平均提高1个百分点。

本研究的第一个目标就是考察来源于数字模拟的实证研究的连续性。为此，我们推荐了一种一般动态均衡模型，以便将那些可能会对外援宏观经济效应规模和方向的聚合渠道纳入在内。这其中包含物理资本投资、外援的消耗、人力资本升级——包括数量和质量机制——以及直接的生产力效应，随后，我们模拟了一种模型，以便单独或者共同捕捉这些渠道的效应。为了理解这些模型的表现，我们使用筛选的模拟结果。蒙特卡洛模拟以核心模型参数的分布为基础，抽取了5000个随机参数从而对这些结果进行了扩充。这些模拟被用来对关键结果的实证分布进行模拟，主要是外援对增长的边际效应以及内部收益率。

当在一个较短的时间范围内（5年）进行评估时，模拟表明外援对增长的边际效应在观察的非可用比例中是负的，并且存在较大方差。这反映了时滞结构的敏感性，而外援可能通过时滞结构对经济构成积极影响。当在较长的时间范围内（30年）进行评估时，外援的宏观经济效应将保持持续的正向，并且分布更加紧密，特别是从内部收益率的角度来衡量。更为具体的是,从近期的边际研究来判断,外援模拟边际效应的均值和宽度的范围是高度可比的。我们同样也发现,当外援可以对人力资本素质构成影响时,一代人的时间不足以容纳外援对于经济的贡献。

我们分析的基本结果就是,由表 1 中给出的外援—增长经验全图景是合理的。它与简单但又普遍的增长过程模型的合理参数化的范围兼容。我们模拟的中间趋势与近期实证的外援—增长研究的均值十分接近,特别是在外援对人力资本和/或总生产力的合理正效应得到许可的情况下。总而言之,当在较长的时间范围内进行审查时,最新的实证证据和数值模拟证据都支持了外援对平均增长的正效应。关于外援损害发展的观点几乎没有得到任何实证的支持。

与同样模拟相关的内部收益率计算则要求我们进行仔细的解读。一方面来讲,这些结果可能会被视为适度的。比如,依照我们的基准模型,如果仅有物理资本积累效应被许可,则在 5000 个模型上的平均内部收益率就等同于 7.5% (表 3,第 2 列),而相应的 99% 置信区间则横跨 -11.5% ~ 30.7%。同样,在所有的模拟上,由外援产生的现金流积累值仅仅在 20 个周期后变为正数(至少)。这反映了模型的时滞结构,以及仅仅能够通过股本的增加对收入产生缓慢的反应。简而言之,资金输入和实现经济收益之间的较长时滞自然阻止较高的内部收益率产生。

从边际增长效应以及经济收益的视角看,这些模拟重点突出了外援现实期望的需要。一般而言,不能期待外援带来高收益(由两种差异模型暗示的),这强化了外援在早期对经济发展快速推动的推测,正如伊斯特利提出的形象观点(Easterly, 1999; Dalgaard and Erickson, 2009)。类似的,某些外援的支持者也指出当外援被用来摆脱贫困陷阱时,外援能够产生巨大的经济收益。但正如克里和拉达兹(Kraay and Raddatz, 2007)指出的,这些希望似乎都没有实现。对实际情况进行观察,我们发现实际情况与我们模拟的结果保持了一致,那就是中低收入地位的人通常会保持长期努力,即便他们获得了有效的外援流入的帮助。

同时,针对贫困陷阱或者两个基本差距模型的预言不需要为外国援助提供经济上的合理性。我们的结果表明,充分的标准就是收益的宏观经济率。收益的分布被总结在表3（可同样参见图2）中，这也应当被视为在之前项目分析中普遍用到的事后集群，如世界银行应用的10%的切断率，或者美国管理与预算办公室使用的7%的切断率（Powers，2003）。近期关于增长的学说纳入了增长的简单模型，并且指向了对外援助的收益率。

此外，生产力和人力资本聚集效应，即便不是根本性的，但也是很重要的机制，而外援则可以通过该机制对宏观经济产生影响。当长期对此进行考察时，这是十分正确的。比如，就外援和全要素生产最终层次之间的部分关联的适度选择而言，长期的外援对增长的边际效应模拟分布与来自近期的实证研究的加权平均数保持了更加密切的近似关系，相应的平均内部收益率也提高了很多，大约为13.1%。允许所有的参数同时变化，产生了11.2%的内部平均收益率（表3，第1列）。因此，无论渠道的组合是什么，或者它们相对应的权重是什么，将外援视为长期的、其收益在较长时间内缓慢积累的投资是适当的。此外，该量级的收益率进一步将外援确定为资金特许来源的有效途径。

但是，为什么我们耗费如此长的时间才将此厘清？在宏观经济数据中，无论是外援量，还是其相关的影响，都并非大到可以被轻易识别。在此展现的模拟建模突出了需要探测增长影响的较长时间范围。这反应了实现收益和外援对整个增长率的适度贡献之间的时滞。事实上，对于外援贡献的考察，还由于大范围浮动增长这一事实而更加复杂，而增长的大范围幅度则是几乎所有发展中国家经历中不可或缺的一部分。对于外援资金流入和对发展中国家以及他们增长率的观察都是不完善的。由此，我们对经济学界最近才在表1中列出的更为连续的估算范围中汇合的情况也就不觉奇怪了。

虽然增长是十分重要的，但收入并非辨别是否应获得外援的唯一标准。我们在序言中曾经指出，其他的一些标准也能在很大程度上对外援的情况进行学理上的支持。比如，对外援助已经被证明对于人力资本重要因素的积累十分有用，特别是在提高受教育水平和改善健康方面。人道主义支援的期望是救死扶伤而非推动增长。① 最后，在消除收入边际效用的假定下，区分受援国公民生活标准和捐助国公民生活标准之间的差别就进入了演算阶段。在收入方面，我们的分析表明，受援国的资金收益比捐助国所耗费的资金成本一般都要高一些（取决于外援对捐助者的评估的机会成本）。也就是说，效用镜头将在很大程度上放大对外援收益的评估。

最后，我们指出，模拟是一种用于多种学科中的强大且灵活的工具，能够在一定程度上模拟出实际的现象。在一篇被广泛引用的文章中，阿洛里（Alroy，2001）借助模拟以更好地理解更新世末（end - Pleistocene）大量物种的大规模灭绝。他发现，在一系列参数值方面，人口的增长和捕猎不可逆地导致了大规模的物种灭绝。在此，我们运用一种模拟，以更好地理解在过去40年中对外援助投资的收益。我们的发现证实了在长期内进行评估的需要，并且表明，近期的实证结果与简单的一般增长模型的参数化保持一致。在一系列广泛的参数值中，证据指向了为达成发展目标的对外援助实际贡献。因此，基于贫困或者负面收益而消除外援及其相关机制的呼吁是站不住脚的。同时，我们的模拟还阐述了外援在不同的经济体中以及不同时间点聚合效应中的强大异质性空间。

参考文献

Acemoglu, D. 2008. *Introduction to Modern Economic Growth.* Princeton, NJ: Princeton University Press.

Adam, C. S. and D. L. Bevan. 2006. "Aid and the Supply Side: Public Investment, Export Performance and Dutch Disease in Low - Income Countries." *World Bank Economic Review* 20 (2): 261 -90.

---

① 对于增长的贡献总会出现。比如，豪丁诺特等人（Hoddinott et al., 2008）发现早期儿童营养的改善有助于成年人的劳动生产力的提升，因此也就有利于长期的经济增长。在这方面，人道主义援助防止儿童早期营养的大幅度下降，也会提高出生在危机前后的人的成年劳动生产力。

Alroy, J. 2001. "A Multispecies Overkill Simulation of the End-Pleistocene Megafaunal Mass Extinction." *Science* 292 (5523): 1893-96.

Arndt, C., S. Jones and F. Tarp. 2010. "Aid, Growth, and Development: Have We Come Full Circle?" *Journal of Globalization and Development* 1 (2): Article 5.

———. 2015. "Assessing Foreign Aid's Long Run Contribution to Growth and Development." *World Development* 69: 6-18.

Ashraf, Q. H., A. Lester and D. N. Weil. 2009. "When Does Improving Health Raise GDP?" In D. Acemoglu, K. Rogoff, and M. Woodford, eds., *NBER Macroeconomics Annual 2008*, vol. 23, Chicago: University of Chicago Press, 157-204.

Barro, R. J. and J. W. Lee. 2013. "A New Data Set of Educational Attainment in the World, 1950-2010." *Journal of Development Economics* 104 (C): 184-98.

Barro, R. J., N. G. Mankiw and X. Sala-I-Martin. 1995. "Capital Mobility in Neoclassical Models of Growth." *American Economic Review* 85 (1): 103-15.

Berg, A., J. Gottschalk, R. Portillo and L. F. Zanna. 2010. "The Macroeconomics of Medium-Term Aid Scaling-up Scenarios." *IMF Working Paper WP/10/160*, International Monetary Fund.

Bleakley, H. 2010. "Health, Human Capital and Development." *Annual Review of Economics* 2 (1): 283-310.

Brückner, M. 2013. "On the Simultaneity Problem in the Aid and Growth Debate." *Journal of Applied Econometrics* 28 (1): 126-50.

Bu, Y. 2006. "Fixed Capital Stock Depreciation in Developing Countries: Some Evidence from Firm Level Data." *Journal of Development Studies* 42 (5): 881-901.

Caselli, F. and J. Feyer. 2007. "The Marginal Productivity of Capital." *Quarterly Journal of Economics* 72: 535-68.

Clemens, M. A., S. Radelet, R. R. Bhavnani and S. Bazzi. 2012. "Counting Chickens When They Hatch: Timing and the Effects of Aid on Growth." *Economic Journal* 122 (561): 590-617.

Dalgaard, C. J. and L. Erickson. 2009. "Reasonable Expectations and the First Millennium Development Goal: How Much Can Aid Achieve?" *World Development* 37 (7): 1170-81.

Dalgaard, C. J. and H. Hansen. 2005. "The Return to Foreign Aid." Discussion Papers 05 -04, University of Copenhagen. Department of Economics.

Dalgaard, C. J. , H. Hansen and F. Tarp. 2004. "On the Empirics of Foreign Aid and Growth." *Economic Journal* 114 (496): F191 -F216.

Djankov, S. , J. G. Montalvo and M. Reynal -Querol. 2008. "The Curse of Aid." *Journal of Economic Growth* 13 (3): 169 -94.

Easterly, W. 1999. "The Ghost of Financing Gap: Testing the Growth Model Used in the International Financial Institutions." *Journal of Development Economics* 60 (2): 423 -38.

Galiani, S. , S. Knack, L. C. Xu and B. Zou. 2014. "The Effect of Aid on Growth: Evidence from a Quasi -Experiment." World Bank Policy ResearchWorking Paper 6865, World Bank.

Herzer, D. and O. Morrissey. 2013. "Foreign Aid and Domestic Output in the Long Run." *Review of World Economics* 149 (4): 723 -48.

Hoddinott, J. , J. A. Maluccio, J. R. Behrman, R. Flores and R. Martorell. 2008. "Effect of a Nutrition Intervention during Early Childhood on Economic Productivity in Guatemalan Adults." *Lancet* 371 (9610): 411 -16.

IMF. 2008. "The Macroeconomics of Scaling -up Aid: The Cases of Benin, Niger, and Togo. Technical report, African Department, International Monetary Fund.

Juselius, K. , N. F. Moller and F. Tarp. 2014. "The Long -Run Impact of Foreign Aid in 36 African Countries: Insights from Multivariate Time Series Analysis." *Oxford Bulletin of Economics and Statistics* 76 (2): 153 -84.

Juselius, K. , A. Reshid and F. Tarp. 2013. "The Real Exchange Rate, Foreign Aid and Macroeconomic Transmission Mechanisms in Tanzania and Ghana." WIDER Working Paper 2013/090, UNU -WIDER.

Kalyvitis, S. , T. Stengos and I. Vlachaki. 2012. "Are Aid Flows Excessive or Insufficient? Estimating the Growth Impact of Aid in Threshold Regressions." *Scottish Journal of Political Economy* 59 (3): 298 -315.

Kraay, A. and C. Raddatz. 2007. "Poverty Traps, Aid, and Growth." *Journal of Development Economics* 82 (2): 315 -47.

Krämer, H. M. 2011. "Bowley's law: The Diffusion of an Empirical Supposition into

Economic Theory." *Cahiers d'économie Politique/Papers in Political Economy* 61: 19 −49.

Lange, F. and R. Topel. 2006. "The Social Value of Education and Human Capital." *Handbook of the Economics of Education* 1: 459 −509.

Lessmann, C. and G. Markwardt. 2012. "Aid, Growth and Devolution." *World Development* 40 (9): 1723 −49.

Lin, P. and P. L. F. Liu. 1998. "A Numerical Study of Breaking Waves in the Surf Zone." *Journal of Fluid Mechanics* 359: 239 −64.

Lof, M., T. J. Mekasha and F. Tarp. 2015. "Aid and Income: Another Time −Series Perspective." *World Development* 69: 19 −30.

McFadden, D. 2008. "Human Capital Accumulation and Depreciation." *Applied Economic Perspectives and Policy* 30 (3): 379 −85.

Mekasha, T. J. and F. Tarp. 2013. "Aid and Growth: What Meta −Analysis Reveals." *The Journal of Development Studies* 49 (4): 564 −83.

Michaelowa, K. 2004. "Aid Effectiveness Reconsidered −Panel Data Evidence for the Education Sector." *Discussion Paper Series* 26374, Hamburg Institute of International Economics.

Minoiu, C. and S. G. Reddy. 2010. "Development Aid and Economic Growth: A Positive Long −Run Relation." *Quarterly Review of Economics and Finance* 50 (1): 27 −39.

Mishra, P. and D. Newhouse. 2009. "Does Health Aid Matter?" *Journal of Health Economics* 28 (4): 855 −72.

Mosley, P. 1986. "Aid −Effectiveness: The Micro −Macro Paradox." *IDS Bulletin* 17 (2): 22 −27.

Moss, T., G. Pettersson and N. van de Walle. 2006. "An Aid −Institutions Paradox? A Review Essay on Aid Dependency and State Building in Sub −Saharan Africa." Working Papers 74, Center for Global Development.

Moyo, D. 2009. *Dead Aid: Why Aid Is Not Working and How There Is a Better Way for Africa.* London: Penguin books.

Nordhaus, W. D. 2002. "Productivity Growth and the New Economy." *Brookings Papers on Economic Activity* 2002 (2): 211 −44.

Nowak −Lehmann, F., A. Dreher, D. Herzer, S. Klasen, and I. Martínez −Zarzoso. 2012. "Does Foreign Aid Really Raise per Capita Income? A Time Series Perspective." *Canadian Journal of Economics* 45 (1): 288 −313.

Pesaran, M. H. and R. Smith. 1995. "Estimating Long-Run Relationships from Dynamic Heterogeneous Panels." *Journal of Econometrics* 68 (1): 79 -113.

Pohl, G. and D. Mihaljek. 1992. "Project Evaluation and Uncertainty in Practice: A Statistical Analysis of Rate-of-Return Divergences of 1, 015 World Bank Projects." *World Bank Economic Review* 6 (2): 255 -77.

Powers, K. 2003. "Benefit - Cost Analysis and the Discount Rate for the Corps of Engineers' Water Resource Projects: Theory and Practice." Report RL31976, Congressional Research Services.

Rajan, R. and A. Subramanian. 2007. "Does Aid Affect Governance?" *American Economic Review* 97 (2): 322 -27.

Rajan, R. G. and A. Subramanian. 2008. "Aid and Growth: What Does the Cross-Country Evidence Really Show?" *Review of Economics and Statistics* 90 (4): 643 -65.

Rajan, R. G. and A. Subramanian. 2011. "Aid, Dutch Disease, and Manufacturing Growth." *Journal of Development Economics* 94 (1): 106 -18.

Roodman, D. 2007. "The Anarchy of Numbers: Aid, Development, and Cross-Country Empirics." *World Bank Economic Review* 21 (2): 255.

Temple, J. 2010. "Aid and Conditionality." *Handbook of Development Economics* 5: 4416 -22.

Vollrath, D. 2009. "How Important Are Dual Economy Effects for Aggregate Productivity?" *Journal of Development Economics* 88 (2): 325 -34.

利用劳动力调查估计季度贫困率：初步结果

穆罕默德·杜依蒂奇（Mohamed Douidich）

阿卜杜勒乔伊德·埃兹拉利（Abdeljaouad Ezzrari）

罗伊·范·德·韦德（Roy Van der Weide）

保罗·维尔麦（Paolo Verme）*

本文基于已有的调查间插值文献，在官方估计值被认为已经过时的情况下给出最新的贫困率估计值。为达此目的，在曾采用住户支出调查（HES）进行过估计的模型中，以住户支出数据对劳动力调查（LFS）进行插值。在针对摩洛哥（该国最新官方贫困率数据来自2007年）的一个应用示例中，得到了2001~2009年所有年份（及季度）的贫困率估计值。结果发现，在可以得到这一调查数据的两个年份中，该方法准确再现了官方的贫困率统计值。基于插值的估计值进一步表明，在2001~2009年，该

---

* 保罗·维尔麦（通讯作者）是世界银行高级经济学家，他的电子邮箱是 pverme@worldbank.org。穆罕默德·杜依蒂奇是摩洛哥高级计划委员会的总工程师，他的电子邮箱是 douidich@yahoo.fr。阿卜杜勒乔伊德·埃兹拉利是摩洛哥高级计划委员会部门主管，他的电子邮箱是 ezzrari@yahoo.fr。罗伊·范·德·韦德是世界银行经济学家，他的电子邮箱是 rvanderweide@worldbank.org。本研究是在世界银行与摩洛哥高级计划委员会之间的合作协议框架以及世行"增长、就业和贫困"（Growth, Employment and Poverty）（EW-P127927-ESW-BB）项目下完成的。本研究还得到了世界银行"变革知识项目"的资助，对此笔者深表谢意。笔者也感谢三位匿名审稿人，以及彼得·兰吉奥（Peter Lanjouw）、藤井朋树（Tomoki Fujii）、吉田伸夫（Nobuo Yoshida）、罗伊·片山（Roy Katayama）、格拉蒂丝·洛佩兹（Gladys Lopez）以及在华盛顿和摩洛哥举办的几场研讨会的与会者，在这些会上本文的报告得到了有用的评论。本文的补充性附录可在如下网址下载：http://wber.oxfordjournals.org/。

国贫困率持续下降。这意味着摩洛哥的减贫事业并未因全球金融危机的发生而停滞不前。虽然本文关注的是贫困总人数,但该方法也适用于与住户收入或支出相关的任何福利指标,如贫富差距或不平等状况的基尼指数。JEL 代码:D6,H53,I3,R13。

在任何一个国家进行贫困率估计,都要依靠包含收入或支出数据的住户调查(Household Expenditure Surveys,HES,住户支出调查)。这种数据很难收集,而且需要进行复杂耗时的问卷调查,这种调查的花费巨大。出于这个原因,世界各国的统计机构都习惯于组织规模相对较小(通常为5000~10000 户)的调查,每隔几年(通常每隔 4~5 年)才实施一次。

从组织工作和成本角度来看,这种做法是合理的,但对于测量贫困而言,就有两个主要缺点。首先,只有对聚集度高的地区,比如乡村和城市地区,或是地方大区,小规模调查才能提供可靠的统计数据。其次,贫困统计数据只能连同住户支出调查一起每隔几年调查一次,这就让研究人员无法得到任何两次调查期间,或是最近一次调查以来的贫困信息。

为了解决这两个问题,本文建议采用插值方法。在统计学和经济学中,插值方法由来已久,一直被用于解决各种数据缺失问题,可以参见鲁宾的例子(Rubin,1978,1987)。虽然最初是为了填补调查中出现的数据缺口,但这类方法也被拓展到调查间插值(cross - survey imputation),也就是利用其中一项调查,填补属于同一总体的另一项调查中的数据缺口。里德尔和莫菲特(Ridder and Moffit,2007)针对这类方法的近期综述显示了这些方法已经得到多么广泛的应用,以及如何对其加以修订,以应对不同类型的数据缺失问题。也可参见藤井和范·德·韦德(Fujii and Van der Weide,2013,2014)的研究及该文的参考文献。

对于贫困分析而言,在解决跨地域和跨时期的数据缺口和统计推断问题方面,插值方法的应用也已不胜枚举。例如,艾奥博斯等人(Elbers et al.,2002,2003,2005)将人口普查和调查数据结合在一起,针对因为面积太小而单凭调查数据很难进行统计推断的地区,估算其贫困和不平等情况,这种做法被称为"贫困绘图法"(poverty mapping)。有关小面积地区估计的统计学文献，可以参阅劳（Rao，2003）以及艾奥博斯和范·德·韦德（Elbers and Van der Weide，2014）。我们也可以利用人口与健康调查（Demographic and Health Surveys，DHS）这样的大型调查而非普查，来取得基于插值方法的贫困估计值。后者的例子如，施蒂费尔和克里斯蒂安森（Stifel and Christiaensen，2007）以及格罗斯等人（Grosse et al.，2009）采用DHS数据分别估计了肯尼亚和玻利维亚的贫困率。最近，采用来自越南和中国的数据，克里斯蒂安森等人（Christiaensen et al.，2012）利用插值方法从数轮HES调查截面数据中构造了一个合成面板数据集［还可参见党等人（Dang et al.，2014）最近的研究］。

调查间插值技术也被用来解决不同时间的同类型调查之间的数据可比性问题，例如调查问卷修订前后的数据比对。木岛和兰吉奥（Kijima and Lanjouw，2003）以及塔罗济（Tarozzi，2007）在后来人称的"印度贫困大辩论"期间，采用插值数据重新估计了印度的贫困率，尝试验证官方的贫困数字［可参见迪顿和柯泽尔（Deaton and Kozel，2005）］。请注意，所有这些方法，包括艾奥博斯等人（Elbers et al.，2003）提出的小区域估计方法，都属于多重插值框架的特例（参见Rubin，1987）。

这些例子表明，在所感兴趣的统计中，调查间插值方法可以有效提高细分水平以及频数。这对于研究和政策制定都有非常重大的意义。试想，某个国家可能受到了2008年全球金融危机以及此前的2001年危机的影响。倘若在这一时期只有2001年和2007年官方提供了贫困估计值，而直到2014年才会有下一轮官方贫困估计值可资利用，这就意味着，直到2014年，政策制定者都不会有关于2007年以后贫困是如何发展变化的数据。而到2014年新的官方贫困估计值公布之时，2008年危机的影响可能不再能够观测，而且进行干预的最佳时机或许也已错过。同样的说法也适用于2007年之前发生的宏观经济冲击，其中包括2001年金融危机。仅凭来自这类住户调查的官方贫困估计值并不能让我们确定，在可能相隔甚远的这些调查年份之间，贫困发生了什么变化。

在本文中，我们基于已有的调查间插值文献，尝试提升贫困率估计值的频率，也就是说，在官方估计值被认为已经过时的情况下，提供最新的贫困率估计结果。这一方法利用了比 HES 调查更加频繁进行的现有住户调查。为此，要求这些替代性的调查必须包含与 HES 相同并且与住户家庭支出充分相关的协变量（可以考虑人口统计变量、受教育程度以及就业情况）。在许多国家，劳动力调查（LFS）符合这些标准。我们会通过在摩洛哥的应用来说明这种方法，该国可以说是一个理想的测试案例。摩洛哥在 2001 年和 2007 年开展了消费调查，而下一轮调查会在 2014 年完成。来自这两个调查的官方估计结果表明，摩洛哥的贫困率已经出现下降。然而，同 2001~2007 年一样，自 2007 年以来又发生了很多事情，其中包括两次全球性的金融危机（2001 年和 2008 年）。[①] 不巧的是，摩洛哥的政策制定者们目前还无法确认，在这些事件的影响下，贫困率是仍在继续下降，还是已经陷于停滞，或是可能根本就已经出现了逆转的趋势。

我们希望解决的实证问题是，是否可以利用劳动力调查填补这类数据缺失，并且通过这样做，将摩洛哥最近两次支出调查期间（2001~2007 年）及以后的贫困率估计值串联完整。据我们所知，采用 LFS 数据进行调查间插值，从而构建十年跨度的贫困率估计值时间序列，本文是首次全面尝试。请注意，如果本文所提出的方法被证实可行，那么，只要有这么做的必要，它就可以应用于世界上任何国家。如果 LFS 调查不能应用于某个国家或感兴趣的时间段，也可以考虑其他家庭调查方式，比如人口与健康调查（DHS）。

LFS 调查的另一个潜在优势是，它们往往能提供季度频率的全国性代表样本。由于 HES 调查通常不会在这个数据频率上具有代表性，故依靠调查间插值可能就提供了检测年内贫困率波动的一种办法。季度贫困率估算看起来像是多此一举，但是有几个原因可以解释为何统计机构、研究人员和政策制定者可能会有兴趣提升贫困率估计的数据频率。第一，经济冲击

[①] 请注意，贫困率也可能会表现出年度贫困率估计无法揭示的显著季节波动。有一些国家试图通过进行年内贫困状况统计来解决这个问题。例如，秘鲁尝试实施了季度消费调查，而墨西哥利用劳动力调查提供每个月的收入贫困率代理变量。然而，事实证明，按季度收集调查数据的成本非常昂贵，而许多国家并不会在收集劳动力数据的同时收集收入数据，这就使得这种尝试很难在其他地方复制。

往往在很短时间内就显露出来。尽早对这些转瞬即逝的冲击进行评估，对于想要确定是否有必要采取补偿措施的政策制定者来说，是很有价值的。第二，可以想象的是，贫困率的年度估计值会掩盖季节性波动。第三，通常可以在比微观经济福利变量更高的数据频率上获取宏观经济变量。上调贫困率和不平等程度估计值的频率，从而与宏观数据同步，可能会拓展纵向微—宏观研究。当然，这种基于高频插值法估计的贫困率背后，需要一套假设。例如，我们必须假定，贫困率的年内变化可以追溯至所采用的贫困预测因子的变化（比如就业变量的变化）。此外，住户会尝试在整个一年时间里平衡其消费这一事实，可能导致年内波动的幅度被弱化。

在摩洛哥应用这种方法得出了令人鼓舞的结果。我们分别采用2001年和2007年的支出数据估计出两个模型，使用这两个模型及LFS调查的支出数据同时估计了2001~2009年的年度和季度贫困率。尽管实际上这两个模型相隔6年，但我们发现，在所考察时期，两个模型给出了几乎相同的贫困趋势。请注意，可以利用2001年和2007年这两个年份进一步验证该方法是否有效。对于这两年中的任何一年（采用两个预测模型中的任意一个），基于插值法得到的贫困率估计值都接近于单凭HES调查数据得到的官方调查直接估计值。无论是两年中的哪一年，也无论选择使用哪一个预测模型，基于插值法的估计结果都能够相当精准地重现官方贫困率。前向方法（通过采用2001年数据估计的模型向2007年LFS数据进行插值，从而估计得出2007年的贫困率）和后向方法（通过采用2007年数据的模型估计得出2001年的贫困率）实际上得出了相同的贫困率估计值。在近期对乌干达的一次应用中，马蒂亚森（Mathiassen，2013）发现，在被选择用于估计预测模型的调查年份，基于插值法的贫困率估计值同样也是稳健的，尽管这次应用中，贫困预测值被插回到HES调查，而不是插入另一种调查，比如LFS调查。[①]

本文为摩洛哥得出了一些新的启示。基于插值的估计表明，在2001~2007年该国贫困率持续下降，而2007~2009年，贫困率仍然保持下降。

[①] 有关摩洛哥2000~2009年的宏观经济演变、经济改革以及劳动力市场变革的全面讨论，可以参见韦尔梅等人（Verme et al.，待刊）。

这就证实了摩洛哥在减贫方面的进步并未因全球金融危机的发生而停滞不前，这可能是因为同一时期农产品产量实现了增长。这些估计结果还显示出贫困率的城乡趋同，其中乡村贫困率比城市贫困率下降得更快，从而缩小了城乡差距。有趣的是，在总人口的不同亚区和亚群之间，减贫率表现出了相当高程度的异质性。插值法贫困率估计结果中发现的这种异质性，与直接利用 2001 年和 2007 年调查数据估计的结果是一致的。可惜的是，关于这几年我们无法确定贫困率是否发生了实质性的变化。而这是因为季度波动的幅度确实有限，或是因为我们的方法无法捕捉这个时间尺度上的波动，仍是一个有待后续研究的问题。

本文的结构安排如下。第一部分介绍了所采用的调查间插值方法。第二部分介绍了所采用的 HES 和 LFS 数据。实证模型、验证检验以及主要结果，也就是我们对整个 2001~2009 年贫困趋势的估计结果，分别在第三、第四和第五部分给出。第六部分总结全文。

一　方法

我们采用数据缺失情况下常用的一种标准插值方法。如果在后一个给定的数据集中，某一个感兴趣的变量完全缺失，我们可以利用可获取的前一个数据集，对这一变量进行插值，只要后一个数据集来自相同的总体，又确实包含所感兴趣的变量。后一个数据集需要能够识别可以用于生成插入数值的前一个数据集预测模型。一个前提条件是，这两个数据集拥有与缺失变量充分相关的同一组协变量。

考虑以下对数人均家庭消费支出的标准线性回归模型：

$$\ln(y_{ti}) = x_{ti}^T \beta_t + u_{ti} \tag{1}$$

其中，x 表示包括常数项在内的自变量向量（例如，人口统计数据、受教育程度、就业情况、住房条件、资产拥有量等变量），u 表示期望为零的独立误差向量，下标 i 和 t 表示家庭 i 和时间 t。上标 T 表示矩阵转置。

我们有两种类型的数据集：住户支出调查（HES）数据和劳动力调查

(LFS) 数据。两种类型的调查都包含自变量 x，但只有 HES 包含家庭支出数据 y，且仅在所取的年份有数据。在我们的例子中，我们将考虑 2001~2009 年的情况，我们有两年的 HES 调查 (2001 年和 2007 年)，以及整个期间的 LFS 数据。我们的目的是使用模型 (1)，用 2001 年和 2007 年的 HES 进行估计，对于所有可以得到数据的年份 (2001~2009 年)，将住户家庭支出数据插入 LFS，然后使用插值后的支出数据，估算整个 2001~2009 年的贫困率。

我们将依赖如下这些假设。

假设 1：当所有衡量货币价值的变量（支出、收入和资产价值）都以不变价格表示的时候，模型不随时间变化，也就是 $\beta_t = \beta$。

请注意，模型使用来自一个时间段的数据估计，而后用它进行另一个时间段内的插补。在假设 1 下，这种脱节对于结果是没有影响的，因为数据背后的估计模型与插值模型完全一样。然而，如果模型存在随时间推移的某种变化，也就是说，如果这条假设并不成立，那么忽略这种变异性就会造成一定程度的模型误差。这个假设可以直接也可以间接进行检验，只要我们能找到一轮以上的 HES 数据。对于直接检验，我们可以采用任何能够评估利用不同年份 HES 数据估计所得的模型系数差异的检验统计量。用两个 HES 年份的其中一年来估计模型，再将此模型用于获取另一个年份的插值法贫困率，就可以进行间接检验。由于在两个年份我们都能够根据观测数据计算出实际的贫困率，我们也就能够验证观测数据和插值数据的比较情况。对于本文数据的这方面检验结果，可以在第五部分找到。如果检验表明，基于插值法的贫困估计结果存在偏误，那么我们可以选择放松假设 1；我们可以直接在模型系数中引入一个时间趋势项。这种情况下，估计未知模型参数当然要求我们至少有两轮 HES 数据。如果建模者只能得到一轮 HES 调查数据，那么检验假设有效性就不再是一个选择了。

备注 1：如果所有测量货币价值的变量（诸如支出和资产价值）都能表示为不变价格，可以说是最实用的。不管出于什么原因，假如我们想要以 t 时点上的价格测量价值，那么最好不要把价值型自变量和非价值型自变量混在一起（亦即，把资产价值和资产数量混起来用）。为了了解这一点为何重要，让我们考虑一个典型的例子，这里我们把模型参数都称为 β。假定一个变量测量了自有自行车的价值，而另一个变量只是以虚拟变量的形式考察家庭是否拥有一辆汽车。于是，汽车拥有情况对应的 β 就测量了汽车让家庭总支出的数值增加了多少，而自行车变量对应的 β 就没有单位，因为它只是把自行车的价值（通过一些因素）传递到家庭总支出的价值之中。需要注意的是，与汽车拥有情况对应的 β 会以 t 时点上的价格表示。如果我们现在要应用该模型预测 $t+1$ 时点上的家庭支出，那么汽车变量的 β 乘以汽车虚拟变量，就测量了以 t 时点价格标示的价值贡献度，而自行车对应的 β 乘以自行车的价值，就测量了其以 $t+1$ 时点价格标示的价值贡献度（因为 β 是无量纲的，而本例中自行车的价值是以 $t+1$ 时点价格标示的）。

假设 2：误差项 u 服从同方差正态分布。

这个假设也可以放松。采用非正态分布可以有多种方式，我们可以从残差的经验分布中得出误差项［可参见菲尔默和普里切特（Filmer and Pritchett，2001），以及艾奥博斯等人（Elbers et al.，2003）］，也可以对误差项拟合某个混合分布［可参见艾奥博斯和范·德·维德（Elbers and Van der Weide，2014）］。用多种方式考虑异方差性，我们可以采用一个随机系数模型［可参见萧（Hsiao，1975），以及布伦斯和帕甘（Breusch and Pagan，1979）］，或者也可以更加直接地对误差方差建模［可参见艾奥博斯等人（Elbers et al.，2003）］。我们的建议是从简单开始，采用一个基于假设 1 和假设 2 的模型，但是在数据要求如此的情况下，再接着考虑放宽这些假设。当基于插值法的估计值与现有基准/HES 调查年份直接估计值相符时，并且在我们将贫困估计值分解到不同子群的时候，这种一致性仍然存在的话，那么，我们就有充分理由在模型中不进行其他灵活调整。假如基于插值法的估计值偏差很大，我们就必须一个一个重新审视这些假设，以求确定偏差的来源。比如说，如果错误假定误差项服从正态分布，在估计贫困率或不平等程度的时候，当然就有可能引入某种重大偏误［参见艾奥博斯和范·德·维德（Elbers and Van der Weide，2014）］。可以说，对于忽视了异方差性，也可以有同样的说法。换言之，如果用于插值的模型存在任何严重误设，那么，我们就应该会在基于插值法的贫困率估计值中看到某种偏误。在本文的例子中，基于假设1和假设2的模型，对于数据的拟合程度相当高，就像我们对于摩洛哥的经验结果所表明的那样。

令 $W(y, m; z)$ 代表一个福利指标，其可以表示为全部家庭支出 y、家庭规模 m，以及某条贫困线 z 的函数（注意并非所有福利指标都需要全部这些输入变量；比如说，平均收入和不平等程度的许多标准指标就用不到贫困线）。给定一个住户样本，我们有兴趣估计 W 的期望值，也就是 $E[W]$。如果我们在样本中观察到住户家庭的支出，那么，$E[W]$ 的标准估计量就是直接利用样本的估计量。对于贫困人口数量这个常用的福利指标范例而言，该变量的样本直接估计量会采取如下形式：

$$\hat{H}_t = \sum_i w_{it} m_{it} 1(y_{it} < z_t) / \sum_i w_{it} m_{it} \tag{2}$$

其中的 1（·）表示标准的指示函数，如果条件为真则等于1，否则等于0，而其中的 w 则表示住户家庭抽样的权重。请注意，可能还有其他的抽样设计参数，会对估计的统计精度起重要作用。在这种情况下，统计误差的唯一来源就是抽样误差。让我们把抽样方差的估计值记为 $U_n^{(0)}$，其随样本规模 n 的增大而减小。

现在考虑无法观测支出的情况，此时我们将用插值支出数据取代。相应的，在这种情况下抽样误差将不再是误差的唯一来源。基于插值法的估计量也将面临模型误差的影响。对样本住户的支出数据进行多次插值，就是考虑这种额外误差来源的可行方式。在每一轮插值中，我们都从其估计分布中得出一组新的模型参数和住户误差项，并且利用这些数值来对支出进行插值。[①]如果我们重复 R 次，我们就得到了 R 组模拟数据集，从而得到贫困总人数的 R 个估计值。基于插值法的估计量采取如下形式：

$$\tilde{H}_t^{(r)} = \sum_i w_{it} m_{it} 1(\tilde{y}_{it}^{(r)} < z_t) / \sum_i w_{it} m_{it} \tag{3}$$

---

① 还要注意的是，马蒂亚森（Mathiassen，2013）选择用解析方法评估统计精度，同时考虑模型误差和抽样误差，而不是诉诸多重插值法。这种方法的潜在优势是计算速度快，这在处理大型数据集的时候是最引人注目的。但对于大多数家庭调查，在如今的计算能力条件下，这种优势基本上不复存在。其缺点是相当不灵活；每一个新的福利指标都需要进行新的解析推导，才能得到恰当的标准误，这是一项无法忽视的成本。

其中，$\tilde{y}^{(r)}$ 表示来自第 r 轮插值的模拟支出数据。注意到 $\hat{H}$ 是对 $E[\tilde{H}_t^{(r)}]$ 的一个估计值。令 $U_n^{(r)}$ 表示与 $\tilde{H}_t^{(r)}$ 相关的抽样方差估计值。总方差（或标准误）的估计值可表示为抽样误差加上模型误差，于是可以利用全方差法则（law for total variance）得到：

$$var[\tilde{H}_t^{(r)}] = E[var[\tilde{H}_t^r \mid \tilde{y}^{(r)}]] + var[E[\tilde{H}_t^{(r)} \mid \tilde{y}^{(r)}]]$$

$$\cong \frac{1}{R}\sum_r U_n^{(r)} + \frac{1}{R}\sum_r (\tilde{H}_t^{(r)} - \hat{H}_t)^2 \tag{4}$$

上述方差分解结果中的第一部分体现了抽样方差，而第二个部分则体现了模型误差（或者插值误差）对于方差的贡献。

有许多流行的统计软件包，包括 Stata 软件，都提供多重插值程序，可以计算点估计值和相应的标准误。我们采用 Stata 的 MI 程序包完成实证应用。有关多重插值法（MI）的一个精巧的讲解，我们建议读者参考鲁宾的阐述（Rubin, 1987）。需要注意的是，诸如艾奥博斯等人（Elbers et al., 2003）提出的贫困绘图法，作为一个特例包含在 MI 框架中。

备注 2： 插值法估计量的标准误小于样本直接估计量对应的标准误，这在理论上是有可能的。然而，重要的是要意识到，任何统计精度的这种提升，都是在"用于插补的模型准确反映了实际数据背后的模型"这一假设下得到的。基于插值法的估计量相比直接估计量而言有提升统计精度的潜力，是因为其利用了更多信息这一事实；它利用了数据生成过程的信息，以及用于插值的协变量的数据（这两者都被样本直接估计量忽视了）。统计量的一般规律是，越多信息带来越精确的估计结果，只要这些信息正确，并且得到了有效的利用。关于插值法估计量确实比样本直接估计量更加精确的数学证明，可以参见马特罗夫（Matloff, 1981），以及藤井和范·德·韦德（Fujii and Van der Weide, 2013, 2014）。当然也有可能的是（甚至实际也是如此），用于插值的模型存在某种程度的错误设定，在这种情况下，插值法估计量所凭借的信息中有一些并不完全正确。不幸的是，没有什么显而易见的办法，可以针对可能的模型误设来调整标准误。标准误总是在"所基于的模型是正确设定的"这一假设下得到的。识别恰当的模型是建模者的责任。要注意在另一种情况下，插值法估计量可能会在精确度方面超越样本直接估计量，就是家庭支出被插入比 HES 调查规模大很多（这会降低抽样方差成分）的一项调查之中，而这通常适用于 LFS 调查的情况。

备注3：贫困线必须以同一时点 t 上的价格测量，因为在回归模型中使用支出（或收入）数据作为因变量。换句话说，如果一个模型是用（以2001年价格测算的）2001年家庭支出数据加以估计，并随后应用于2007年的 LFS 数据，那么插值数据就将反映以2001年价格测算的2007年支出情况。因此，插值支出数据就必须与2001年的贫困线加以对比，才能得到2007年的贫困率估计值。所有家庭支出都用不变价格表示可以简化问题，因为这样我们就只需要处理一条贫困线。请注意，我们也可以采用相对贫困线。例如，贫困线可以定义为占中位数支出的百分比。在这种情况下，计算出插值支出数据的中位数，就得到了中位数支出水平。

备注4：本文方法有很大可能识别出贫困率随时间推移发生的变化，前提是这些变化是可以追溯到所观察到的自变量的变化（诸如教育水平、就业特征以及住房条件的变化），而不是观测数据未能很好体现的外源性冲击驱动的变化。当然，捕捉家庭福利短期波动的能力，很大程度上取决于能否得到在那个时间尺度上表现出波动的自变量。理想情况下，这些变量要么是造成家庭福利变化的原因，要么是对家庭福利的变化做出反应。在 LFS 调查（或者类似家庭调查）中通常可以找到的变量中，以下变量可以说最适合用于捕捉中短期波动：劳动力状况、就业类型，以及选取的资产变量。有理由认为不太适合捕捉短期波动的变量例子则包括人口统计变量、教育程度和住宅特征。这并不是因为它们缺乏与家庭支出的相关性（它们往往被发现是高度相关的），而是因为它们往往在时间面前更加稳定。可以说，能够用于追踪短期波动的自变量（相比非常适合追踪长期福利的变量而言）数量很少。现有数据是否足以在年度和季度频率上监测贫困是一个实证问题。

备注5：最后，尽管内生性（反向因果关系）通常会导致模型参数估计值的偏误，但它不一定就会导致插入值的偏误。事实上，内生性还可能提升插值数据的统计精度,因为自变量和误差项之间的非零相关性,意味着误差项现在并非完全不可预测。

二 数据

我们采用两种调查:住户支出调查(HES)和劳动力调查(LFS)。HES是包含我们所感兴趣变量(住户家庭支出)的调查,利用它们来构建和估计本文借以进行插值的模型。LFS表示的是用于在HES未覆盖时期基于插值数据估计贫困率的调查。严格地说,摩洛哥的HES包括不同的两次调查:2000~2001年的全国消费和支出调查(NSCE),以及2006~2007年的国民生活水平调查(NLSS)。这两次调查都测评了住户家庭支出,既代表了城市和乡村地区,又具有全国和地区层面的代表性。

2000~2001年的NSCE调查覆盖了15000个住户,在2000年11月至2001年10月组织进行,拥有多重调查目标。调查设计旨在衡量家庭支出,并为测量摩洛哥生活水平指数以及其他国民账户加总变量提供必需的信息。其调查设计还要衡量家庭消费、营养、贫困和不平等程度。调查问卷包括社会经济特征、居住地、能源、经济活动、教育、卫生、迁移、主观福利指标、支出、耐用消费品、体格发育指标、营养状况等部分,还包括一个在社区组织的调查模块,衡量可以获得的服务。

2006~2007年NLSS覆盖7200户家庭,在2006年12月至2007年11月组织实施。该调查聚焦于家庭支出和收入,主要用于衡量贫困、不平等和其他方面的生活水平指标。调查问卷包括社会人口特征、社会流动性、居住条件、支出、收入、信贷、迁移、教育、健康、就业、耐用品,以及对贫困的看法等模块。

摩洛哥的劳动力调查(LFS)是最先于1976年启动的一项家庭调查。调查的发展先后走过了四个阶段(1976~1982年,1984~1993年,1995~2005年,以及2006年至今),在采样框架、样本大小、问卷调查设计和组织实施方面逐渐改进。2007年,调查引入了计算机辅助访谈(CAPI)设备,可以对数据进行验证并实时修正误差。LFS的每一个季度样本都在全国和地区一级，并在各地区内的城市和乡村层面有代表性。

摩洛哥所有 HES 和 LFS 调查都基于来自最新人口普查的主抽样框（master sampling frame）；1994 年开展的人口普查一直调查到 2005 年，而 2004 年的普查数据则是在 2005 年后进行收集的。调查也拥有相同的分层结构。在城市地区，分层包括地区、省、市级规模（大、中、小）、房屋类型（"豪宅""现代""老城区""新城区"，以及"违建"）。对于乡村地区，则按地区和省份分层。

2001 年 NCSE 调查遵循如下两阶段抽样方法。在第一阶段，分别从 1994 年人口普查数据中提取 1250 个初级抽样单位（PSU），每个 PSU 包含约 300 户家庭。在第二阶段，每个 PSU 随机抽取 12 户家庭，构成最后的样本。2007 年 NLSS 调查则遵循如下三阶段抽样方法。在第一阶段，从 2004 年人口普查中提取 1848 个 PSU，每个 PSU 抽取约 600 户家庭。第二阶段，将每个 PSU 细分为 12 个次级抽样单位（SSU），每个 SSU 代表约 50 户家庭，并从每个 PSU 的 12 个 SSU 中随机抽取 6 个。在第三阶段，从每个 SSU 中随机选取固定数量的住户家庭。LFS 遵循与 2007 年 NLSS 类似的抽样方法。

让我们首先看一下 LFS 数据。为了捕捉贫困随时间推移而发生的变化，我们要有一组可以同这些变化相契合的贫困率预测变量。图 1 绘出了从 LFS 中选出的 12 个变量（所有变量都被认为是和住户家庭支出高度相关）。[1] 对于摩洛哥的情况而言，我们发现随时间推移这些变量都表现出明显的变化。

时间趋势的方向符合经济的现代化进程。显而易见的是：（1）家庭规模大幅缩小；（2）相当程度的城市化，伴随着电力供应和污水处理的增加；（3）农业就业人口的稳步减少，以及诸如金融、交通等行业就业人口

---

[1] 值得注意的是，可以从估计所得的渐近分布得出模型参数，或者，参数也可以在对 HES 数据进行自举（bootstrapping）后重新估计。后一种选择的计算量更大，但在渐近结果不成立的情况下，亦即，倘若 HES 数据样本量并不够大的情况下，可能会给出更准确的估计。

的稳步增加；（4）接受高等教育人数的增加。① 在此基础上，尽管没有贫困率预测数据，减贫率是增大、减小或是基本保持不变还很难说，但我们还是预计会看到贫困率的持续下降。

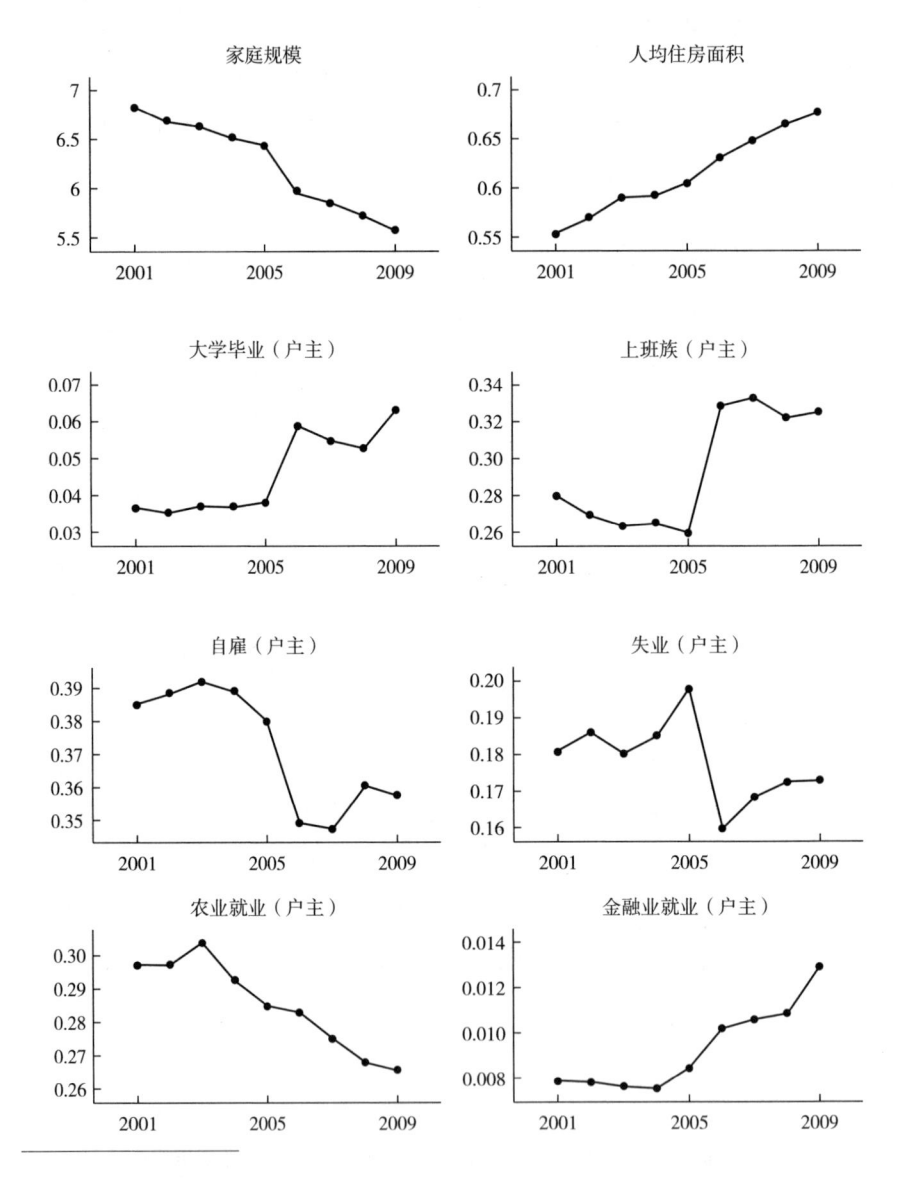

---

① LFS 和 HES 调查还收集了住户所得数据，有理由认为这个变量与家庭支出和收入密切相关。虽然我们有 HES 的所得数据，但摩洛哥高级计划委员会以质量不佳为由，尚未发布关于所得情况的 LFS 数据。

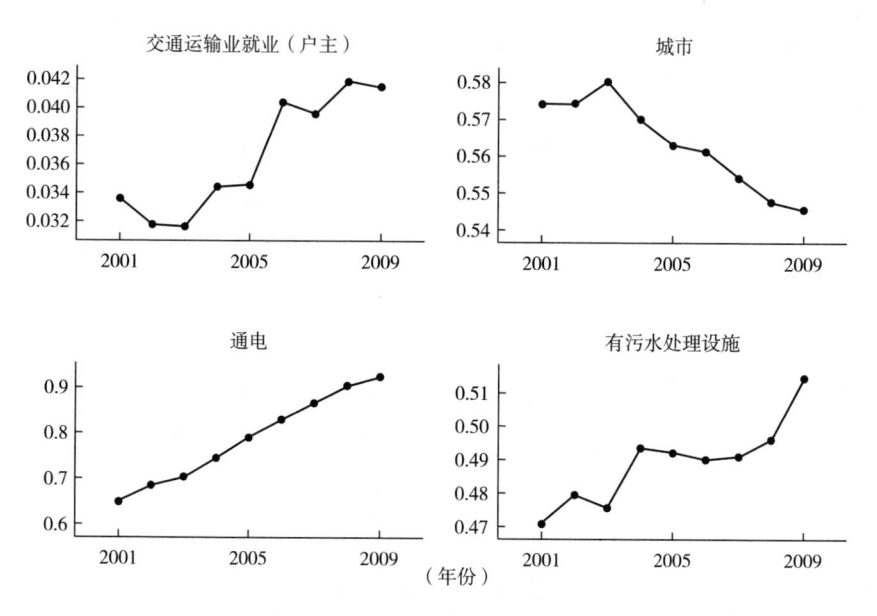

图 1　2000～2009 年 LFS 调查变量

资料来源：LFS 调查（2001～2009）。

三　经验模型

我们将数据分为城市和乡村两块，并分别拟合一个模型。城市和乡村地区的劳动力市场、部门划分、教育回报率、生活条件、基础设施的可用性和使用性，以及运输价格往往都是不同的，为此可能应当设定不同的模型。例如，在下文中我们可以看出，在摩洛哥乡村地区农业就业很重要（从统计意义上和经济意义上看都是非常重要的），但在摩洛哥城市地区就并非如此。在金融部门，就业的情况是反过来的。除了引入大区固定效应以外，模型还将选定的自变量和大区虚拟变量进行交乘，以捕捉更多的地理异质性。

虽然没有采用完全自动的模型选择方法，但我们采用了一种建模策略。首先，我们对自变量进行分组，分为人口统计变量（家庭规模、户主年龄、婚姻状况）、教育变量（户主以及其他家庭成员）、就业变量（户主以及其他家庭成员的劳动力状况和就业领域），以及居住场所的特征。以上各组自变量都对（对数的）住户家庭人均支出变量做回归（包含大区固定效应但没有引入区域交互项），这样就让我们有了不同类型变量在预测住户支出方面的影响力大小的一个最初想法。在这一阶段，已经可以看出城乡之间的区别。除了回归系数的差异，可以认为，相比乡村家庭而言，教育和就业变量能够更好地预测城市住户的支出。在城市和乡村地区，居住场所变量都是最强有力的预测因素。在城市地区，紧随其后的是教育变量，而在乡村地区，排名第二的预测因素是人口统计变量。事实上，在乡村回归中，教育变量对于家庭支出的预测能力最弱。接下来，我们开始把各组自变量按照其预测能力高低排序结合在一起，在每次迭代之后，我们都剔除不再具有显著性的变量。一旦来自各组的变量都考虑到了，我们会通过引入与大区虚拟变量的交互项考虑地理一致性，探索在拟合优度方面是否还能有所改进。在整个过程中，我们也留心可能存在的多重共线性和不符合直觉的回归系数。

我们将同时使用 2001 年和 2007 年的 HES 数据。虽然我们允许模型有所不同，但通过建立最能拟合任何给定一年数据的模型，我们发现，所识别的模型是彼此高度相关的（从其几乎包含了相同的解释变量这个意义上来讲）。

作为一种实验，我们通过包含在 HES 调查而不是 LFS 调查中可用的几个耐用资产拥有情况变量和住房条件变量的添加，来得到第二组模型。因为这些不是 LFS 调查包含的变量，所以我们无法考虑利用这些模型对 LFS 调查进行插值，但我们可以用它们将消费贫困变量插入 HES 数据，进而评估插入的贫困数据与观察到的贫困数据有何区别。这样做的目的是验证在模型中添加这些变量是否显著提高了插值数据的统计精度。其他研究已经发现，耐用资产拥有情况和住房条件是贫困状况特别有力的预测因素 [可参见克里斯蒂安森等人（Christiaensen et al., 2012）]。如果这一结论同样适用于摩洛哥的情况，那么就有理由认为，应该在未来各轮 LFS 调查中包含这些变量。请注意，考虑到各种不同的模型，比如包含还是不包含资产变量，以及每个模型分别对 2001 年数据和 2007 年数据进行估计，也为我们提供了对模型敏感度的一个评估。

表 1 显示了四个回归模型（城市与乡村，以及 2001 年与 2007 年对比）

的部分描述统计结果。有一些特点是显而易见的：（1）根据调整后的 R^2，模型对于数据给出了相当不错的样本内拟合；（2）城市模型比乡村模型更好地拟合了数据，对于这类回归模型而言通常都是这样；（3）正如所预期的，加入 5 个耐用资产变量和住房变量，显著提高了样本内拟合度。在下一节我们会检查这是否也可以转化为更好的样本外拟合。

表 1　描述统计结果：2001 年和 2007 年城市和乡村模型

统计量	2001 年 城市	2001 年 乡村	2007 年 城市	2007 年 乡村
R^2	0.59	0.43	0.58	0.42
R^2（资产）	0.64	0.48	0.63	0.48
变量数	52（57）	45（50）	58（63）	51（56）
观测值	7888	6355	4266	2796

资料来源：HES 调查（2001，2007）；圆括号中的数字表示额外引入各"资产"变量后模型中的自变量数量。

城市模型

表 2 给出了摩洛哥的城市模型（分别针对 2001 年和 2007 年；包含和不包含额外变量）。"U*×*"变量表示所选自变量和大区虚拟变量之间的交互项。通过将大区分解为城市和乡村地区而得到的子区域，称为"区（domain）"（参见补充附录的附录 2，可在如下网址下载：http://wber.oxfordjournals.org/）。

我们发现，模型系数估计值基本上是一致的：（1）人均支出随家庭规模增大而减小，且存在递减的边际效应；（2）"教育回报"都是正向的，教育水平越高，回报率也越高（大学教育变量系数 > 中学教育变量系数 > 小学教育变量系数）；（3）失业率系数为负值，而上班族、自雇以及雇主变量的系数，都以正值进入回归；（4）就职于公共部门的系数也以正值进入，而就职于 BTP 部门（建筑行业）对应于较低的生活水平，这与 BTP 是低工资部门是相符的；（5）在金融部门就业显然是有贡献的，但只在 2007 年显著，而在 2001 年则不显著；（6）以人均住房面积测量的房屋大小，与家庭总支出强烈正相关，不过正如所预期的，边际效应随房屋增大而下降；(7) 类似地我们也发现，有通电、污水处理设施、室内清洁饮用水（以及引入的耐用资产和住房变量）的家庭，平均而言总支出也更高；(8) 与地区虚拟变量的交互项的显著性表明，上述变量的显著性在某些地区比另外一些地区更强。

表 2　城市模型

变　量	不包含额外资产变量		包含额外资产变量	
	2001 年	2007 年	2001 年	2007 年
U2 区	-0.233 ***	-0.132	-0.178 ***	-0.122
U3 区	-0.041	-0.160 **	-0.031	-0.070
U4 区	-0.103 **	-0.191 **	-0.043	-0.145 *
U5 区	0.000	-0.108	0.127 ***	-0.026
房屋大小	-0.090 ***	-0.113 ***	-0.140 ***	-0.169 ***
房屋大小^2	0.002 ***	0.005 ***	0.005 ***	0.008 ***
对数年龄（户主）	0.082 ***	0.108 ***	0.070 ***	0.082 ***
已婚（户主）	0.096 ***	0.140 ***	0.070 ***	0.114 ***
小学毕业（户主）	0.101 ***	0.071 ***	0.069 ***	0.037 *
中学毕业（户主）	0.231 ***	0.187 ***	0.149 ***	0.114 ***
大学毕业（户主）	0.489 ***	0.439 ***	0.382 ***	0.352 ***
上班族（户主）	-0.055	-0.191 *	-0.043	-0.193 **
失业（户主）	-0.196 ***	-0.308 ***	-0.144 ***	-0.300 ***
自雇（户主）	0.098 ***	0.191 ***	0.159 ***	0.265 ***
雇主（户主）	0.296 ***	0.403 ***	0.226 ***	0.353 ***
雇主（总数）	0.385 **	0.749 ***	0.394 ***	0.721 ***
就职公共部门（总数）	0.315 ***	0.300 ***	0.249 ***	0.240 ***
就职 BTP 部门（户主）	-0.097 ***	-0.127 ***	-0.077 ***	-0.091 ***
就职金融部门（户主）			0.135 *	0.160 **
就职金融部门（总数）			0.580 ***	0.447 **
上班族（总数）	0.222 ***	0.253 ***	0.264 ***	0.339 ***

续表

变量	不包含额外资产变量 2001 年	不包含额外资产变量 2007 年	包含额外资产变量 2001 年	包含额外资产变量 2007 年
小学毕业1（总数）	0.122 ***	0.145 ***	0.039	0.106 ***
小学毕业2（总数）	0.420 ***	0.369 ***	0.266 ***	0.234 ***
中学毕业（总数）	0.639 ***	0.485 ***	0.412 ***	0.355 ***
大学毕业（总数）	0.684 ***	0.795 ***	0.470 ***	0.636 ***
人均住房面积	0.602 ***	0.679 ***	0.410 ***	0.488 ***
人均住房面积^2	-0.059 ***	-0.071 ***	-0.034 ***	-0.047 ***
通电	0.183 ***	0.154 ***	0.084 ***	0.052
污水处理设施	0.065 ***	0.131 ***	0.057 ***	0.079 *
饮用水	0.145 ***	0.067	0.087 ***	0.031
冲水马桶			0.058 *	0.074
厨房			0.075 ***	0.027
冲洗器			0.228 ***	0.225 ***
电视机			0.145 ***	0.112 ***
卫星电视接收器			0.227 ***	0.209 ***
U2区×失业（户主）	-0.104	0.141	-0.052	0.182
U3区×失业（户主）	-0.157	0.159	-0.090	0.144
U4区×失业（户主）	0.086	0.298 **	0.076	0.270 *
U5区×失业（户主）	-0.137	0.085	-0.084	0.111
U2区×上班族（总数）	-0.144 *	-0.258 **	-0.118	-0.223 **
U3区×上班族（总数）	-0.057	-0.040	-0.087	-0.097
U4区×上班族（总数）	-0.068	-0.315 ***	-0.060	-0.273 ***
U5区×上班族（总数）	0.116	0.033	0.106	-0.008
U2区×就职公共部门（户主）	-0.037	0.043	-0.066	-0.009
U3区×就职公共部门（户主）	0.009	-0.015	0.031	-0.036
U4区×就职公共部门（户主）	-0.135 **	-0.054	-0.108 **	-0.054

续表

变 量	不包含额外资产变量 2001 年	不包含额外资产变量 2007 年	包含额外资产变量 2001 年	包含额外资产变量 2007 年
U5 区 × 就职公共部门（户主）	-0.149 **	-0.161 ***	-0.094	-0.140 **
U2 区 × 饮用水	0.035	-0.038	0.028	-0.066
U3 区 × 饮用水	0.047	0.242 ***	0.041	0.221 ***
U4 区 × 饮用水	-0.047	0.173 **	-0.079 **	0.111
U5 区 × 饮用水	0.142 ***	0.248 ***	0.087 **	0.174 **
U2 区 × 污水处理			0.035	0.082
U3 区 × 污水处理			-0.246 ***	-0.245 ***
U4 区 × 污水处理			0.014	0.022
U5 区 × 污水处理			-0.186 **	-0.160 *
U2 区 × 人均住房面积	0.241 ***	-0.027	0.146 **	-0.063
U3 区 × 人均住房面积	0.077	0.136	0.086 *	0.048
U4 区 × 人均住房面积	0.441 ***	0.159	0.278 ***	0.085
U5 区 × 人均住房面积	0.331 ***	0.080	0.136 *	0.018
U2 区 × 人均住房面积^2	-0.057 ***	0.021	-0.021	0.032
U3 区 × 人均住房面积^2	-0.001	-0.041 *	-0.009	-0.012
U4 区 × 人均住房面积^2	-0.143 ***	-0.065 **	-0.087 ***	-0.036
U5 区 × 人均住房面积^2	-0.071 **	0.004	0.010	0.013
常数项	8.095 ***	8.187 ***	8.261 ***	8.427 ***
调整 R^2	0.591	0.579	0.619	0.619
观测值	7888	4266	7888	4266

资料来源：HES 调查（2001，2007）。

乡村模型

表3 给出了摩洛哥的乡村模型（分别针对2001 年和2007 年；包含和不包含额外变量）。与城市模型类似，"R*x*"变量表示所选自变量和大区虚拟变量之间的交互项。需要注意的是，R1 ~ R4 区表示大区的第1 ~ 4 块乡村组成部分（包含大区定义的一个表格可以在补充性附录的附录2 中找到，可在如下网址下载：http：//wber. oxfordjournals. org/）。

我们在这里同样发现，估计所得的模型系数基本上是一致的。对于乡村和城市模型共有的变量，系数符号通常是契合的。乡村模型有别于城市模型的某些方面是：(1) 农业、交通运输业和商业（这些我们发现在摩洛哥城市地区不太重要的部门）的就业变量系数全都以正值进入回归；(2) 正如所预计的，相比摩洛哥城市而言，乡村地区的教育回报率更低。

表3　乡村模型

变量	不包含额外资产变量 2001年	不包含额外资产变量 2007年	包含额外资产变量 2001年	包含额外资产变量 2007年
R2区	0.269***	0.010	0.319***	0.105
R3区	0.060	-0.143	0.127*	-0.073
R4区	0.224***	-0.086	0.239***	0.008
家庭规模	-0.092***	-0.162***	-0.115***	-0.197***
家庭规模^2	0.003***	0.007***	0.004***	0.008***
已婚（户主）	0.109***	0.181***	0.088***	0.147***
小学毕业（户主）	0.066***	0.055**	0.054***	0.029
中学毕业（户主）	0.147**	0.236***	0.079	0.219***
大学毕业（户主）	0.449***	0.271**	0.405***	0.133
失业（总数）	-0.420***	0.422*	-0.389**	0.468**
自雇（总数）	0.122***	-0.137*	0.156***	-0.112
雇主（总数）	1.841***	1.519***	1.614***	1.329***
农业（总数）	0.170***	0.212***	0.182***	0.253***
交通运输（总数）	0.704***	0.829***	0.550***	0.587***
商业（总数）	0.604***	0.556***	0.449***	0.483***
就职公共部门（户主）	0.354***	0.283***	0.276***	0.184**
上班族（户主）	-0.115***	-0.166***	-0.104***	-0.146***
上班族（总数）	0.365***	0.393***	0.301***	0.418***
小学毕业1（总数）	0.170***	0.167***	0.092***	0.094**
小学毕业2（总数）	0.542***	0.480***	0.371***	0.322***
中学毕业（总数）	0.849***	0.599***	0.695***	0.348***

续表

变量	不包含额外资产变量 2001年	不包含额外资产变量 2007年	包含额外资产变量 2001年	包含额外资产变量 2007年
大学毕业（总数）	1.145***	0.723***	0.950***	0.631***
人均住房面积	0.533***	0.286***	0.418***	0.162**
人均住房面积^2	-0.070***	-0.016	-0.051***	-0.002
通电	0.206***	0.236***	0.087***	0.054**
污水处理	0.041	0.493	-0.006	0.418
饮用水	0.063***	0.079	0.046**	0.063
冲水马桶			0.129***	0.096***
厨房			0.029**	0.047*
冲洗器			0.140***	0.230***
电视机			0.163***	0.153***
卫星电视接收器			0.156***	0.227***
R2区×家庭规模	-0.024***	-0.006	-0.024***	-0.004
R3区×家庭规模	0.004	0.019*	0.002	0.026**
R4区×家庭规模	-0.006	0.012	-0.001	0.013
R2区×失业（总数）	-0.055	-0.490	-0.122	-0.547*
R3区×失业（总数）	0.487**	-0.848***	0.493**	-0.946***
R4区×失业（总数）	0.075	-1.146***	0.026	-1.066***
R2区×上班族（总数）	-0.279***	-0.173	-0.245**	-0.199
R3区×上班族（总数）	-0.018	-0.369***	0.055	-0.411***
R4区×上班族（总数）	-0.501***	-0.392***	-0.435***	-0.451***
R2区×就职公共部门（户主）	-0.181	-0.020	-0.123	-0.021
R3区×就职公共部门（户主）	-0.159	-0.156	-0.123	-0.045
R4区×就职公共部门（户主）	-0.098	-0.384***	-0.070	-0.283**
R2区×饮用水			-0.044	-0.070
R3区×饮用水			0.275***	0.233**

续表

变量	不包含额外资产变量		包含额外资产变量	
	2001 年	2007 年	2001 年	2007 年
R4 区 × 饮用水			0.091	0.041
R2 区 × 污水处理			-0.588	-0.515
R3 区 × 污水处理			-0.504	-0.507
R4 区 × 污水处理			-0.441	-0.431
R2 区 × 人均住房面积	-0.205**	0.048	-0.224***	0.010
R3 区 × 人均住房面积	0.224***	0.358***	0.124	0.280**
R4 区 × 人均住房面积	0.171**	0.370***	0.168**	0.306***
R2 区 × 人均住房面积^2	0.041*	-0.009	0.048*	-0.003
R3 区 × 人均住房面积^2	-0.031	-0.087**	-0.001	-0.064*
R4 区 × 人均住房面积^2	-0.028*	-0.065**	-0.028*	-0.051*
常数项	8.168***	8.737***	8.199***	8.786***
调整 R^2	0.429	0.404	0.478	0.469
观测值	6355	2796	6355	2796

资料来源：HES 调查（2001，2007）。

四 验证检验

在将支出贫困数据插入所有有 LFS 调查的年份之前，本部分考虑本文所提出方法的两种不同检验。这两种检验都只使用2001年和2007年数据，因此，可以将基于插值法的估计值同基于观测数据的官方估计值进行比较。第一种检验是在 HES 样本内进行的（所以这里没有使用任何 LFS 数据），而第二种检验同时利用 HES 数据和 LFS 数据考虑了调查间插值。所有基于插值法的贫困率估计值，包括标准误，都是利用 Stata 软件的多重插值程序包（mi 包）估计得到的，而插值的次数被设定为100。

在第一种检验中，我们只利用 HES 调查进行交叉插值，通过估计2001年支出模型，对2007年的支出贫困进行插值，再反过来操作一遍（见表4）。这意味着我们不必担心 HES 和 LFS 调查之间的可比性问题。这样做也让我们得以检验（LFS 没有提供的）额外耐用资产和住房变量，是否能够给出更好的样本外预测结果。

官方的贫困率估计值在表4的第1列中列出,该指标表明贫困率在6年时间里差不多减半,从15.3个百分点下降到8.9个百分点。我们基于插值法的贫困率估计结果能够很好地捕捉到这一趋势。同样令人鼓舞的是,尽管有6年的间隔,2001年和2007年模型所得估计值还是非常接近,这表明对于摩洛哥的情况而言,时不变模型的假设并不是一个不合理假设。最后,第一种检验也表明,(包含资产变量的)扩展模型并没有给出明显改善的贫困估计值。加入资产变量改善了2001年模型对2007年贫困率的估计结果,但并没有改善2007年模型对2001年贫困率的估计结果,此时我们损失了一些统计精度,没有观察到其他估计值发生变化。

表4 验证检验结果,只采用 HES 调查

官方贫困率估计值		不包含资产变量		包含资产变量	
		2001 模型	2007 模型	2001 模型	2007 模型
2001 年	15.3 (0.54)	15.3 (0.56)	16.2 (0.72)	15.3 (0.56)	17.4 (0.77)
2007 年	8.9 (0.61)	9.6 (0.75)	8.9 (0.63)	8.8 (0.70)	8.9 (0.63)

资料来源:HES 调查(2001,2007)。基于插值法的估计值和标准误利用 Stata 的 MI(多重插补)命令得到。圆括号中是标准差。

表5 验证检验结果,调查间(HES 至 LFS)

年份	官方贫困率估计值	2001 模型	2007 模型
2001 年	15.3 (0.54)	15.3 (0.47)	15.3 (0.68)
2007 年	8.9 (0.61)	8.5 (0.30)	8.8 (0.37)

资料来源:HES 调查(2001,2007)。基于插值法的估计值和标准误利用 Stata 的 MI(多重插补)命令得到。圆括号中是标准差。请注意,插值估计量的标准误(SE)在某些情况下比直接调查估计值的标准误更小。有关这一现象的讨论(和直觉解释)参见第二部分的备注2。

对于第二种检验,我们向 LFS 数据插值,但只针对有 HES 调查的年份,以便在这种情况下我们也可以将我们的估计结果与官方的贫困率估计值进行比较(见表5)。请注意,我们是在估计年度贫困率,因为这是 HES 调查所代表的层级,这意味着我们要把 LFS 的四个季度数据汇总在一起。此外,基于插值的估计与"真实"贫困率的契合度相当的高。尤为引人注

目的是我们在利用2001年支出数据估计的模型基础上，多么准确地估计了2007年的贫困率，反过来也是如此。还需要注意的是，样本外预测的准确性让我们没有什么理由去通过增加模型的弹性来放松模型假设。

最后，插值估计量的标准误（SE）在某些情况下比直接调查估计值的标准误更小。对于这个现象的讨论（和直觉解释）参见第二部分的备注2。

五 2001~2009年的贫困估计结果

本部分给出了本文的主要研究发现。通过将住户支出数据插入各轮LFS调查，我们利用2001年和2007年的住户家庭支出模型估计了2001~2009年的年度和季度贫困率。

全国和城乡贫困趋势

图2显示了全国层面的贫困趋势。注意两个不同模型间的一致性。相应的两条曲线走势彼此紧密相随。在2007年启用新的调查和计算机化数据搜集系统的前后，也并不存在不连续性。有趣的是，基于插值法的两组估计值都发现，摩洛哥的贫困率自2007~2008年全球金融危机以后仍然保持了持续下降。

我们还考察了估计所得贫困数据的年内波动。具体而言，我们审视了数据中可能归结为季节性的模式，并且尝试将某些较大幅度的季度贫困率波动和自变量的类似大幅波动联系在一起。本文中未予报告的结果表明，虽然有一些证据表明存在季节性差异，但这些季节性波动的幅度还是相当小的。虽然较大幅度的贫困率季度波动确实可以追溯到所选取自变量的波动，但并不清楚这些波动究竟是反映出了潜在条件的真正变化，还是说它们应该归因于抽样误差。一个更加详细的考察，可能会更好地解释这个问题，不过这超出了本文的范围。①

---

① 在2005~2006年，许多变量似乎表现出某种不连续性，其中最明显的是住户家庭规模、高等教育和所选的就业变量。我们推测，这可能部分反映出主抽样框从1994年人口普查转向2004年人口普查的这一变化。

图 3 将贫困估计结果分解为城市和乡村的发展趋势。正如预期的那样，这张图揭示了城市和乡村生活水平之间的鸿沟，但随着时间的推移，这一鸿沟也已经缩小了。请注意，由于样本量较小，2001 年和 2007 年曲线之间的差距现在已经扩大了一些，不过差异仍然很小。

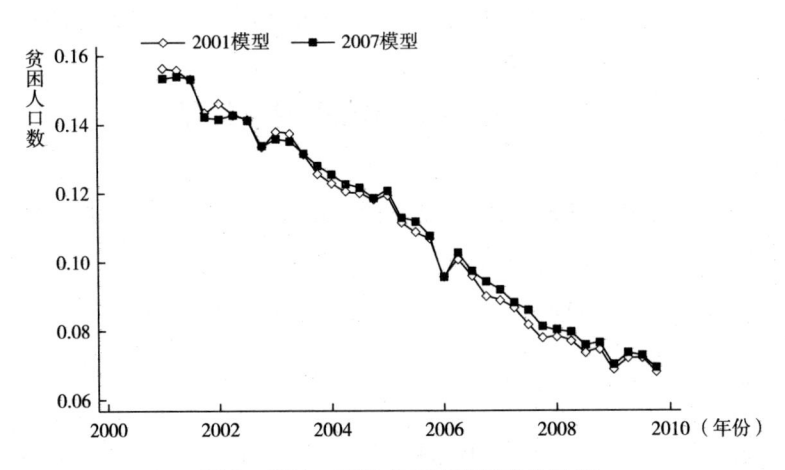

图 2　2001~2009 年季度贫困率估计值

资料来源：LFS 调查（2001~2009）以及 2001 年和 2007 年 HES 调查。

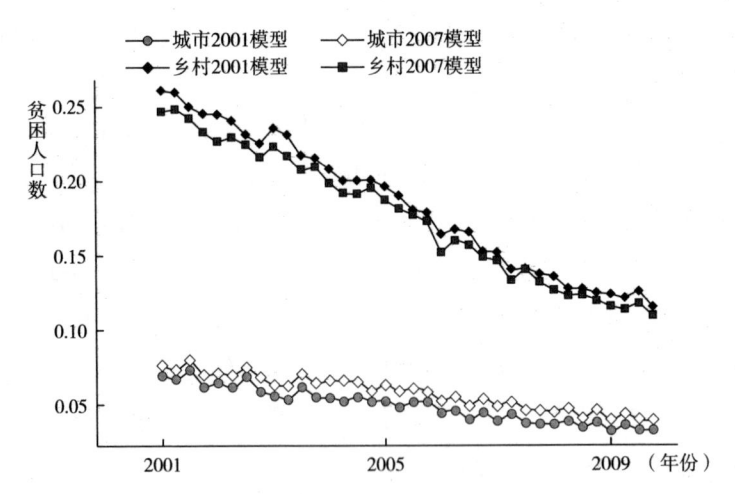

图 3　2001~2009 年季度贫困率估计值，城市和乡村地区

资料来源：LFS 调查（2001~2009）以及 2001 年和 2007 年 HES 调查。

贫困趋势的进一步分解

图 4 进一步将城市和乡村的贫困趋势分解至大区层次。这些大区通过对摩洛哥原先 16 个区进行分组构成。① 在这样的分解层次，我们以年为频率估计贫困率。请注意，这也使我们能够引入基于 2001 年和 2007 年样本的直接估计结果，这两个估计结果将会作为一个基准（对于季度估计值而言这是不可能做到的，因为 HES 并不是这一数据频率的全国性典型调查）。从这些估计值明显可见，实际上在摩洛哥的所有大区，贫困率都呈下降趋势。然而，这些估计结果也揭示出，减贫率大小方面的异质性程度相当明显。

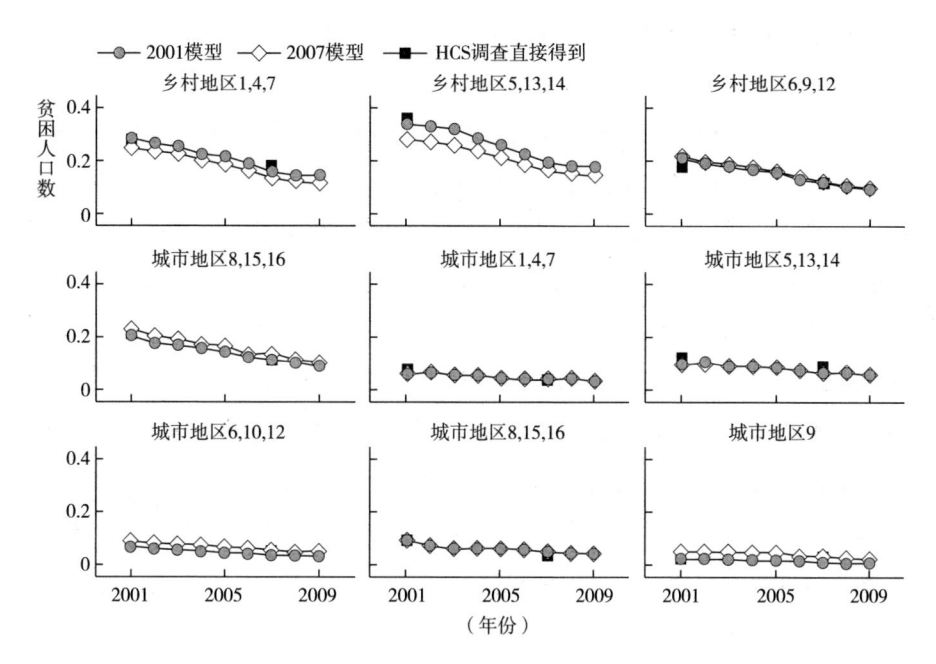

图 4　2001~2009 年季度贫困率估计值，城市地区组

资料来源：LFS 调查（2001~2009）以及 2001 年和 2007 年 HES 调查。

---

① 可以合理地预计，当地食品价格继续表现出明显的季节性变化［可参见卡明斯基等人（Kaminski et al., 2014）］。阐明食品价格的这种变化，可以帮助解释家庭消费的一些季节性变化。不幸的是，很少能有细分程度足够高的食品价格数据［可参见吉布森等人（Gibson et al., 2015）］。在我们对摩洛哥的应用中，由于缺乏数据，而将食品价格变量剔除在外。可以想象的是，如果当地食品价格也被纳入作为预测模型的一部分，基于插值法的估计值将会更好地识别出贫困的年内波动。

此外，我们按照选取的家庭特征，即家庭规模、住户家庭的户主年龄，以及户主的就业部门，对贫困趋势进行了分解。相应的数字在补充性附录中给出（可至如下网址下载：http://wber.oxfordjournals.org/）。虽然这些估计结果表明贫困率始终都在下降，但也有一些细分组以其减贫幅度高于平均水平而引人注目。这些细分组包括更大的家庭，户主年龄处于平均年龄或更大，以及那些户主在农业和BTP（建筑）行业上班的家庭。正如所预期的那样，也有一些细分组在基期刚开始有着相对较高的贫困率。重要的是，我们发现，所有利用插值数据揭示出的减贫趋势估计，都与根据2001年和2007年调查数据的直接估计结果一致。[①]

尽管有这些令人鼓舞的结果，但在考虑基于插值法进行估计之时，一些提醒还是必要的。尽管近期全球金融危机的影响可能已经被良好的国内发展所抵消，但可以想象的是，危机带来的所有变化并不是都能够充分体现在劳动力调查之中。例如，虽然住户家庭或许保住了一份工作，但他们可能会对消费模式进行重新调整，转向品质较低的商品以及/或是减少消费。另外，并不是可以预示劳动力市场困境（比如合同安排的调整或是工作时间的变化）的所有变量都在消费模型中采用了，这就导致这些类型的劳动力市场调整并没有反映在基于插值法的估计结果之中。总之，如果要估计最新一期可资利用的消费调查以后的贫困率情况，重要的是要注意模型捕捉到了什么，又未能捕捉到什么，并且总是要在可以得到新的消费调查数据的时候，对估计结果进行验证。

六 结语

本文已经表明，如果无法取得住户支出调查（HES）数据，也可以用劳动力调查（LFS）有效地估计贫困状况。当最近一次官方贫困率估计结

[①] 摩洛哥高级计划委员会根据人口密度确定了这些分组；在附录2中可以找到从1至16的区域代码所对应的区域名称。

果是2007年时，我们采用样本间插值方法，估计了摩洛哥2001~2009年的年度和季度贫困率。尽管本文的应用聚焦于贫困人口比率，但这一方法也完全可以用于估计其他福利指标，包括贫富差距、贫困严重度，以及基尼不平等指数。进行这种估计只要求这一福利指标可以表示为住户支出（或收入）的函数。

实证结果鼓舞人心。我们首先基于2001年HES调查数据构建了一个支出模型，然后根据2007年HES调查数据构建了第二个模型。接着，我们利用2001年模型，采用2001年和2007年的HES数据估计了贫困率，并且反过来利用2007年模型估计了2001年和2007年的贫困率。我们发现，无论采用哪一种模型，基于插值法的贫困率估计值都与官方的贫困估计值非常接近。接着，我们利用2001年和2007年的消费模型，采用2001~2009年的LFS数据估计了贫困状况；这里我们还得到了几乎重叠的季度贫困率变化趋势，甚至对城市和乡村地区（以及其他细分组别）分别加以了估计。

对于摩洛哥贫困问题的相关研究，这一应用提供了若干新的启示。利用插值法对整个时期贫困趋势的估计结果表明，（可以说是因为积极的国内调整）摩洛哥承受住了全球冲击，而单单只凭2001年和2007年的HES数据，此项观察是不足以验证的。将贫困趋势分解为城市和乡村序列证实，摩洛哥的贫困率存在明显的趋同态势：城乡差距从2001年的大约18个百分点下降到2009年底的7个百分点。而如果我们进一步按照国内各地区（以及按照选取的住户特征）分解贫困估计结果，我们发现，减贫率存在显著的异质性现象。

摩洛哥并不是唯一一个可以从这种方法中获益的国家。有一些世界上较大的中低收入国家可以利用HES-LFS调查间插值方法。这种方法适用于世界上的所有地区。例如，马来西亚统计局每年都会进行LFS调查，但HES每五年才进行一次；菲律宾国家统计局每半年进行一次LFS调查，但HES则三年一次；而在中国，根据国家统计局的说法，LFS每年进行一次，而HES是每三年进行一次；南非统计局会组织季度劳动力调查，而HES调查则是每五年组织一次；智利国家统计局每季度都会开展LFS调查，但

HES 调查每十年才会组织一次。①

有一些突出的实证问题可以进一步着手探索，例如，模型估计和应用的间隔时间安排在多久可以令人满意。随着 LFS 调查离上次官方组织 HES 调查的时间越远，"模型并未随时间推移而发生变化"这一假设就越发显得过于乐观了。收入分布的其他阶矩，比如收入不平等性，是否能够以可比的准确度加以估计？这种情况下，拟合高收入住户的支出变得更加重要。福利上升与下降带来的作用是一样的吗？生活水平的提升可能比降低更加容易捕捉。我们更有可能观察到受教育程度、居住条件和资产的升级而不是倒退。虽然对于某些变量的确有可能显示出平均水平的下降，但这类变化也可能是滞后出现的。劳动力市场条件的变化，比如失业率的上升，有理由认为对经济不景气率先做出反应。这种情况是否会给我们捕捉贫困率上升或下降变化的能力带来某种不对称性也是一个实证问题。

我们能否宽泛地谈一谈，什么情况下这种方法会有效，或者不那么有效呢？这种方法能否成功，很大程度上取决于，影响福利变化的力量在多大程度上通过我们在 LFS 调查中观察到的变量体现出来。如果福利水平下降主要是因为援助流量或社会救助的减少，而这一数据没有体现在 LFS 调查数据中的话，那么倘若依赖插值数据，我们就有可能会低估福利变化的程度。同样的，如果某些事件导致潜在模型发生了无法利用手头数据加以识别的变化，这一方法的有效性也可能会打折扣［可参见克里斯蒂安森等人（Christiaensen et al., 2012）］。不容忽视的另一个因素当然是数据质量。需要指出的是，摩洛哥并不是一个典型的发展中国家，该国拥有可靠的统计系统，可以提供高质量的数据。我们希望，在更加贫穷的国家也能得到同样鼓舞人心的结果，有理由认为，在这样的国家，基于插值的方法是最为需要的。

最后，我们可以想到一些拓展和应用。一个值得考虑的选择是利用全球地学编码数据库扩充自变量选择范围；考虑测量夜光、降雨量、植被和

---

① 作为区域性的 SEDLAC（拉美与加勒比海地区社会经济数据库）项目的一个组成部分，智利阿尔伯托·乌尔塔多大学代表该国计划部每三年进行一次社会经济调查。这一调查也被用于估计贫困率。

土地用途的变量。根据国家不同，这类数据可能会提高我们捕捉福利短期波动的能力。另一种可能性是，以估计得到的贫困率（和不平等程度）作为回归分析中的自变量，这可能有助于确定贫困率发生变化的影响因素。这方面的应用在艾奥博斯等人（Elbers et al., 2005）的文中也有探讨。该文做法和本文之间的关键区别在于，在本文的情况下，福利变量被插值进入另一个调查（LFS）而不是人口普查，这就使得抽样误差（除了模型误差以外）成为误差的一个额外来源。倘若考虑这种双重的误差结构，艾奥博斯等人的结果应当会直接延续下来。另一种可能的应用是贫困率预测。利用最新的 LFS 调查数据，今天摩洛哥就可以利用各地区的截面数据预测出未来 12 年的贫困率（和不平等程度）。值得探索的是，利用动态面板数据模型拟合最新取得的数据，这一面板数据是否可用以给出未来的贫困率预测。

参考文献

Breusch, T. and A. Pagan. 1979. "A Simple Test for Heteroskedasticity and Random Coefficient Variation," *Econometrica* 47（5）：1287 –94.

Christiaensen, L., P. Lanjouw, J. Luoto and D. Stifel. 2012. "Small Area Estimation – Based Prediction Methods to Track Poverty: Validation and Applications," *Journal of Economic Inequality* 10（2）：267 –97.

Dang, H. A., P. Lanjouw, J. Luoto and D. McKenzie. 2014. "Using Repeated Cross – Sections to Explore Movements in and out of Poverty," *Journal of Development Economics* 107：112 –28.

Deaton, A. 2008. "Price Trends in India and their Implications for Measuring Poverty," *Economic and Political Weekly*（Mumbai），February 9：43 –49.

Deaton, A. and V. Kozel. 2005. "Data and Dogma: The Great Indian Poverty Debate," *World Bank Research Observer* 20（2）：177 –99.

Douidich, M. and A. Ezzrari. 2008. "Dynamique delapauvreté au Maroc 1985 – 2007," *Les Cahiers du plan*, No. 26, Haut Commissariat au Plan, Morocco.

Elbers, C., J. O. Lanjouw and P. Lanjouw. 2002. "Micro-evel Estimation of Welfare." World Bank Policy Research Working Paper, Washington, DC, No. 2911.

———. 2003. "Micro-level Estimation of Poverty and Inequality," *Econometrica* 71 (1): 355-64.

———. 2005. "Imputed Welfare Estimates in Regression Analysis," *Journal of Economic Geography* 5 (1): 101-18.

Elbers, C. and R. van der Weide. 2014. "Estimation of Normal Mixtures in a Nested Error Model with an Application to Small Area Estimation of Poverty and Inequality," World Bank Policy Research Working Paper, No. 6962.

Filmer, D. and L. Pritchett. 2001. "Estimating Wealth Effects without Expenditure Data-or Tears: An Application to Educational Enrollments in States of India," *Demography* 38 (1): 115-32.

Fujii, T. and R. van der Weide. 2013. "Cost-effective Estimation of the Population Mean Using Prediction Estimators," World Bank Policy Research Working Paper, No. 6509.

———. 2014. "Can Financial Costs be Reduced by Predicting Rather than Collecting (Partofthe) Data?" mimeo, The World Bank, Washington, DC.

Gibson, J., T. Le and B. Kim. 2015. "Prices, Engel Curves and Time-Space Deflation: Impacts on Poverty and Inequality in Vietnam," mimeo.

Grosse, M., S. Klasen and J. Spatz. 2009. "Matching Household Surveys with DHS Data to Create Nationally Representative Time Series of Poverty: An Application to Bolivia," No 21, Courant Research Centre: Poverty, Equity and Growth—Discussion Papers, Courant Research Centre PEG.

High Commission for the Plan. 2000-2009. National Accounts, Haut Commissariat au Plan, Maroc, http://www.hcp.ma/Comptes-Nationaux-Croissance-Base-1998_a166.htmligh.

Hsiao, C. 1975. "Some Estimation Methods for a Random Coefficient Model," *Econometrica* 43 (2): 305-25.

Kaminski, J., L. Christiaensen and C. L. Gilbert. 2014. "The End of Seasonality? New Insights from Sub-Saharan Africa," World Bank Policy Research Working Paper, No. 6907.

Kijima, Y. and P. Lanjouw. 2003. "Poverty in India during the 1990s: A Regional

Perspective," World Bank Policy Research Working Paper, No. 3141.

Mathiassen, A. 2013. "Testing Prediction Performance of Poverty Models: Empirical Evidence from Uganda," *Review of Income and Wealth* 59 (1): 91 −112.

Matloff, N. S. 1981. "Use of Regression Functions for Improved Estimation of Means," *Biometrika*, 68: 685 −89.

Rao, J. N. K. 2003. "Small Area Estimation," Wiley − Interscience, Hoboken, New Jersey, USA.

Ridder, G. and R. Moffitt. 2007. "The Econometrics of Data Combination." In James J. Heckman, and Edward E. Leamer, ed., *Handbook of Econometrics*, Volume 6, Chapter 75, Elsevier.

Rubin, D. B. 1978. "Multiple Imputations in Sample Surveys A Phenomenological Bayesian Approach to Nonresponse," The Proceedings of the Survey Research Methods Section of the American Statistical Association, pp. 20 −34. With discussion and reply.

———1987. "Multiple Imputations for Nonresponse Surveys," Wiley, New York, USA.

Stifel, D. and L. Christiaensen. 2007. "Tracking Poverty over Time in the Absence of Comparable Consumption Data," *World Bank Economic Review* 21 (2): 317 −41.

Tarozzi, A. 2007. "Calculating Comparable Statistics from Incomparable Surveys, with an Application to Poverty in India," *Journal of Business and Economic Statistics*, 25 (3): 314 −36.

Verme, P., A. Gadiry −Barry, M. Taamouti and J. Guennouni. forthcoming. "Labor Mobility, Economic Shocks and Jobless Growth. Evidence from Panel Data in Morocco." *Middle East Development Journal*.

弥补性别差距：识别加纳、卢旺达、坦桑尼亚和刚果共和国中阻碍自雇女性的因素

艾米丽·尼克斯（Emily Nix）

艾莉萨·伽姆博尼（Elisa Gamberoni）

雷切·黑斯（Rachel Heath）*

本文的内容是在撒哈拉以南的四个国家中，用分位数分解法研究收入分布中自雇收入群体中性别差异的决定性因素。这四个国家分别为刚果共和国、加纳、卢旺达和坦桑尼亚。本文用菲尔普、福汀和列米克斯（Firpo, Fortin and Lemieux, 2007）提出的方法在收入分配的多分位数上将差距分解为合成效应（收入差距中能够被观测到的因素解释的部分）以及结构效应（收入差距中可以由歧视因素所解释的部分）。然而，在所有国家中，在工资分配的所有点上，合成效应有助于解释自雇收入中的性别差距，而

---

* 艾莉萨·伽姆博尼（通讯作者）是世界银行的一位经济学家，她的电子邮箱为 egamberoni@worldbank.org。艾米丽·尼克斯是耶鲁大学的经济学系毕业生，她的电子邮箱是 emil.nix@yale.edu。雷切·黑斯是华盛顿大学的助理教授，她的电子邮箱为 rmheath@uw.edu。这一文章收到了联合国基金——埃克森·美孚基金（http://www.unfoundation.org/features/building-a-roadmap.html）以及荷兰银行伙伴项目的资助。笔者对本评论的编辑以及三位匿名阅稿人表示感谢，对于伊莲娜·巴德思（ElenaBardasi）、路易斯·福克斯（Louise Fox）以及联合国女性经济地位绿树会议的参会者表示感谢。同样，笔者还对马杰本·哈吉（Mahjabeen Haji）、保罗·法尔考（Paolo Falco）、托马斯·佩夫·索内森（Thomas Pave Sohneson）和约格·赫尔托·姆诺斯（HorgeHuerto Munoz）为本文提供的数据表示感谢。本文中的结论、解读和发现完全是笔者的成果，并不代表世界银行、导师或者他们所代表国家政府的观点。本文的补充附件请参看 http://wber.oxfordjournals.org/。

弥补性别差距：识别加纳、卢旺达、坦桑尼亚和刚果共和国中阻碍自雇女性的因素

工资差距的绝大部分则是由于结构效应所构成（除了刚果共和国中低收入者之外）。在这些国家中以及不同的点上，合成的具体效应和结构因素具体贡献的相对重要性是变化的。有证据表明，在刚果共和国和坦桑尼亚存在"玻璃天花板"效应，但在加纳和卢旺达不存在这样的问题。这些结果表明，歧视是由当地的条件影响的，而且没有一个模型能够解释撒哈拉以南的非洲地区收入的性别差异。JEL 代码：D04，J16，J31。

男性和女性收入差距是一个在全球范围内持续存在的现实问题。为了制定政策来弥补这些差距，就有必要对其潜在的决定因素进行一番探索。比如，差距中的大部分是否可以由性别的人力资本差异来解释，或者这种差距是否会在解释可见的差异后依然存在。答案可能会在收入分布不同点的不同人群之间存在差异。本文使用了一种新的分解方法。这种分解方法由菲尔普、福汀和列米克斯（Firpo, Fortin and Lemieux, 2007）拓展，以揭示收入差距的大小和决定因素是否会在本文的四个非洲国家中收入分布的不同点上出现变化。重要的是，这一方法论不仅让我们获得了统计上的均值总分解，还能让我们对个体协变量对总分解项的贡献进行评估。赫伍德和帕伦特（Heywood and Parent, 2012），吉力克、帕拉西奥斯－洛佩兹和格德斯坦（Kilic, Palacios-Lopez and Goldstein, 2013），高斯林、马钦和梅吉尔（Gosling, Machin and Meghir, 2000），以及马查多和马塔（Machado and Mata, 2005）等人的著作中也同样拓展并应用了类似的分位数分解方法。

关注自雇收入有多种原因。第一，自雇在发展中国家是普遍存在的，特别是在撒哈拉以南非洲，通常是农业之外唯一的替代性就业机会。此外，在家庭外工作的女性通常在很大程度上是自雇（Gindling and Newhouse, 2014；Kweka and Fox, 2011；Fox and Sohnesen, 2012）。第二个原因可能是，相对于工资雇佣关系，自雇更少地受到歧视的影响。在工资雇佣关系中，雇佣和工资设定一般由男性完成。

本文借助撒哈拉以南非洲四个国家具有代表性的数据，以研究个人特性在解释收入中扮演的角色。这四个国家为刚果共和国、加纳、卢旺达和坦桑尼亚。虽然关于发展中国家内自雇的文献已经对个体特征的作用赋予了充分的关注，比如约万诺维奇（Jovanovic，1982）考察了个人经历在自雇决定中的作用；而法詹扎贝、马尔罗尼和洛加斯（Fajnzylber, Maloney and Rojas, 2006），以及贝茨（Bates, 1999）则关注受教育程度对企业成功的作用，并较少关注这些国家内工人特性对性别差距的影响程度。

本文的第一部分进一步推动我们对于自雇的关注，详细地揭示了数据的来源，并提供了描述性的分析。在这四个国家中，初始的自雇收入差距在分布中表现出了极大的不同。这一发现推动了由菲尔普、福汀和列米克斯（2007）制定的分位数分解方法的使用，从而评估差距的决定性因素是否在收入分布中出现变化。

分位数分解法在每个分位上将收入差距分解为合成效应和结构效应。合成效应在收入中是不同的，原因是其中的协方差有明显差异，例如婚姻状况、经历、教育、孩子数量、每月平均工作小时数以及产业的差异。被视为差距中"未解释"部分的结构效应，是相同协方差集中不同收益产生的收入差别。分位数分解方法通过协方差对合成和结构效应进行了进一步的分解。各特定协方差的相对重要性可以在分布中变化。

虽然结构和合成效应同样重要，但它们在不同的国家分布中的相对重要性存在差异。具体而言，在加纳，协方差差异解释的性别差距比例在收入分位数上保持了相对的稳定；在卢旺达，在较高的分位数上，解释能力有轻微的上升。而在刚果共和国和坦桑尼亚，合成效应对于分布的底部是最大的，对于收入较高的人而言，合成效应重要性程度会相应下降。在刚果共和国，合成效应在第10分位上解释了差距的65%，在第90分位上揭示了差距的17%。在坦桑尼亚，下降的程度并不十分剧烈，从第10分位的27%缓慢下降到第90分位上的17%。

因此，虽然可观测的选择因素和天资的差异在男女自雇收入差距中起到了一定作用，但在刚果共和国和坦桑尼亚，最成功的男女企业家收入之间的差距却是由可观测到的协方差的收益差别造成的。有意思的是，在马拉维农业生产中应用RIF分解来处理性别差距的学者，

弥补性别差距：识别加纳、卢旺达、坦桑尼亚和刚果共和国中阻碍自雇女性的因素

如吉利克、帕拉西奥斯-洛佩兹以及格德斯坦（2013）等人，同样也发现在农业生产力分布（到中位数）的前半部分，性别差距阐述的主要原因还是天资的差别；然而在中位数之上，天资效应对性别差距的影响则稳步下降。

这些发现具有若干宽泛的政策含义。首先，除了刚果共和国内收入最低的人群之外，所有国家的大部分人的收入差距是无法用可观测到的工人特点来解释的。虽然工资差距的结构性部分不能被武断地归结于歧视，但我们的结果仍然表明，缩小工资差距的任务并不像提升妇女受教育水平，或者帮助她们进入不同的产业部门那样简单。此外，许多关于收入的未被观测到的决定性因素（在标准的劳动力市场调查中），如教育素质或者工人社会网络的规模，同样也反映了歧视。许多在解释收入差距中十分重要的合成因素（特别是产业），同样也超出了标准人力资本和教育等人口统计学的范畴。

结构性约束的重要性与若干近期的实验性报告是一致的（De Mel, Mckenzie and Woodruff, 2009b; Dupas and Robinson, 2013; Fafchamps et al., 2011）。这些实验性的报告突出了一些能够在自雇收入中解释性别差距的潜在约束因素。然而，这些理论——跨家庭收入（De Mel, Mckenzie and Woodruff, 2009b;）、储蓄限制（Dupas and Robinson, 2013）以及自我控制（Fafchamps et al., 2011）——与资本收益之间存在最为直接的关系，如果物理资本和人力资本具有互补性，那么它们就能够解释人力资本收益中的差别。总之，这些结果表明收入差距的结构性组成部分或许反映了特定性别的约束因素组合（无论是在家庭中还是在市场上），而且收入差距存在较大的结构性因素的事实也表明这些约束因素在国家和收入分布中存在着重要性。

在收入差距来源方面，存在着重要的异质性。除了结构效应在诸多国家和分布中促成收入差距主体的事实之外，还存在着大量的变化，而合成效应在其中发挥着重要作用（从刚果共和国和坦桑尼亚高收入者中的差距低于20%到加纳和卢旺达分布差距的几乎一半）。虽然，存在着"玻璃天

花板"效应的一些证据①——在刚果共和国和坦桑尼亚中存在着一种对高收入女性更高级别歧视的观念——但在加纳和卢旺达则没有这方面的证据。这些结果表明,不存在收入差距的单一模式,而是机制/劳动力市场发挥了重要的作用,因此采取单一的政策不大可能化解撒哈拉以南非洲地区性别引起收入差距的问题。本文进一步研究识别具体国家男女间收入差距的决定性因素。

一 描述性分析使我们关注自雇群体

本文分析集中在下列国家(圆括号中是调查年份)的代表性家庭调查数据的自雇收入:刚果共和国(2009年,仅城市)、加纳(2005/2006年)、卢旺达(2005/2006年)、坦桑尼亚(2005/2006年)。关注自雇有三个主要原因。第一,如图1所示,在雇佣中,自雇是这些国家中重要的雇佣来源。② 这与福克斯和索内森的观点保持了一致(Fox and Sohnesen, 2012),他们指出自雇不仅仅是雇佣的重要来源,还是撒哈拉以南非洲国家中不断发展的领域。对于图1和整篇文章而言,"雇佣"被定义为那些为挣工资而工作的个人(工资工人),以及在其自有的土地上工作(农业)的个人,或者拥有自己的非农业业务(自我雇佣)的人。③

第二,在主要就业形式中,男女两性在职业选择上存在明显的差别。在几乎所有国家,自雇女性与日薪女性的比例与男性工作者的比例相同,尽管现实中男性更有可能从事薪金工作。相反,在加纳以及刚果共和国的城市样本中,大部分女性报告称自雇是她们的主要就业形式,而仅有1/5的男性选择自雇就业。在卢旺达和坦桑尼亚,男女自雇就业的比例几乎

---

① 对于"玻璃天花板"模型的直接解释就意味着在最高的分位数上存在着大幅度的增长,但这并未在数据中表现出来。然而这一模型无论如何都是有用的参考点,因为有理论依据证明它是合理的(例如在高收入人群中,照料的责任阻碍了实际表现),在发达国家的雇佣工人中,也存在实际的证据(Albrechat, Bjurklun and Vroman, 2003; Arulampalam, Booth and Bryan, 2007)。

② 注意:刚果共和国是城市家庭调查的国家性代表,因此很少有受访者从事农业工作。

③ 将未就业和未获得报酬的人排除在外。

弥补性别差距：识别加纳、卢旺达、坦桑尼亚和刚果共和国中阻碍自雇女性的因素

等同。

对大部分女性从事自雇工作的潜在解释就是，与薪金工作相比，自雇工作的收入较少受到公开歧视的影响，这无论是在粗放型产业（获得一份工作与启动一项业务相比）还是在密集型产业（设定工资和应得利润相比）中都是一样的。因此，自雇收入中的任何差距或许都能在很大程度上反映生产力的差别。

第三，与自雇男性和女性之间存在较少歧视的假设相反，在每一个国家内，相对于薪金工人，在每一个10分位上，自雇工人的初始工资差距实际上是较大的。图2展现了每一个国家收入分配中薪金工人和自雇工人的初始工资差距。阴影部分代表着95%的置信区间。收入差距对于自雇工人和薪金工人依然是正向的，但相对于薪金工人而言，自雇工人的个体收入差距较大，除了刚果共和国最低端的分位数之外。如果自雇收入能够真正体现生产力差异，那么这些结果也就表明男女工人之间的生产力差距较大。然而，博加斯和博纳斯（Borjas and Bronas, 1989）给出了另外的解释。在少数种族的背景下，他们认为，如果顾客有很强的歧视观，那么在自雇工作中的歧视可能比薪金工作的歧视更为严重。如果将此论断应用在

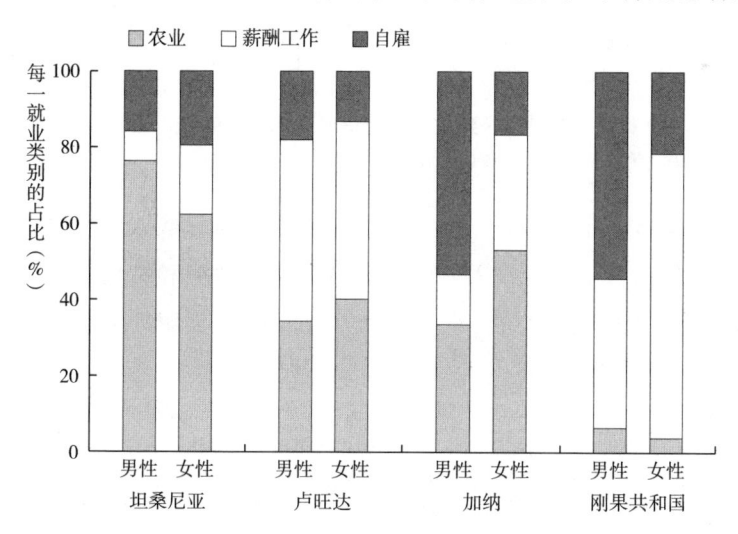

图1 四国农业、自雇和薪酬工作中的百分比

资料来源：笔者基于文中的数据来源开展的分析。

女性身上，该模型便可以解释自雇工作中的收入差距甚至高于薪金工作收入差距的事实。任何情况中，研究自雇工作都十分有趣，这是因为可能有不同程度的歧视。

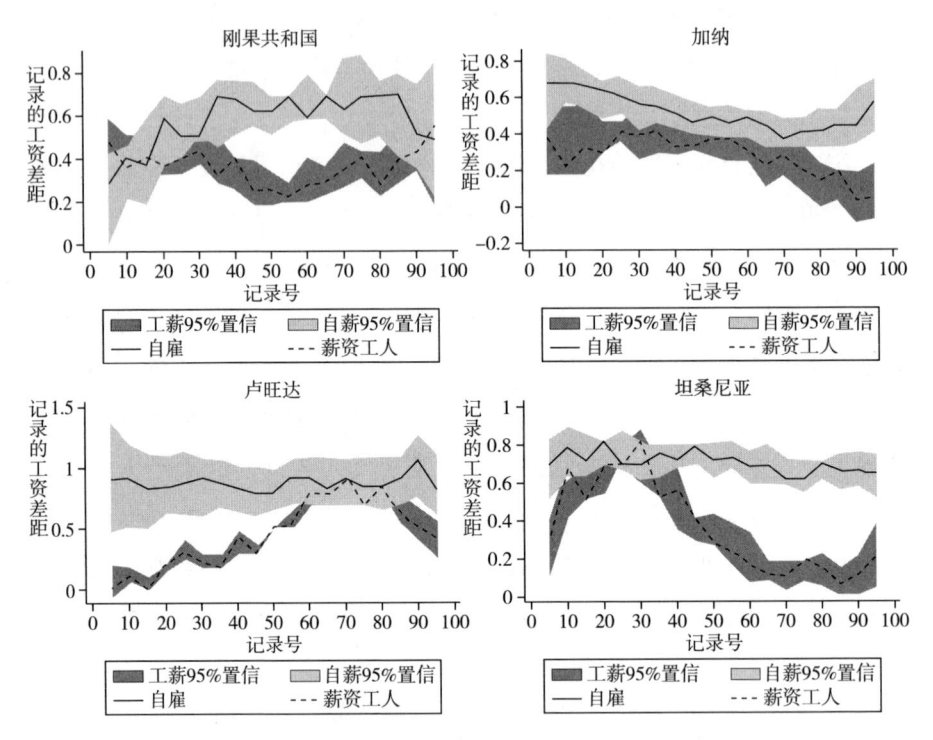

图2 不同国家男女薪金与自雇工人的初始收入差距

资料来源：笔者基于文中的数据来源开展的分析。

实证分析会估计可观测的生产力差别对男女自雇收入差距的百分比解释力。① 具体而言，自雇收入差距被分解为合成效应和结构效应。虽然分析不能明确证明歧视的存在，② 但较大的结构效应表明歧视也发挥了重要

---

① 注意，可观测的生产力差距的作用与广阔边际中歧视的对比——启动一项业务的决定与获得薪酬工作或者脱离劳动力的决定——并不在我们的数据和文章的范围之内。
② 首先，结构效应能够反应经济学家未能观测到的生产力差距。未被观测到的收入决定因素的作用将在第三部分进行详细探讨。其次，如果女性在预料到她们无法获得人力资本或获得较少的人力资本的情况下，合成效应将在一定程度上反应歧视。在这种情况下，对于合成效应的估算将低估性别差异中歧视的作用。

弥补性别差距：识别加纳、卢旺达、坦桑尼亚和刚果共和国中阻碍自雇女性的因素

的作用。相反，关于差距的大多数原因是合成效应的结论表明，生产力差距也是重要的。

二 数据

本分析中的主要因变量是非农业自雇个体月收入的对数，并将其转换为调查年份的美元数。① 具体而言，在加纳，通过假定消费或流向家庭的数量，假定流向负责业主的数量以及用于其他目的的收入数量，对自雇工作的收入进行计算（不包括那些被重新投入在相关业务中的数目以及支付给其他家庭的数目）。在刚果共和国，使用了自我报告的收入。② 然而，在理想状态下，分析可能会使用卢旺达和坦桑尼亚中自我报告利润的类似衡量标准（De Mel, Mckenzie and Woodruff, 2009a），但这些国家的相关必要数据是缺乏的。因此，收入数据是自我报告收益和自我报告开支之间的差。③④

另外一个考虑是家庭在看待业主工资、礼物和转移方面或者是否存在其他可以被归入家庭的开支（如公用设施或者共享的设施）存在差别，而这些成本需要从收入中扣除。德·梅尔、麦克恩琪和伍德拉夫（De Mel, McKenzie and Woodruff, 2009a）称，对利润的理想衡量应当包括业主的工资，但是家庭分担成本的最优估算应当被包含在成本中，同时也应将其从收益中扣除（无论是直接报告利润的国家中的隐含性，还是成本受到质疑的国家中的明确性）。第二个最好的结果就是，调查之间存在持续性，且在调查中该信息也被考虑在内。虽然在人口调查员调查该信息的过程中，很少有理由相信调查之间也存在不同，但给调查员发出的指令可能会根据调查的不同存在微妙差异。当桑普塔拉克和汤森德（Samphantharak and

---

① 世界银行发展指数数据被用来将各国货币转换为美元。
② 基于调查中关于"在你的主要工作中，你挣了多少钱"这一问题的回答。
③ 支出还包括类似用于家庭的花销。
④ 在某些负收入中，发现了报告支出和收入之间的差异，在卢旺达，收入的6.4%是负的；在坦桑尼亚，0.56%是负的。

Townsend, 2012) 对投资收益的衡量标准进行验证时, 他们发现如何表达这些问题很重要, 但一般而言投资收益在家庭中的重要性要低于在农业中的重要性。①

主要的解释变量——婚姻状况、年龄(经验的代理)、受教育程度、孩子数量、平均每月工作小时数、储蓄和产业等——被证明在其他环境中对企业利润是重要的[参见明尼提(Minnit, 2005)的论述]。在数据中, 这些变量同样也是自雇利润的重要决定因素, 如补充附件表 S3.1 (http://wber.oxfordjournals.org/) 中展示的。具体而言, 是报告了利润最小二乘方回归的相关系数值。在每一个国家, 男性和女性总体收益的特征首次被评估, 随后各系数的收益可以在男人和女人之间变动(依据收入差距的结构组成部分)。各种回归中的相关系数相对较大, 没有性别互动的系数在 0.112~0.339, 而带有性别互动的系数则在 0.135~0.368, 这意味着这一系列协方差的确是收入的重要决定因素。教育包含八个类别: 未受教育、一些小学教育、完整小学教育、一些中学教育、完整中学教育、一些二级教育、完整二级教育, 以及一些大学教育等。产业则包含下列类别: 农业/渔业、矿业/能源、制造业、建筑业、批发/零售、贸易、金融、公共服务以及其他。

表 1 针对这些变量提供了总结性统计数据。请注意, 在刚果共和国中, 样本规模最小(904 位受访者)。虽然刚果共和国和加纳的受访者受教育程度要优于卢旺达和坦桑尼亚的受访者, 但受访者平均年龄在这些国家内都是相似的。

表 1 总结性统计

	刚果共和国		加纳		卢旺达		坦桑尼亚	
	女性	男性	女性	男性	女性	男性	女性	男性
月自雇收入	199.45	116.21	130.55	81.12	48.72	26.87	81.60	44.32

---

① 他们还发现投资收益衡量标准中的变化将随着数据频率的增加而增长。因此, 从跨国兼容性的角度而言, 年度数据也许是理想的, 但是却增加了衡量的误差。最终, 这是一种纯假定观点。

续表

	刚果共和国		加纳		卢旺达		坦桑尼亚	
	女性	男性	女性	男性	女性	男性	女性	男性
教育（第一至第八类）	5.45	4.81	5.31	4.92	2.58	2.51	3.18	3.09
年龄	36.12	36.86	37.83	37.53	32.95	32.93	34.41	33.55
婚姻虚拟量	0.68	0.58	0.62	0.61	0.54	0.39	0.68	0.58
孩子数量	1.29	1.83	1.67	2.11	2.98	3.14	1.98	2.17
月工作小时数	200.02	175.11	218.55	184.86	162.23	132.66	257.60	209.31
产业								
农业/渔业	0.02	0.01	0.05	0.01	0.01	0.00	0.02	0.01
矿业/能源	0.01	0.00	0.03	0.01	0.04	0.01	0.05	0.01
制造业	0.15	0.11	0.29	0.31	0.11	0.10	0.14	0.18
建筑业	0.16	0.00	0.00	0.00	0.01	0.00	0.05	0.00
批发/零售贸易	0.45	0.82	0.44	0.54	0.58	0.82	0.64	0.77
运输/通信	0.10	0.01	0.02	0.06	0.08	0.01	0.04	0.01
金融/不动产	0.00	0.00	0.07	0.00	0.01	0.00	0.01	0.00
公共服务	0.02	0.01	0.00	0.00	0.00	0.00	0.04	0.02
其他	0.09	0.05	0.09	0.06	0.17	0.07	0.01	0.01
观察	354	550	903	2474	739	573	2796	2284

注：样本包含年龄为15~65岁，且报告其主要就业形式为自雇的男女工人。表格中的所有数字代表着样本平均数。产业变量代表男人在该产业中的比例。收入单位为美元。

资料来源：笔者以文中探讨的数据为基础进行的计算。

三 自雇收入的性别分解

本部分详细探讨了考察个体特征在解释自雇中性别差距作用的方法论。我们借助由菲尔普、福汀和列米克斯确定的自雇收入分位分解程序，对自雇收入的分位分解进行计算。分解的目标是考察两组收入分布中不同点上的结果差异，并且单独识别该差距如何为特定变量或变量组天资差异所解释。

比如，考虑教育因素。分解结果（第四部分）确定收入性别差距中的哪一部分来源于男女受教育水平中可观测到的差异（如果男性受教育程度比女性高，并且受教育程度存在正收益），以及性别差异中的哪一部分来源于男女给定受教育水平的不同收益。相同特性男女的不同收益，可以被视为劳动力市场中的歧视，但如果这些特性与未被观测到的收入决定因素存在关联，如能力，则不同的收益也可能是由于变量偏误产生的。在我们的分析中，不大可能将收入的所有决定性因素囊括在给定的数据集中，因此天资相同的男女的收益差异就不应当被视为歧视的证据。相反，它表明歧视可能正在发生，或者存在着一种推动该结果出现的遗漏变量。为了与菲尔普、福汀和列米克斯保持一致，天资差异所导致的性别收入差距也就被视为合成效应，而由于天资收益差异导致的性别收入差距则被视为结构效应。

重定位影响函数分解方法

在传统的瓦哈卡—布林德平均分解中，平均收入的差距通过下列方式分解为结构性的和合成性的组成部分。首先，假定收入 Y 在线性上取决于一组协方差 X。Y_{gi}，其中 g 代表性别，i 代表观察，可以被写为：

$$Y_{gi} = \alpha_g + \sum_{k=1}^{K} X_{ik}\beta_{gk} + v_{gi}, g = F, M \tag{1}$$

其中 v_{gi} 是误差项，而误差的预期值取决于 X，为 0 ($E[v_{gi} | X_i]$)。将平均收入中的差异定义为：

$$D = E[Y_m] - E[Y_f] \tag{2}$$

其中，Y_f 是女性的收入，而 Y_m 是男性的收入。估算等式（1）将这一差异分解为结构性和合成性的组成部分，从而使得等式（2）被重新写为：

$$D = E[Y_m] - E[Y_f]$$
$$= \underbrace{(\widehat{\alpha_m} - \widehat{\alpha_f}) + \sum_{k=1}^{K} E[X_{mk}](\widehat{\beta_m} - \widehat{\beta_f})}_{\hat{\Delta}_s = 未解释} + \underbrace{\sum_{k=1}^{K}(E[X_{mk}] - E[X_{fk}])\widehat{\beta_f}}_{\hat{\Delta}_c = 已解释} \tag{3}$$

在此，$\hat{\Delta}_s$ 给出工资差距总体结构部分，而 $\hat{\Delta}_c$ 则指代性别收入差距中

弥补性别差距：识别加纳、卢旺达、坦桑尼亚和刚果共和国中阻碍自雇女性的因素

可以被协方差 X 差别所解释的部分。此外，各协方差对于总体结构和合成效应的贡献也可以被估算。

然而，这一方法仅仅对于平均的分解有效。为了获取分位数上总体和详细的分解，我们使用了由菲尔普、福汀和列米克斯等人制定的新的计量经济学方法。可以从三个步骤使用该方法。我们将中位数作为例子，对该方法进行描述。

在第一步中，男性的分布被重新加权，以便对合成效应进行控制。将重新加权的分布定义为 Y_c。随后，男性和女性收入在中位数上的差距可以被写为：

$$D_{.5} = [Y_m(.5) - Y_c(.5)] - [Y_c(.5) - Y_f(.5)]$$

第一项给出的是合成效应，而第二项则代表着结构效应。

在第二步中，针对各 10 分位以及各分布（Y_m，Y_f 和 Y_c），对再中心化影响函数进行估算。我们使用的再中心化影响函数为：

$$RIF(Y_k; Q_\tau) = Q_\tau + \frac{\tau - 1\{y \leq Q_\tau\}}{f_y(Q_\tau)} \quad k = m, f, c \tag{4}$$

如同在菲尔普、福汀和列米克斯（2011）的著作中一样，$1\{\}$ 是一个指数函数，Y 的边际密度由 $f_y(.)$ 代表。Q_τ 是 Y 无条件分布的人口 τ-分位数。

最后，在第三步中，性别收入差距以标准分解程序中求均值的方法进行分解，但 Y_f 和 Y_m 则被相应的再中心化影响函数所替代。对于中位数，这意味着下列的分解：

$$\widehat{q_{.5}}(Y_m) - \widehat{q_{.5}}(Y_f) = \underbrace{\sum_{k=1}^{K} E[X_m](\widehat{\beta_m} - \widehat{\beta_c}) + \widehat{R_{.5}^s}}_{\hat{\Delta}_s = 结构效应}$$

$$+ \underbrace{\sum_{k=1}^{K} E[X_{mk}]\widehat{\beta_c} - \sum_{k=1}^{K} E[X_{fk}]\widehat{\beta_f} + \widehat{R_{.5}^c}}_{\hat{\Delta}_c = 合成效应} \tag{5}$$

其中，$\widehat{R_{.5}^s}$ 代表的是由于结构效应构成的近似误差，而 $\widehat{R_{.5}^c}$ 则代表由于合成效应构成的近似误差。

DFL 在第一步中进行重新加权需要假定的可忽视和重叠的支持（Fortin, Lemieux and Firpo, 2011）。我们在此对这些假定进行详细探讨，进一步的敏感性分析可以在补充附件中找到。

"忽视"意味着男女选择的基础是一样的。以男女能力为例（Fortin, Lemieux and Firpo, 2011）：给定能力的条件分布，男女协方差必须是一样的。这与项目评估文献中可观测项假定中的非迷惑/选择类似。[1] 虽然，毫无疑问，这是一个可靠的假设，但也没有明确的理由相信，该假定在此环境中要明显比同样用在其他环境中的分解方法更可靠。

如菲尔普、福汀和列米克斯等人所描述，存在三种重要的情况，导致该假定不成立。在第一种情况中，对未观测项的选择并不适用于这种环境，原因在于个体不能选择他们的性别。然而，在忽视性被违反的其余两种情况中，这样的假设适用。女性没有针对歧视改变她们不可观测的行为。如果女性因为预料到歧视所以工作积极性不高，这就会被违反。在第二种情况中，在劳动力市场上，男性和女性的选择是存在差别的。如果这样的情况发生了，只要男性和女性中的观测项和未被观测项的联合分布在条件概率学上类似，那么这些结果就是可靠的。

通过英本斯和鲁宾（Imbens and Rubin, 2009）的方法，可以得到支持重叠假定的证据。同样，这也在吉利克、帕拉西奥斯—洛佩兹以及戈尔斯丁（2013）的著作中有所描述。[2] 该演算的结果，请参见补充附件中的表 S1.1 ~ 表 S1.5。即便是在无规模标准化差异的结果不理想的情况下，也只有在一个方向时，重叠性支持才是必要的。也就是说，即便为了对女性进行重新加权，使其发生像男性中存在重叠支持的问题，重新加权也是可以使用的。这一挑战和解决方案与海伍德和帕伦特（2012）所采取的方法类似。由于缺乏一般的支持，他们不能对黑人的收入进行重新加权，使其看起来像白人的工资。因此，在女性的整个分布之中，由于存在着男性与女性相似的情况，那么便可以对男性的分布进行重新加权，使其看起来像女

---

[1] 参见 Heckman, Ichimura and Todd (1997) 以及 Heckman et al. (1998)。
[2] 英本斯和鲁宾断言，如果协方差中的标准差异小于 0.25，那么各群组中的重叠性支持是充分的。

弥补性别差距：识别加纳、卢旺达、坦桑尼亚和刚果共和国中阻碍自雇女性的因素

性的分布。

四 结果

本部分展示自雇收入分位数分解的结果。正如在数据部分所探讨的一样，下列协方差被纳入我们的分解分析中：婚姻状态、经历（由年龄代表）、教育、孩子数量、平均每月工作小时数以及产业。[①] 用于分解的基本组是在制造业中的未婚女性（加纳的情况除外，其基本群组为农业/渔业），她们没有完成小学教育。

对合成效应的解释

在详细分解构成合成效应和结构效应特定变量的作用之前，我们的分析从认定可观测特征在男性和女性之间是不同的这一事实开始，并使用由迪娜多、福汀以及列米克斯（DiNardo, Fortin and Lemieux, 1996）等人制定的重新加权程序。男性收入分布被重新加权，以便与女性的收入分布类似。

图3表现了各国重新加权的结果。具体而言，图3展现了初始的自雇收入差距，以及为合成效应而进行调整的自雇收入差距。这两条线之间的差异就是结构效应（产生的收入差距）。

图4将合成效应作为各个国家每一个收入分位数最高差距的百分比来展示。在刚果共和国，自雇收入中的性别收入差异在大多数分布中都是增长的，除了在最顶端之外。在分布的最底端，差距的大部分是由合成效应所解释的（在第10分位时大约为65%），而分布的最顶端，很少是由合成效应所解释的（在第90分位时大约为20%）。在卢旺达和坦桑尼亚，总差距在整个收入分布中大致稳定。在卢旺达，由合成效应所解释的差距份额大体上也保持了稳定（40%~50%）。相反，在坦桑尼亚，与刚果共和国

---

① 不可能被包含在分析中，但可能会对未来研究产生作用的另外一个协方差是风险反转：男性平均自雇收入更大，但比女性自雇收入的波动性更强。注意，在使用之前小节中列出的分解方法时，有可能对收入的差异进行分解。

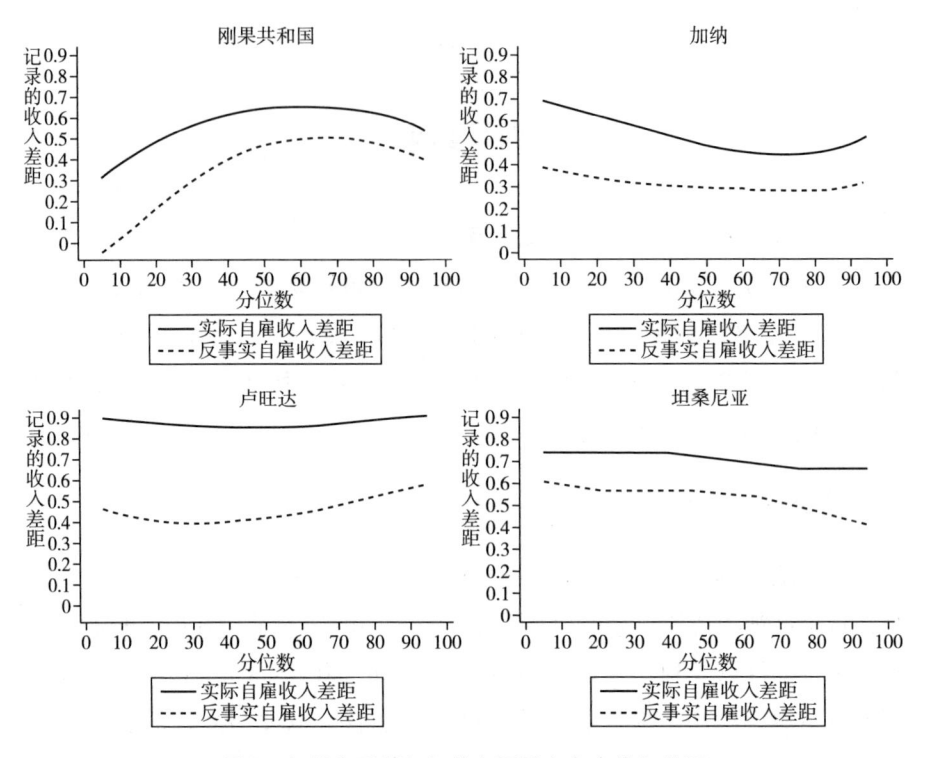

图3 初始和重新加权的各国男女自雇收入差距

资料来源：笔者基于文中的数据开展的分析。

一样，相比于分布的底端，合成效应对差距份额的解释在顶端要少一些，虽然下降并不剧烈（在第10分位大约为28%，在第90分位大约为18%）。在加纳，性别差距的规模在顶端的10分位下降，但由合成效应所导致的差距比例依然是稳定的（大约为35%）。

详细的分解结果

表2～表5展示了个体协方差对刚果共和国、加纳、卢旺达和坦桑尼亚中合成效应的贡献。在对这些个体协方差的作用进行讨论之前，我们首先使用这些表格来判断线性近似的精确性。我们首先通过近似误差将整体合成效应进行分解。近似误差是整体结构效应以及详细分解过程中的结构效应的数值的差异。

在坦桑尼亚的情况中，整体合成效应中的75%～90%都可以由模型来

弥补性别差距：识别加纳、卢旺达、坦桑尼亚和刚果共和国中阻碍自雇女性的因素

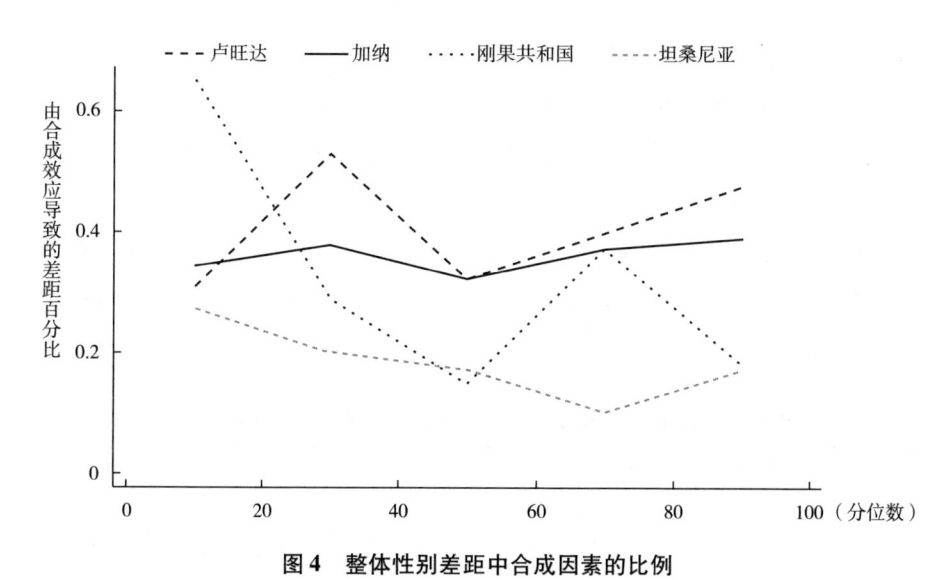

图4 整体性别差距中合成因素的比例

资料来源：笔者基于文中的数据开展的分析。

解释。在加纳，结果要更高一些，大约72%～99%的整体结构效应是由相关分位的模型来解释的。卢旺达，在两端结果的尾部（第10分位和第90分位）数值很小——在第10分位，几乎没有合成效应是由模型造成的，在第90分位，也仅有42%的合成效应是由模型造成的。在其他的分布中，结果要更好一些，大约78%～96%的结果是由模型解释的。在刚果共和国，在第30分位时，仅仅有17%，在其余分位中，41%～85%的合成效应可由模型解释，其原因或许是样本规模较小。

促成合成效应的因素在各国中都有所不同。[①] 从加纳开始，产业是主要的推动因素，但其推动效应在分布中逐步降低。教育和孩子数量同样也是重要因素。对分布的顶端和底端进行对比，教育在分布顶端解释了合成效应的绝大部分。相反，在分布的底端，孩子数量则是导致合成效应的相对较大的因素。

在坦桑尼亚，产业和孩子数量是导致合成效应的最重要因素。与加纳相似，并且与展示整体性别差距的合成效应（图4）一致，产业专业化的

---

① 补充附件表S1.1至S1.5展示了各国观测特性中的差异。

效应以及孩子的数量将在分布中下降。

在卢旺达，专业化的产业同样也是合成要素的较大组成部分，特别是在分布的 30% 和 50% 处。教育在卢旺达同样很重要，与加纳的情况一样，同样也在分布中不断上升。

最后，在刚果共和国，无论是对男人还是女人而言，孩子的数量都是整个分布中合成效应最为重要的推动因素。然而，刚果共和国中样本规模较小，因此我们需要对这样的结果保持谨慎。

表2　个体特征对于男女自雇收入差距的影响效应：刚果共和国

	第10分位		第30分位		第50分位		第70分位		第90分位	
	合成效应	工资结构效应	合成效应	工资结构效应	合成效应	工资结构效应	合成效应	工资结构效应	合成效应	工资结构效应
总计	0.249 (0.194)	0.134 (0.255)	0.157 (0.065)	0.389 (0.080)	0.09 (0.045)	0.51 (0.062)	0.214 (0.111)	0.361 (0.125)	0.108 (0.071)	0.493 (0.118)
计算方式										
受教育程度	0.055 (0.296)	0.008 (0.127)	-0.188 (0.187)	-0.008 (0.102)	0.003 (0.157)	-0.005 (0.175)	0.049 (0.228)	0.009 (0.382)	0.011 (0.161)	0.029 (0.871)
年龄	0.043 (0.368)	0.627 (0.407)	-0.109 (0.164)	1.417 (0.441)	0.02 (0.127)	0.163 (0.259)	0.014 (0.205)	0.176 (0.260)	0.023 (0.188)	-0.059 (0.308)
孩子数量	0.108 (0.316)	-0.143 (0.245)	-0.358 (0.243)	0.216 (0.323)	0.099 (0.181)	-0.054 (0.226)	0.162 (0.192)	-0.255 (0.272)	0.175 (0.205)	-0.456 (0.349)
已婚	-0.003 (0.207)	-0.356 (0.367)	-0.091 (0.155)	-1.581 (0.439)	-0.016 (0.122)	0.024 (0.353)	0.004 (0.189)	0.007 (0.379)	0.066 (0.232)	0.165 (0.936)
月工作小时数	-0.003 (0.095)	-0.181 (0.246)	-0.007 (0.107)	-0.379 (0.288)	0.005 (0.084)	0.011 (0.248)	-0.007 (0.103)	0.142 (0.247)	0.019 (0.150)	0.02 (0.382)
产业	0.011 (0.208)	0.179 (0.183)	0.007 (0.128)	0.274 (0.173)	0.015 (0.092)	0.062 (0.177)	0.118 (0.170)	0.128 (0.172)	0.015 (0.155)	-0.217 (0.395)
常数		-0.056 (0.215)		0.658 (0.360)		0.14 (0.225)		-0.083 (0.226)		-0.208 0.352

续表

	第10分位		第30分位		第50分位		第70分位		第90分位	
	合成效应	工资结构效应	合成效应	工资结构效应	合成效应	工资结构效应	合成效应	工资结构效应	合成效应	工资结构效应
总计	0.212 (0.645)	-0.05 (0.483)	-0.745 (0.437)	0.241 (0.320)	0.127 (0.380)	0.54 (0.308)	0.339 (0.404)	0.51 (0.501)	0.309 (0.460)	0.546 (1.071)
近似误差	0.037 (0.591)	0.184 (0.578)	0.902 (0.439)	0.148 (0.333)	-0.036 (0.372)	-0.03 (0.309)	-0.125 (0.368)	-0.149 (0.498)	-0.201 (0.448)	-0.053 (1.064)

资料来源：笔者基于文中探讨的数据开展的分析。

表3 个体特征对于男女自雇收入差距的影响效应：加纳

	第10分位		第30分位		第50分位		第70分位		第90分位	
	合成效应	工资结构效应	合成效应	工资结构效应	合成效应	工资结构效应	合成效应	工资结构效应	合成效应	工资结构效应
总计	0.237 (0.134)	0.452 (0.222)	0.213 (0.002)	0.352 (0.065)	0.16 (0.020)	0.337 (0.025)	0.159 (0.202)	0.268 (0.012)	0.174 (0.131)	0.274 (0.098)
计算方式										
受教育程度	0.079 (0.172)	-0.004 (0.004)	0.105 (0.025)	0.004 (0.009)	0.031 (0.020)	0.01 (0.016)	0.086 (0.010)	0.011 (0.016)	0.11 (0.040)	0.017 (0.019)
年龄	0.033 (0.056)	0.014 (0.537)	-0.007 (0.021)	0.283 (0.159)	-0.007 (0.042)	0.321 (0.094)	-0.007 (0.004)	0.238 (0.188)	-0.015 (0.028)	0.187 (0.141)
孩子数量	0.074 (0.107)	-0.372 (0.066)	0.048 (0.054)	-0.488 (0.186)	0.057 (0.045)	-0.25 (0.153)	0.075 (0.063)	-0.255 (0.032)	0.043 (0.203)	-0.108 (0.129)
已婚	-0.032 (0.054)	-0.347 (0.385)	0.001 (0.025)	-0.064 (1.044)	-0.002 (0.053)	-1.452 (0.319)	0.004 (0.043)	-1.342 (0.491)	-0.017 (0.056)	-0.221 (0.259)
月工作小时数	0.002 (0.013)	0.156 (0.185)	0.001 (0.007)	-0.014 (0.062)	0.001 (0.011)	0.012 (0.120)	0.007 (0.026)	0.07 (0.065)	0.006 (0.008)	-0.041 (0.081)
产业	0.09 (0.084)	-0.33 (0.185)	0.097 (0.061)	-0.003 (0.101)	0.051 (0.116)	-0.054 (0.098)	0.038 (0.079)	0.046 (0.090)	0.016 (0.054)	0.061 (0.062)
常数		0.117 (0.288)		0.053 (0.129)		0.105 (0.071)		0.065 (0.108)		0.006 (0.046)
总计	0.245 (0.311)	0.319 (0.127)	0.244 (0.043)	0.272 (0.127)	0.131 (0.101)	0.277 (0.074)	0.204 (0.040)	0.277 (0.058)	0.177 (0.290)	0.31 (0.083)

续表

	第10分位		第30分位		第50分位		第70分位		第90分位	
	合成效应	工资结构效应	合成效应	工资结构效应	合成效应	工资结构效应	合成效应	工资结构效应	合成效应	工资结构效应
近似误差	-0.009 (0.178)	0.133 (0.107)	-0.031 (0.044)	0.08 (0.119)	0.029 (0.095)	0.06 (0.095)	-0.045 (0.060)	-0.009 (0.048)	-0.002 (0.162)	-0.036 (0.108)

资料来源：笔者基于文中探讨的数据开展的分析。

表4　个体特征对于男女自雇收入差距的影响效应：卢旺达

	第10分位		第30分位		第50分位		第70分位		第90分位	
	合成效应	工资结构效应	合成效应	工资结构效应	合成效应	工资结构效应	合成效应	工资结构效应	合成效应	工资结构效应
总计	0.275 (0.177)	0.611 (0.263)	0.457 (0.175)	0.409 (0.247)	0.259 (0.104)	0.545 (0.122)	0.362 (0.109)	0.541 (0.147)	0.469 (0.184)	0.52 (0.284)
计算方式										
受教育程度	0.003 (0.309)	0.092 (0.319)	0.049 (0.374)	0.083 (0.332)	0.052 (0.308)	0.037 (0.268)	0.113 (0.612)	0.036 (0.551)	0.262 (0.992)	0.03 (0.344)
年龄	-0.041 (0.244)	-0.007 (0.134)	-0.015 (0.210)	0.061 (0.160)	0.004 (0.151)	0.016 (0.257)	0.029 (0.172)	0.076 (0.316)	0.037 (0.294)	0.047 (0.293)
孩子数量	-0.089 (0.242)	-0.056 (0.647)	-0.051 (0.175)	0.333 (0.330)	-0.113 (0.141)	0.153 (0.247)	-0.045 (0.126)	0.033 (0.270)	-0.045 (0.382)	-0.056 (0.341)
已婚	-0.023 (0.185)	-0.295 (0.986)	-0.017 (0.138)	-0.492 (0.483)	-0.02 (0.090)	0.212 (0.431)	0.003 (0.093)	0.199 (0.407)	0.032 (0.134)	0.147 (0.429)
月工作小时数	0.002 (0.101)	-0.673 (0.681)	0.018 (0.115)	-0.09 (0.370)	-0.017 (0.064)	-0.176 (0.233)	0 (0.068)	-0.232 (0.281)	0.046 (0.141)	-0.009 (0.332)
产业	0.156 (0.409)	0.177 (0.330)	0.524 (0.601)	0.084 (0.202)	0.294 (0.393)	0.194 (0.166)	0.277 (0.519)	0.269 (0.158)	0.411 (0.544)	0.077 (0.163)
常数		-0.517 (0.647)		-0.261 (0.430)		-0.163 (0.354)		0.252 (0.471)		0.072 (0.485)
总计	0.007 (0.855)	0.343 (0.776)	0.507 (1.161)	0.382 (0.466)	0.2 (0.690)	0.428 (0.318)	0.377 (1.058)	0.483 (0.350)	0.743 (1.081)	0.546 (0.331)
近似误差	0.267 (0.810)	0.268 (0.786)	-0.051 (1.139)	0.026 (0.515)	0.058 (0.662)	0.117 (0.321)	-0.015 (1.032)	0.058 (0.390)	-0.274 (1.061)	-0.025 (0.399)

资料来源：笔者基于文中探讨的数据开展的分析。

表5 个体特征对于男女自雇收入差距的影响效应：坦桑尼亚

	第10分位		第30分位		第50分位		第70分位		第90分位	
	合成效应	工资结构效应	合成效应	工资结构效应	合成效应	工资结构效应	合成效应	工资结构效应	合成效应	工资结构效应
总计	0.205 (0.057)	0.544 (0.102)	0.13 (0.033)	0.517 (0.048)	0.122 (0.031)	0.592 (0.060)	0.071 (0.019)	0.627 (0.041)	0.103 (0.034)	0.5 (0.070)
计算方式										
受教育程度	0.017 (0.195)	0.006 (0.161)	0.003 (0.194)	0.004 (0.217)	0.01 (0.213)	0.003 (0.327)	0.024 (0.188)	−0.005 (0.417)	0.03 (0.481)	−0.007 (0.322)
年龄	−0.014 (0.078)	−0.008 (0.116)	−0.001 (0.047)	−0.033 (0.141)	0.002 (0.056)	−0.026 (0.254)	0.002 (0.042)	−0.011 (0.349)	0.023 (0.099)	−0.048 (0.251)
孩子数量	0.029 (0.061)	0.28 (0.204)	0.038 (0.034)	−0.004 (0.134)	0.019 (0.035)	0.036 (0.095)	0.019 (0.029)	0.072 (0.096)	0.043 (0.052)	0.285 (0.127)
已婚	0.003 (0.058)	−0.094 (0.231)	−0.014 (0.038)	−0.019 (0.160)	−0.007 (0.045)	0.03 (0.123)	−0.003 (0.032)	0.056 (0.128)	0.001 (0.044)	−0.028 (0.132)
月工作小时数	0.013 (0.060)	−0.031 (0.210)	−0.001 (0.035)	−0.096 (0.128)	0.005 (0.031)	−0.007 (0.099)	−0.005 (0.017)	0.007 (0.098)	0.009 (0.027)	−0.013 (0.126)
产业	0.189 (0.143)	0.224 (0.151)	0.07 (0.092)	0.208 (0.111)	0.08 (0.074)	0.244 (0.084)	0.016 (0.051)	0.137 (0.079)	0.022 (0.056)	0.223 (0.092)
常数		−0.102 (0.149)		−0.194 (0.138)		−0.051 (0.094)		−0.074 (0.112)		−0.048 (0.146)
总计	0.237 (0.369)	0.533 (0.325)	0.095 (0.296)	0.56 (0.153)	0.11 (0.320)	0.61 (0.123)	0.054 (0.255)	0.566 (0.286)	0.129 (0.625)	0.488 (0.304)
近似误差	−0.032 (0.368)	0.011 (0.333)	0.035 (0.293)	−0.043 (0.154)	0.012 (0.319)	−0.018 (0.118)	0.017 (0.256)	0.061 (0.286)	−0.026 (0.622)	0.011 (0.304)

资料来源：笔者基于文中探讨的数据开展的分析。

五 结论

本文考察了个体特征对刚果共和国、加纳、卢旺达和坦桑尼亚男女自雇收入差异的作用。可观测特性中的差异没有对差距的主要部分进行解释。在由可观测的特性差异所解释的差距之中，产业和月度工作小时数比传统的人力资本特性，如受教育程度和经历，发挥了更为重要的作用。

结构效应在任何地方都十分重要，特别是在女性收入最高的刚果共和国和坦桑尼亚。性别收入差距不断增长，由合成效应所解释的性别差距则不断减弱，这表明了在刚果共和国和坦桑尼亚存在着女性的"玻璃天花板"效应，这与收入分布中针对女性的歧视存在较大关联。相同天资的人群收益中未被解释的差异可能是由于歧视而导致的；在刚果共和国和坦桑尼亚，在收入分布顶端这些差距的更多部分来源于同样天资人群的收益差别。[1]

从本文分析中获得的主要政策在于两个方面。首先，结果突出了一种现实，那就是男女收入差距之间的决定性因素在不同的收入分布中不一样。这意味着，在诸如刚果共和国和坦桑尼亚等合成效应在女性有较高收入时下降的这类国家中，政策制定者可以帮助较低收入的女性进入较高收入的层次中，或者帮助提高她们的工作小时数（通过诸如更好的儿童护理等干预手段），同时帮助更高收入的女性处理歧视方面的问题。

其次，虽然这些结果是描述性的，但可以推动男女收入差距之间决定性因素的进一步研究。比如，在刚果共和国和坦桑尼亚，收入分布中的结构性因素不断增长的作用意味着"玻璃天花板"效应会对这些国家中的女性企业家产生阻碍作用。未来的研究将通过考察商业成功决定性因素中的差距，如投入、商业网络、消费者等方面的差异，来研究是否存在"玻璃天花板"的问题，这也能够解释为什么卢旺达和坦桑尼亚等国的劳动力市场并不具备这样的特征。

此外，未来的数据搜集可以集中在利润决定因素的相关信息上，如风险反转、能力（认知和非认知）和贴现率，并允许研究者确定是否就结构不同能够对利润中可观测到的差异进行控制。总体而言，这些结果有益于相关学者和政策制定者理解和弥补男女性企业家之间存在的收入差距。

---

[1] 然而，虽然我们可以指出歧视的根本性原因是结构性效应，但不能随意地将歧视归结为结构性效应，除非在协方差被包含的情况中，所有收入可能的决定性因素都被包含在内，才能将结构性效应归结为歧视的原因。

弥补性别差距：识别加纳、卢旺达、坦桑尼亚和刚果共和国中阻碍自雇女性的因素

参考文献

Albrecht, J., A. Björklund and S. Vroman. 2003. "Is There a Glass Ceiling in Sweden?" *Journal of Labor Economics* 21（1）：145 −77.

Arulampalam, W., A. L. Booth and M. L. Bryan. 2007. "Is There a Glass Ceiling over Europe? Exploring the Gender Pay Gap across the Wage Distribution." *Industrial & Labor Relations Review* 60（2）：163 −86.

Bates, T. 1999. "Existing Self − Employment：An Analysis of Asian Immigrant − Owned Small Businesses." *Small Business Economics* 13（3）：171 −83.

Borjas, G. J. and S. G. Bronars. 1989. "Consumer Discrimination and Self − employment." *Journal of Political Economy* 97（3）：581 −605.

De Mel, S., D. J. McKenzie and C. Woodruff. 2009a. "Measuring Microenterprise Profits：Must We Ask How the Sausage is Made?" *Journal of Development Economics* 88（1）：19 −31.

De Mel, S., D. McKenzie and C. Woodruff. 2009b. "Are Women more Credit Constrained? Experimental Evidence on Gender and Microenterprise Returns." *American Economic Journal：Applied Economics*, 1 −32.

DiNardo, J., N. M. Fortin and T. Lemieux. 1996. "Labor Market Institutions and the Distribution of Wages, 1973 −1992. A Semiparametric Approach." *Econometrica*, 1001 −44.

Dupas, P. and J. Robinson. 2013. "Savings Constraints and Microenterprise Development：Evidence from a Field Experiment in Kenya." *American Economic Journal：Applied Economics*, 5（1）：163 −92.

Fafchamps, M., D. McKenzie, S. R. Quinn and C. Woodruff. 2011. "When is Capital Enough to Get Female Microenterprises Growing? Evidence from a Randomized Experiment in Ghana." NBER Working Papers 17207, National Bureau of Economic Research, Inc.

Fajnzylber, P., W. Maloney and G. M. Rojas. 2006. "Microenterprise Dynamics in Developing Countries：How Similar Are They to Those in the Industrialized World? Evidence from Mexico." *The World Bank Economic Review* 20（3）：389 −419.

Firpo, S., N. Fortin and T. Lemieux. 2007. "Decomposing Wage Distributions Using

Recentered Influence Function Regressions." Working Paper. University of British Columbia (June).

Firpo, Sergio, Nicole M Fortin and Thomas Lemieux. 2009. "Unconditional Quantile Regressions." *Econometrica* 77 (3): 953 −73.

Fortin, N., T. Lemieux and S. Firpo. 2011. "Decomposition Methods in Economics." *Handbook of Labor Economics* 4: 1 −102.

Fox, L. and T. Sohnesen. 2012. "Household Enterprises in Sub −Saharan Africa: Why They Matter for Growth, Jobs, and Livelihoods." World Bank Policy and Research Working Paper No. 6184. World Bank, Washington, DC.

Gindling, T. H. and D. Newhouse. 2014. "Self −Employment in the Developing World." *World Development* 56: 313 −31.

Gosling, A., S. Machin and C. Meghir. 2000. "The Changing Distribution of Male Wages in the UK." *The Review of Economic Studies* 67 (4): 635 −66.

Heckman, J., H. Ichimura, J. Smith and P. Todd. 1998. "Characterizing Selection Bias Using Experimental Data." 66 (5): 1017 −98.

Heckman, J. J., H. Ichimura and P. E. Todd. 1997. "Matching as an Econometric E-valuation Estimator: Evidence from Evaluating a Job Training Programme." *The Review of Economic Studies* 64 (4): 605 −54.

Heywood, J. S. and D. Parent. 2012. "Performance Pay and the White −Black Wage Gap." *Journal of Labor Economics* 30 (2): 249 −90.

Imbens, G. and D. B. Rubin. 2009. *Causal Inference in Statistics, and in the Social and Biomedical Sciences*. New York: Cambridge University Press.

Jovanovic, B. 1982. "Selection and the Evolution of Industry." *Econometrica: Journal of the Econometric Society*, 649 −70.

Kilic, T., A. Palacios −Lopez and M. Goldstein. 2013. "Caught in a Productivity Trap." World Bank Policy and Research Working Paper No. 6381. World Bank, Washington, DC.

Kweka, J. and L. Fox. 2011. "The Household Enterprise Sector in Tanzania: Why It Matters and Who Cares." World Bank Policy and ResearchWorking Paper No. 5882. World Bank, Washington, DC.

Machado, J. A. F. and J. Mata. 2005. "Counterfactual Decomposition of Changes in Wage

弥补性别差距：识别加纳、卢旺达、坦桑尼亚和刚果共和国中阻碍自雇女性的因素

Distributions Using Quantile Regression." *Journal of Applied Econometrics* 20 (4): 445 −65.

Minniti, M. 2005. "Entrepreneurial Activity and Economic Growth." *Global Business and Economics Review* 1 (1): 31 −42.

Samphantharak, K. and R. M. Townsend. 2012. "Measuring the Return on Household Enterprise: What Matters Most for Whom?" *Journal of Development Economics* 98 (1): 58 −70.

中低收入国家道路基础设施建设成本探讨

保尔·科利尔（Paul Collier）

玛蒂娜·吉尔伯格（Martina Kirchberger）

曼斯·索德尔博姆（Måns Söderbom）*

在之前的研究中，人们对运输基础设施和经济发展之间的关联进行了大量的论证，但是很少有关于贫穷国家基础设施投资成本的研究。本文将对中低收入国家交通基础设施的建设和维护单位成本的影响因素进行考察

---

* 保尔·科利尔是牛津大学布拉瓦尼克政治学院的经济学和公共政策学教授，他的电子邮箱为 paul. collier@ bsg. ox. ac. uk。玛蒂娜·吉尔伯格（通讯作者）是哥伦比亚大学地球研究所博士后研究学者，她的电子邮箱为 martina. kirchberger@ columbia. edu。曼斯·索德尔博姆是哥森堡大学经济系的经济学教授，他的电子邮箱为 mans. soderbom @ economics. gu. se。对于三位匿名审稿人以及编辑的富有建设性的意见和建议，我们十分感激。我们还要感谢奥拉齐奥·亚特西奥（OrazioAttanasio）、史蒂夫·邦德（Steve Bond）、吉尔斯坦·霍曼（Kirsten Hommann）、弗朗西斯科·费里里奥（Francisco Ferreiro）、塞尔吉奥·奥丽特·约萨（Sergio OlieteJosa）、克莱尔·利弗尔（Clare Leaver）、马塔·图拉·马丁内斯（Marta Troya Martinez）、盖伊·迈克尔斯（Guy Michaels）、埃利亚斯·帕帕安努（Elias Papaiannou）、格哈德·托斯（Gerhard Toews）、托尼·维纳布拉斯（Tony Venables），以及格雷格耶特曼（Greg Yetman）等人。我们还对 IGC 关于脆弱国家工作组、CSAE 大会、ESOP（奥斯陆）研讨会、坦桑尼亚道路基金工作组、DFID 午餐研讨会、EEA 年会、WB 非洲经济研讨会以及 OxCARRE 研讨会的参与者所提供的有价值的评论和讨论表示感谢。我们还特别感激罗德里奥·亚克多 – 卡罗（Rodrigo Archondo – Callao）提供了关于 ROCKS 的数据库，并对迈克尔·阿亚朋（Michael Agyapong）提供的卓越的研究协助表示感谢。本论文获得了 BP 出资的牛津大学资源富有经济分析中心、挪威开发合作局、国际增长中心以及 AXA 研究基金的资助。文责自负。本文补充性附录见 http: // wber. oxfordjournals. org/。

并且证明:(1)对于可比的道路建设活动,单位成本存在大量差异;(2)在对成本的环境因素进行考量之后,剩余的单位成本在冲突国家中极高;(3)有证据表明,腐败程度较高的国家成本也更高;(4)这些效应对于控制国家公共投资能力和商业环境十分可靠。我们的结论对于旨在改善贫穷国家内通联性的政府具有一定的启示作用。JEL 代码:O1,L7,H5,R4。

道路是公共经济基础设施的原型。电信、电力以及铁路通常都是由私人资助的,而发展中国家私人出资建造道路的有效空间被证明是极度有限的。然而,最近几十年中,捐赠人将他们的资助从此类基础设施(是提供援助最初的理由)转向社会优先项目,而联合国千年发展目标就是其中的一个例子。在低收入国家中,这可能促成了供应情况的恶化。比如,有证据表明,自20世纪80年代以来,非洲公路里程实际上还萎缩了(Teravaninthorn and Raballand, 2009)。

如果贫穷国家必须自行承担其大部分公路网络的资金,那么建设和维护的成本也就变得更为重要。在成本异常高的情况下,探索其原因是有用的。如果导致高成本的原因可以很快得到补救,那么它就可以成为政策的目标。即便高成本归因于超出影响力的因素,也存在着重要的含义。通联性对于经济的发展至关重要。它可以促进贸易的发展,而人们反过来又可以从专业化和规模化中获得生产力收益。然而,为了达到特定水平的通联性而必需的国家公路网络密度取决于人口的分布。通联性的改善可以通过两个途径,一是对于一个给定的人口分布,建设更多的公路;二是鼓励人们更加密集地居住。某个公路建设成本十分昂贵的国家应当优先考虑降低人口分散性。因此,在研究公路单位成本变化方面,发现变化的程度以及导致变化的可能原因都是很有用的。

根据研究计划,本文的贡献是双重的。首先,它为中低收入国家大量样本中关于公路建设和维护的单位成本提供了定量证据。我们使用一个数据集,包含了从世界银行(世界银行,2006)选取的99个国家中的3322个工程活动的单位成本。为了对这些建设数据的单位成本进行有意义的对比,我们需要工程活动开展年份、地点、成本类型(估算、实际或者合同)以及建筑或维护活动(是哪种类型的公路工程活动)的详细数据。所有这些变量都在我们的数据集中。其次,当我们对诸如地形起伏度以及市场准入等潜在成本因素进行控制后,我们检验在单位成本中是否存在残余的变动。我们关注企业运营环境的两个方面:冲突与腐败。

我们的分析得到了四个主要的结论。第一,我们研究表明,针对可比较的公路工程活动,在不同的国家中,单位成本表现出了很大的差异。比如,各国公路沥青的厚度为40～59毫米,构成了一种系数。第二,我们发现,在对诸如地形起伏度以及接近市场的程度等成本的环境因素进行考虑之后,冲突国家的剩余单位成本平均要高出30%。对于冲突和政治不稳定的不同衡量方法而言,这一结果都是稳健的。第三,我们还发现在腐败程度较高的国家中成本更高的证据。将一个国家从腐败的75分位数上移动到腐败的25分位数上,将导致单位成本下降6.8%。在样本中,由全球治理指数衡量的腐败程度高于中位数的国家,成本要高15%。第四,对于控制国家公共投资管理能力和商业环境而言,这些效应是稳健的。

越来越多的文献都开始强调运输基础设施对于运输成本、贸易量、市场发展、生产力、贫困和消费的效应(Casaburi et al.,2013;Decron et al.,2009;Donaldson,2013;Faber,2014;Gertler et al.,2014;Jacoby and Minten,2009;Limao and Venables,2010;Mu and Van de Walle,2011;Shiferaw et al.,2012;Stifel et al.,2012)。然而,虽然人们在评估基础设施的收益上取得了不小的进步,但对于成本侧的研究依然滞后。在对不同国家之间不同类型的基础设施投资的单位成本数据进行搜集和分析的过程中,我们的文章做出了一定的贡献(AFRICON,2008;Alexeeva et al.,2008;Alexeeva et al.,2011)。除了将全球范围内所有地区的合同包含在内,本文的一大优势就是通过我们拥有的大量关于合同的信息,可以将各种不同层次工程活动中的固定效应纳入其中,从而对建筑成本中的系统性差异进行控制。

当对成本的关联因素进行探索时,我们关注冲突和腐败。对于冲突的关注源于一个事实,那就是大约有15亿人生活在冲突弥漫或者脆弱的国家中,这些国家在诸如扶贫以及其他发展成果的衡量标准方面远远落后(世界银行，2011b）。① 理解公共基础设施的成本对于这些公共投资资源稀少的国家而言尤为重要。此外，包括公路在内的公共工程合同则受到腐败的很大程度的影响。根据国际透明组织对于世界范围内3000多个高管的"行贿者调查"，公共工程合同和建设是向官员和其他企业行贿的最高发领域（透明国际，2011）。由于本文试图对中低收入国家的成本差异建立第一组事实，因此对于腐败和成本之间联系的关注也就自然成为优先工作事项。②

世界银行运输研究支援项目针对冲突国家公路领域的一项调查表明，"在冲突环境下建设的项目几乎总是比其他环境中的项目成本更高，这是因为这些项目面临着不安全和政府低能等方面的挑战"（Rebosio and Wam，2011）。更高的成本可以源于对相关地区安全局势的监控、对访问工地带来的较大安全风险的监视，以及规划面临的相关限制的可能性。除了对在特定公路项目中工作的工人进行保护之外，公司还面临着由于运输网络中断而导致供应中断的风险。③ 在冲突国家内，不仅仅是建设项目，就连采购项目都有可能面临更大的风险。内博西奥和瓦姆（Rebosio and Wam，2011）以及本姆加和利米（Benamghar and Limi，2011）从尼泊尔的案例中对这些风险和成本的效应列出了证据：在特莱（Terai）地区，一名政府聘请的公路工程师被杀害；公路建设团队对该地区的安全局势进行持续监控，并对其行动作出了相应的调整；在某些地区的投标过程中，出现了一些暴力和恐吓行动，以阻止一些公司投标能够获利的项目。

2000~2010年，在世界银行资助的大约500个公路项目中，有大约1/4的项目受到了关于欺骗、腐败或者勾结的指控（世界银行，2011a）。通过世界银行出资的公路合同通常是在一次封闭的竞标过程中完成的，出价最低的竞标者中标。亚历克斯夫等人（Alexeeva et al.，2011）发现，在其欧洲和中亚的大约200个合同样本的约20%的竞标中，获得竞标文件的至

---

① 如果道路建设和维护成本在冲突国家中特别高，这是冲突对经济发展产生负面效应的另一种机制。
② 参见肯尼（Kenny，2007），以获取对发展中国家建筑产业的讨论。
③ 如果冲突是沿着种族线路发生的，那么道路建设公司可能需要确保他们聘请了种族平衡的员工，以避免使冲突升级，或者成为暴力活动的目标。咨询当地社区虽然有用，但同时在很大程度上推高了建设的成本。

少50%的公司没有参与竞标过程,在竞标过程中获胜的公司也没有被详细的检查。在公路领域,勾结和垄断的成本较大,占到整个合同价值的8%～60%(世界银行,2011a)。考虑到大量资源被分配到道路建设和维护中(2000～2010年,世界银行共投入560亿美元),这就意味着资金被大量的浪费。世界银行探讨的进一步证据也引人注目:在孟加拉国,公司需要向政府官员支付高达合同价值15%的贿赂款才能获得合同;非洲的证据表明,诸如水泥质量和公路层厚度小于规定标准的欺诈性声明占到了投标价值的15%～20%。[1]

据我们所知,对冲突和运输基础设施成本之间的联系进行定量调查的唯一研究是本姆加以及利米的著作(2011),他们用到了尼泊尔境内的157项乡村道路项目,并证实了安全事故的数量与投标的价值、成本超支以及工程延误之间的联系显著且正向相关。奥尔肯(Olken, 2007)在对印度尼西亚的实验中发现,遗失的支出平均占到道路总成本的24%。伯吉斯等人(Burgess et al., 2015)研究表明,在与总统种族相同的地区,修建道路的支出要比通过人口比例预测的值高得多。另可参见布拉特曼和米谷尔(Blattman and Miguel, 2010),以查询近期对于冲突的相关文献;以及奥尔肯和庞德(Olken and Pande, 2012)、兹茨维茨(Zitzewitz, 2012)、班纳杰等人(Banerjee et al., 2012)对发展中国家腐败的研究。

最后,本文涉及最近关于政府采购过程以及与之相关的浪费的文献(Bandiera et al., 2009; Di Tella and Schargorodsky, 2003; Estache and Limi, 2009; Estache and Limi, 2010; Huysentruyt, 2011; Hyytinen et al., 2007; Krasnokutskaya and Seim, 2011; Lewis and Bajari, 2011; Lewis - Faupel et al., 2014; Tran, 2011)。虽然我们没有关于政府采购程序的详细信息,但我们还将单位成本中的差异作为一种函数处理,以了解是谁资助了公路工程活动,以及公共投资管理能力和单位成本之间是否存在一种关联。

我们的文章存在着明显的局限性。腐败的一个事实是人们能够建设

---

[1] 使用不达标准的材料会导致繁重的后期维护工作,从而提高成本,同时恶化的道路条件会导致车辆成本提高,甚至使得特定项目的收益率成为负数(Kenny, 2009)。

"通往末路的桥梁",冲突的一个特点就是人们根本不可能建设。在文章中,我们并不对项目的经济可行性进行探讨;我们也没有关于本来在那些可能没有冲突地区发生的项目。我们将这些话题留给未来的研究。

本文的结构如下:第一部分将展示道路建设和维护与单位成本之间关联性的一个理论框架;第二部分将对我们的数据进行描述;第三部分将展示计量经济学模型设定;第四部分将讨论相关结果;第五部分作出最后的总结。

一 理论框架

在这一部分中,我们制定了简单的理论框架,其目标是指导实证分析。考虑一种特定类型的公路工程活动,比如,建设一条新的两车道高速公路。将高速公路的长度指代为 q。在高速公路的建设中,公司使用了劳动力 x_1 和资本 x_2,并最小化成本函数:

$$\min_{x_1,x_2} w_1 x_1 + w_2 x_2 \text{ subject to } q = f(x_1, x_2) \tag{1}$$

其中 w_1 是劳动力的价格,w_2 是资本的价格。假定公司在要素投入市场中是价格接受者。此外,假定企业有一个柯布—道格拉斯生产函数,因此 $f(x_1, x_2) = A^{-\delta} x_1^\alpha x_2^\beta$ 中的 $A^{-\delta}$ 就是无效参数,其中 $0 < \alpha < 1$,以及 $0 < \beta < 1$。[①] 随后,可以通过成本函数与建设道路的公里数简单相除从而获得每公里的平均成本:

$$\frac{C(w_1, w_2, q)}{q} = A^{\frac{\delta}{\alpha+\beta}} q^{\frac{1-(\alpha+\beta)}{\alpha+\beta}} \theta w_1^{\frac{\alpha}{\alpha+\beta}} w_2^{\frac{\beta}{\alpha+\beta}} \tag{2}$$

其中,$\theta = (\alpha/\beta)^{\beta/(\alpha+\beta)} + (\beta/\alpha)^{\alpha/(\alpha+\beta)}$。我们可以使用等式(2)来对若干假设进行验证。在等式(2)中,仅有第二个项取决于 q,$\alpha + \beta$ 则指代建设项目中的规模报酬。如果 $\alpha + \beta > 1$,$\partial (C(w_1, w_2, q)/q)/\partial q < 0$,则道路建设数量的增加将降低平均成本。在劳动力价格较低的国家内,单位成本较低。同样,单位成本还取决于资本的价格。由于发展中国家通常

[①] 柯布—道格拉斯生产函数的选择是为了简化,并且塑造我们的思维,而非反映道路建设活动中所使用的精确生产技术。

不得不进口机械和设备，我们认为资本的价格在那些面临较高运输成本的国家中会高一些。

我们使用 $A^{\delta/(\alpha+\beta)}$ 来检验环境的两个维度。在这种环境中，建筑公司的运行对其成本存在潜在的影响，即国家的脆弱性和腐败。在冲突或者冲突后的国家内运作的企业必须考虑到合同终止、征用以及政府方面不履行合同职责的风险。假定在等式（2）中这种典型道路的成本函数被数量 $A^{\delta/(\alpha+\beta)}$ 所推动。相应的，如果企业需要向政府官员支付贿赂以获得建设许可，$A^{\delta/(\alpha+\beta)}$ 同样可以代表这些额外的成本。我们假定 A 和 δ 都对企业的最小化问题是外生的；它们由企业运营所在国家的脆弱程度和腐败程度所决定。在冲突国家，企业运营所需要的贿赂支付和风险溢价都推高了单位成本。[①]

当企业被迫停务之时，或者冲突过后重建需求增加而带来价格飙升时，冲突也可以通过市场结构的变化来影响价格。此外，道路建设领域的腐败可以分为三个层面，对效率有着不同的影响。第一，它可以发生在政府层面，政府官员收取贿赂，将合同交给某个特定企业，或者为运营的企业审核文件。如果合同没有给予最具竞争力的企业，那么这就导致了更高的单位成本和分配的无效率。第二，在建筑领域为企业工作的个人可能会提升成本，并利用这些资源的一部分来为他们自己获得旁支付。较高的单位成本，反而会事先通过降低净现值或者收益率来降低项目被选中的可能性。第三，公司可能会使用较少的或者质量较差的材料从而不遵守合同规定的标准。在此，我们仅仅关注第一个层面。[②]

[①] 比如，孔德等人（Compte et al.，2005）主张"由于企业希望支付贿赂，腐败的机制性效应将通过与预期腐败相应的数量从而提升合同价格"。

[②] 还有一些与道路采购相关的事项值得指出，我们没有在自己的模型中考虑道路采购问题。第一，道路建设领域的市场结构和招投标程序将影响投标企业的数量，由此决定后面的竞争和标的的价值（Li and Zheng, 2009）。第二，如果企业在投标过程中暗箱操作，他们就能够影响道路合同的价格（Pesendorfer, 2000）。第三，一旦政府与企业签订了道路建设工程的合同，企业就可以从政府那里抽取租金，这是一个在文献中通常提到的问题（Board, 2011）。在缺乏市场结构数据、工程活动投标的价值数据，以及合同成本和实际成本之间的差异数据的情况下，我们无法发现这些效应。对于简单成本最小框架的主要目的是让我们思考成本深层次决定因素以及投入要素价格的方法，并且对估算提供指导。参见 Moavenzadeh（1978）以获得关于建筑领域如何与其他领域不同的讨论。

二 数据

我们使用来自"道路成本知识体系（ROCKS），版本 2.3"中的单位成本数据（由世界银行运输组研发）。[①] 由于缺乏关于各国道路工程活动成本的可比较数据，因此该数据库启动于 2001 年，其目标是构建一个针对道路工程成本的国际知识系统，主要用于发展中国家，以建立机制性的备忘录，并且获取基于历史数据的单位成本平均值和范围，从而最终提高新成本估算的可靠性，并最终降低成本超支所带来的风险（世界银行，2006）。本部分关注的重点是对数据进行描述；我们将在下一部分对由样本选择细节所产生的问题进行讨论。我们将在每个国家内，与道路管理单位进行精诚合作，借助来自施工完成报告、道路管理系统考察报告、工作合同、评价报告、高速公路开发和管理研究等的信息对数据进行搜集。它包含由世界银行、其他多边捐赠者、双边捐赠者以及政府出资的道路工程活动。

数据搜集活动首先在五个试点国家进行，分别是孟加拉国、印度、泰国、越南和菲律宾；2002 年，增加了第二组国家，分别是加纳、乌干达、波兰和亚美尼亚；2004 年，老挝、吉尔吉斯斯坦、哈萨克斯坦、埃塞俄比亚、尼日利亚、塞尔维亚和黑山共和国被纳入。正如表 1 所展示的，当前版本的数据库包括来自 99 个中低收入国家的 3322 个工程项目，其中有 23% 的国家都是低收入国家。[②] 合同日期为 1984～2008 年，其中 82% 的合同都发生在 1996～2006 年。附录中的表 S.1（http：//wber. oxfordjournals. org）展示了一段时间以来各国项目的分布情况。ROCKS 数据库以五个概念为基础（世界银行，2006）。第一，为了实现类似工程活动的可比较性，将道路工程分为两种类别：道路开发工程和道路养护工程。在这两种类别中，

[①] 关于数据的获取，请参见 http：//go. worldbank. org/ZF114JNX0。
[②] 我们将 31 个重复的合同排除在外，这 31 个重复的合同中有相同的国家、日期、每千米的成本、成本类型、工程活动、长度、宽度、路肩以及车道。我们还将记录成本为 218 美元和 2289 美元的两项重建沥青合同排除在外（一项在印度，另一项在孟加拉国）；595 个重建沥青工程的平均成本为 195516 美元/千米，因此这两个数据很有可能是不正确的。

项目还被进一步分为工程组别、工程类型和工程活动。第二，可以通过单位成本进行对比，单位成本可以被定义为每平方米的成本或者每千米的成本。第三，ROCKS 数据库定义了最小的数据要求，① 使数据具有可比性。第四，为了提高灵活性，道路管理单位可以输入被极力推荐的数据以及可选用的数据。② 单位成本包括诸如动员、道路排水、主要结构以及道路标线等方面的土建工程成本；它们不包含诸如设计、土地购买、搬迁以及监督等方面的代理成本。第五，利用本国的消费者价格指数将这些成本转化为 2000 年的价值，随后借助 2000 年的汇率将成本转换为美元。③ 将单位成本转化为相同的参考年份以及同样的货币，这对于不同工程之间的比较是十分关键的。

表 1　中低收入国家完整的 ROCKS 数据库

	项目数量（个）	占比（%）
低收入	780	23.48
较低的中等收入	1352	40.70
较高的中等收入	1190	35.82
总　　计	3322	100

注：基于世界发展指数 2012 年的收入分类。
资料来源：ROCKS 数据和世界发展指数 2012 年的数据。

单位成本被用于项目或者标段；一个项目是一个债务的组成部分或者多个道路标段组合的部分。在这两种情况中，我们拥有关于项目名称的信

---

① 比如，国家、日期、项目或来源名称、货币、单位成本、工程类型和成本类型。
② 高度推荐的数据包括主导型的工程活动、总成本、长度和持续时间、车道宽度以及地形类型。可选数据包括投标者的数量、单个标书的价值以及沥青混凝土道路和硅酸盐水泥混凝土道路的单位成本。
③ 由于数据库并未包含 2004 年之后的消费者价格指数和汇率，我们使用官方汇率重新计算所有的转换并且消费者价格指数来源于世界发展指数 2012 年的数据。不由美元计算的工程将首先被转换为 2000 年的基准，随后再被转换为美元记价的。由美元计算的工程将借助美国的消费者价格指数转换为 2000 年的基准。在数据库中提供的成本十分相近，93%（91%）的每千米（平方米）成本处于提供的原始数据的 2% 以内。阿塞拜疆、加纳和委内瑞拉在 2000 年之后，对其货币进行贬值，因此对于这些国家，我们使用在数据库中提供的单位成本。

息，而项目或道路标段也是这一项目的组成部分。考虑到为了开展数据搜集工作使用到了一系列报告，44%的输入值都是估算的成本，27%的输入值是合同成本，而29%则是实际成本。[①] 这些不同来源的单位成本通常在很大程度上有所不同，因此关于这些来源的辨识对于比较单位成本而言十分关键。单个的道路工程活动同样也是较大道路工程的组成部分。考虑到同一项目可能存在若干类型的成本这一事实，以及同一项目中若干不同类型的工程活动，我们将各国的标准误差聚集起来，以对相同国家内成本进行关联。附录表 S.2 展示了维护和开发活动中若干工程类型和活动类型成本的平均数、中位数、最大值和最小值。最为昂贵的开发工程类型是一个新的六车道高速公路，接着是一条四车道高速公路。而维护工程中最为昂贵的工程类型是加固后的混凝土道路修复。

表 2 展示了一个精确定义的工程活动平均单位成本的范围：1996~1998 年，厚度为 40~59 毫米的沥青道路层，以及 2006~2008 年每千米道路的美元单位成本。我们对时间窗口进行限制，以避免将单位成本中的差异与投入价格的变化混合，从而可能对经济产生不同的影响。令人印象深刻的是，即便对于定义十分狭窄的时间窗口和工程活动，在 3~4 个因素的单位成本范围内也存在差异。使用这些单位成本，1997 年，在多米尼加共和国，一段长度为 100 千米的沥青道路耗资 330 万美元；而 1996 年，在坦桑尼亚，相同规格的道路耗资 1100 万美元；1998 年，在巴基斯坦，相同规格的道路耗资 1050 万美元。存在两个异质性的来源。第一，在一项精确定义的工程活动中，在较短的时间窗口内，每平方千米的成本是可比的，人们可能会认为不同的路宽可能会导致更高的单位成本。当我们使用 1996~1998 年每平方米单位成本时，排名几乎没有受到影响。[②] 第二，我们在此聚集了诸多成本的来源，因此这些成本可以是估算的，通过合同确定的，也可以是实际的成本。然而，3~4 个因素单位成本中的差异不太可能

[①] 对于某些项目，数据库包含所有三种类别的成本。我们将所有可用的成本数据纳入。
[②] 2006~2008 年，每平方米的成本有很多缺失值，所以我们仅仅使用早期工程活动的单位成本。

仅仅由于数据来源的差异。① 在这些不同的成本类型里，我们没有对于精确的工程活动的足够的观察值，以单独展示各国之间的差异。为了将各种成本类型中的系统性差异考虑在内，在回归中排除了成本类型效应的差距之后，我们还对比了建设项目的成本。国家序列以及单位成本的范围大体上保持了不变。

表2　厚度为40～59毫米沥青道路的单位成本

国　家	每千米的成本（单位：1000美元）	数量	年份	国　家	每千米的成本（单位：1000美元）	数量	年份
1996～1998年的工程活动							
多米尼加共和国	33.5	1	1997	阿根廷	69.7	1	1997
加　纳	42.9	5	1998	巴　西	74.4	1	1998
立陶宛	44.4	1	1996	阿根廷	74.9	1	1996
印度尼西亚	48.5	1	1996	喀麦隆	76.8	4	1997
立陶宛	49.7	1	1998	孟加拉国	79.1	26	1998
墨西哥	50.7	1	1997	越　南	79.6	2	1998
加　纳	52.7	1	1996	孟加拉国	83.6	1	1997
哥斯达黎加	57.9	1	1996	巴拿马	84.1	1	1997
亚美尼亚	60.7	1	1997	尼日利亚	95.1	1	1997
巴　西	62.5	2	1996	萨尔瓦多	102.2	1	1998
玻利维亚	67.4	1	1997	巴基斯坦	105.0	1	1997
印　度	68.1	3	1997	坦桑尼亚	111.7	1	1996
2005～2007年的工程活动							
巴拉圭	31.2	1	2005	博茨瓦纳	68.0	1	2006
印　度	35.9	2	2006	尼日利亚	73.0	1	2007

---

① 弗林夫伯格等人（Flyvbjerg et al., 2003）发现在欧洲和北美平均有20%的工程成本超出预算；阿历克斯瓦等人（Alexeeva et al., 2008）发现刚果共和国、马拉维、坦桑尼亚、莫桑比克、加纳和尼日利亚平均超出预算的范围为12.05%～39.72%；阿历克斯瓦等人（Alexeeva et al., 2011）发现格鲁吉亚、塞尔维亚、爱沙尼亚、亚美尼亚、马其顿、阿尔巴尼亚、阿塞拜疆和哈萨克斯坦超出预算的范围为6%～47%。

续表

国家	每千米的成本（单位：1000美元）	数量	年份	国家	每千米的成本（单位：1000美元）	数量	年份
保加利亚	40.7	1	2006	阿根廷	76.2	3	2006
厄瓜多尔	41.6	1	2005	格鲁吉亚	82.6	1	2006
印度	45.6	1	2005	巴西	82.9	2	2005
布基纳法索	48.0	1	2007	格鲁吉亚	84.9	1	2005
巴西	55.2	3	2006	越南	85.4	1	2005
巴西	58.2	1	2007	马其顿共和国	85.7	1	2007
泰国	59.5	1	2005	卢旺达	90.6	1	2006
菲律宾	60.8	1	2006	菲律宾	94.8	1	2005
波斯尼亚和黑塞哥维那	61.9	2	2006	智利	98.9	1	2006
尼泊尔	63.1	1	2006				

注：厚度为40~59毫米沥青道路的每千米成本；所有的成本都以2000年的美元价值计算；数字指代在特定国家内开展工程活动的数量。

资料来源：ROCKS数据。

表3列出了我们使用的ROCKS数据库中的变量，以及我们编纂的主要的补充变量。附录表S.3展示了描述性的统计数据。[①]

表3 主要数据和来源的描述

变量	描述	来源
成本的对数	特定道路工程活动的单位成本的对数（1984~2008年）	ROCKS数据集，世界银行
估算	=1，如果是估算成本	ROCKS数据集，世界银行
合同	=1，如果是合同成本	ROCKS数据集，世界银行

[①] 在建设项目的年份中，有些变量无法获得，因此我们在下列情况中进行区分：第一，如果变量仅仅在某一时间点是可得的，我们将该变量值与建筑项目匹配；第二，如果变量至少在两年内可用，我们将对下列三种情况进行区分：（1）建设工程开展前一年，变量可用，那么我们使用可用年份第一年的数据；（2）当建设项目在解释性变量被记录的最后一次发生时，我们使用最后一次可用观测的值；（3）如果建设工程发生在前后都有数据点的年份，我们将这些解释性数据线性插入。

续表

变量	描述	来源
实际	=1，如果是实际成本	ROCKS 数据集，世界银行
平坦	=1，如果地形平坦	ROCKS 数据集，世界银行
多丘陵	=1，如果地形多丘陵	ROCKS 数据集，世界银行
多山	=1，如果地形多山	ROCKS 数据集，世界银行
起伏	=1，如果地形起伏	ROCKS 数据集，世界银行
外国企业或合资企业	=1，如果工程由外国企业或合资企业实施	ROCKS 数据集，世界银行
世界银行	=1，如果工程是由世界银行出资	ROCKS 数据集，世界银行
双边捐赠者	=1，如果工程活动由双边捐赠者出资	ROCKS 数据集，世界银行
崎岖指数	地形崎岖指数的对数，代表国家平均崎岖指数，每百米内的海拔差异	纳恩和普加（Nunn and Puga, 2012）
与最近不冻港距离的对数	与最近不冻港距离的对数（以 1000 千米为单位）	纳恩和普加（2012）
降水量	以 100 毫米为单位的年降水量的对数，2000～2008 年	戴尔等人（Dell et al., 2012）
人口密度	人口密度（以每平方千米 100 人为单位），1960～2012 年	世界发展指数
地面区域的对数	地面区域的对数（以 1000 平方公里为单位）	世界发展指数
国内生产总值的对数	人均国内生产总值的对数（1984～2008 年），折合为 2000 年美元价值	世界发展指数
武装冲突数据	=1，如果国家处于冲突状态	武装冲突数据集
世界治理指数衡量的不稳定程度	世界治理指数衡量的政治不稳定和暴力指数（1996～2012 年），重新定义为：-1.26（最低），2.21（最高）	世界治理指数
透明国际衡量的腐败程度	透明国际衡量的腐败指数，2008 年调查，重新调整为 0.1（最低腐败程度），5.6（最高腐败程度）	透明国际

续表

变　量	描　述	来　源
世界治理指数衡量的腐败程度	世界治理指数衡量的腐败指数（1996~2012年），重新定义为：-1.45（最低腐败程度），1.6（最高腐败程度）	世界治理指数
公共投资管理能力	公共投资管理能力指数，2011年，衡量标准从0（最低）至4（最高）	达布拉—诺瑞斯等人（Dabla-Norris et al., 2012）
商业开展合同的对数	执行合同需要的天数，来源于《商业开展指数》2007年	商业开展指数

资料来源：在表中概括的数据集。

对用于实证文献中腐败和冲突的衡量将根据主观的衡量标准而产生变化，这建立在工作于私人和公共领域的个体的看法上。为了测试结果对于使用的特定衡量标准是否敏感，我们使用三种来源的衡量标准。如果我们发现这一模式在各种指标中都是稳健的，那么我们对于结果反映了特定模式的分析更加具备信心。

第一，对于冲突，我们最为直接的衡量标准来自 UCDP/PRIO 武装冲突数据集的4-2012版本，该数据集由乌普萨拉冲突数据项目（UCDP）以及位于奥斯陆的国际和平研究所（PRIO）发布。[①] 建议读者参考戈尔迪茨等人（Gleditsch et al., 2002）、特梅内和沃尔斯坦（Themner and Wallensteen, 2012）以及"数据集代码本"以获取详细信息。[②] 我们遵循米谷尔等人（Miguel et al., 2004）的建议，关注政府和带有或者不带有外部干预的内部集团之间的国内武装冲突，这种类型的冲突占到了本数据库记录冲突的85.5%。如果某个国家在某一年发生冲突，并且道路工程也是在同样的年份开展的，那么我们将项目定义为在冲突状态下开展；在冲突之后，该国不大可能完全进入稳定状态，因此我们还创造了一个变量，以在

[①] 其他的潜在冲突数据集是战争数据关联。由于透明性和持续性，以及死亡的高门槛的担忧（Miguel et al., 2004），我们偏向于武装冲突数据集（ACD）。

[②] UCDP 将冲突确定为"冲突性的不和谐，使得政府和/或地区内两派之间使用武力，其中至少一派为政府，导致至少25人因为战斗而死亡"。

冲突结束后 5 年内，或者直到该国家冲突再起时，将该国定义为处于冲突后状态。在我们的数据记录的国家中，有 187 个冲突和冲突后时期。

第二，我们使用世界治理指数中的数据，该数据库以来自家庭和公司调查、商业业务信息提供者、非政府组织以及公共机构的数据为基础。数据中的六个指标表明了 1996 年以来，200 个国家在不同事务方面的治理情况。我们将"腐败控制"以及"政治稳定性和没有暴力/恐怖主义"作为变量使用。① 这些指标的衡量范围为 −2.5 ~ 2.5，较高的数字反映的是较低的腐败程度和较低的政治不稳定程度。我们用（−1）乘以变量，并将这些变量重新命名为"腐败"和"政治不稳定"，因此较高的数字反映的是较高的腐败程度和政治不稳定性。

第三，我们使用了透明国际 2008 年腐败感知指标，对相关国家进行 0 ~ 10 的打分，其中 0 等同于可感知腐败的最高程度，而 10 分则等同于可感知腐败的最低程度。我们重新调整变量，因此 10 表示腐败的最高程度。格拉芙·兰博斯多夫（Graf Lambsdorff, 2005），以及汤姆逊和沙阿（Thompson and Shah, 2005）重点强调，腐败感知指标对于各国之间的跨时间比较不大适宜，其原因在于方法的变化，以及数据来源的变化。我们之所以使用 2008 年的数据，是因为该年首次覆盖了最多数目的国家。我们还对 1998 ~ 2011 年的指数进行了整合，我们的结果对于使用早些年（1998 ~ 2007 年）的指标以及晚些年的指标（2009 ~ 2012 年）是稳健的。②

世界治理指数中的政治不稳定指数和武装冲突数据集中的虚拟变量之间的相关系数为 0.58，而透明国际腐败衡量标准以及世界治理指数腐败衡

---

① 对于腐败变量衡量标准"运用公共权力获得私人利益程度的看法，包括小规模和大规模的腐败，以及通过精英和私人利益'获取'的状态"，以及变化的政治稳定性和缺乏暴力/恐怖主义反映了"政府将会不稳定或者被违反宪法的暴力的手段推翻的可能性的看法，包括政治动因的暴力和恐怖主义"（Kaufman et al., 2010）。

② 由于国家和时间的覆盖范围，一个基于感知的机构数据的流行来源是国际危机研究组（ICRG）[例如：阿森纳和韦德（Alesina and Weder, 2002）；费希曼和米谷尔（Fishman and Miguel, 2007）；阿哈姆德（Ahmed, 2013）；斯文森（Svensson, 2005）；魏（Wei, 2000）]。由于特里斯曼（Treisman, 2007）强调的存有疑问的打分，以及 ICRG 的衡量标准反映了与腐败相关的政治风险，而不是国家层面的腐败，所以我们并不把这种衡量标准包括在内。ICRG 网站并未提供关于这种分数是如何建立的信息。

量标准之间的相关系数是 0.81。在 1% 的水平上显著,这两种关联都是很明显的。对于实证研究而言,我们对两个世界治理指数衡量标准创造了滞后三年的平均数。

三 估计和识别

为了获得可估算的等式,我们取等式(2)的对数,将平均成本 $C(w_1, w_2, q)/q$ 重写为 c,并指代 $\delta/(\alpha+\beta) = \gamma$,$(1-(\alpha+\beta))/(\alpha+\beta) = \varphi_1$,$\alpha/(\alpha+\beta) = \varphi_2$,$\beta/(\alpha+\beta) = \varphi_3$,添加一个误差项,还有工程活动、时间和地区的固定效应,以及工程活动、工程类型、国家和时间的所有下标。因此,我们得到:

$$\ln c_{apit} = \gamma A_{it} + \ln\theta + \varphi_1 \ln q_{apit} + \varphi_2 \ln w_{1apit} + \varphi_3 \ln w_{2apit}$$
$$+ \kappa_{apit} + \tau_t + \xi_{pt} + \rho_{ap} + \varepsilon_{apit} \tag{3}$$

对于工程活动而言,$a = 1, \cdots, A$;对于工程类型而言,$p = 1, \cdots, P$;对于国家而言,$i = 1, \cdots, N$;并且对于时间而言,$t = 1, \cdots, T$。其中 c 是每千米的成本,q 是如果道路长度超过 50 千米,就是等于 1 的虚拟变量;我们没有关于每一个建筑项目劳动力和资本的成本数据。我们选取控制变量作为要素价格决定的代理变量,而不是对技术参数进行估算。资本的成本将会是市场准入的一个函数,因此我们将与最近的不冻港的距离作为资本和设备价格的一个衡量标准,这种方法来源于纳恩和普加(Nunn and Puga, 2012)。对于大约一半的道路工程活动而言,我们知道道路工程开展所在地的地形是否平坦的、多山的、多丘陵的,抑或是起伏的。我们将这些纳入其中,并将其作为虚拟变量,还额外地将国家层次的地形衡量标准纳入其中,以考虑在地形更加崎岖的地区所需要投入的更高成本。由于在降水量较高的国家中,单位成本可能会更高,所以我们将后三年平均的降水量也纳入其中。随后,我们还加入了人均国内生产总值的对数,以将其作为劳动力和资本价格的代理变量。我们认为同期的国内生产总值可能会导致严重的内生性问题,因此我们选择使用 1985 年以来的国内生产总值。我们将自己的腐败和冲突衡量标准作为代理 A 使用,并纳入两个虚拟变量,以指代那些样本中高于政治不稳定中位数或腐败中位数水平的国家。① 由于注意到道路工程合同的评估需要大量的时间以开展协商工作,因此我们将时间可变的国家层次控制变量滞后 1 年期。

为了将单位成本来源、采购、出资机构以及合同类型的差异考虑在内,我们将 κ_{apit} 作为虚拟变量的向量,以获取成本是估算的还是合同成本的信息,并设定基本类型为实际成本,设定出资机构(世界银行、双边捐赠者、政府或其他捐赠者),以及该工程是由国际企业还是合资企业来开展的。所有的模型都包含工程活动固定效应,以对工程项目中的系统差异进行控制;包含年份固定效应,从而对全球建筑产业的趋势进行考量;包含工程类型与五年期虚拟变量的交互项,以考量对不同工程类型的成本演变的差异;还包含地区固定效应和误差项。② 对于某些国家的部分解释变量,我们遗失了一些数值。在这种情况下,我们遵循了一定的程序,而这种程序就是由格林(2003:60)所展示的修正的零阶回归。在这种零阶回归中,如果某个变量的值是缺失的,我们对应加入一个值为 1 的虚拟变量并且用 0 替换缺失值。对于遗失的虚拟变量的系数,我们并不感兴趣,所以当我们对结果进行探讨时,我们并没有对他们进行报告。③

为了对纳入其中的变量的估计系数解读为因果关系,我们要求 $E(\varepsilon_{apit} | X_{apit})$,其中,$X_{apit}$ 指代所有被包含在内的控制变量的向量。这是一种限制性的假设。从单位成本到控制变量,存在反向因果关系的可能性并不大,但是遗漏的变量可能会使得我们的参数估计出现偏误。遗憾的是,许多控制变量是时间不变的,因此我们并没有足够的随时间变化的变动将国家固定效应包含在内,来考量非时变未被观测到的特性,并且依然精确地估计出随时间变化变量的系数。参数估算因此应当被解读为统计学上的关联,

---

① 我们取特定样本中国家年份观测值的中位数。
② 附录中的表 S.4 展示了工程类型虚拟变量(包含和排除国家层次控制变量)的系数。在下一部分对结果进行的讨论中,我们始终对工程固定效应进行控制,但并不会对各种不同类型的单位成本差异进行讨论,因为这并非本文的重点关注对象。
③ 附录 S.2 讨论了我们的结果对于不同遗漏变量处理方法的稳健性。

还包含高价值的观点。作为稳健性测试，我们还对包含国家固定效应的等式（3）进行了估算，以测算有大量的国内变化的道路工程活动特性是否仍然显著。

选择

我们是从两个维度对单位成本样本进行选择的。第一，附件表 S.1 表明，很明显道路工程活动的分布并不是每年每个国家合同的随机样本。事实是，正如在第二部分中提到的，数据聚类在试点国家周围，而其余的国家则是逐步被添加进来的。与那些负责数据库的人进行的交谈表明，在数据库中，从实施项目总体样本中的选择并没有遵循任何特定的模式，因此我们将其视为随机。为了获取将选择确定为试点国家的非时变未被观测的量，我们还纳入了一个虚拟变量，如果某个国家属于前两组试点国家，则虚拟变量等于 1。①

第二，我们仅仅观察那些已经实施的工程的成本，因此在潜在的道路工程中，我们遗漏了那些尚未启动的工程。② 考虑到在时间 =0 时一个项目的净现值为 $NPV_0 = -I_0 + (B_1 - C_1)/(1+r)^1 + \cdots + (B_T - C_T)/(1+r)^T$，出现在数据库中的项目必须拥有足够低的成本（最初成本 I_0，以及维护成本 C）或者足够高的利润 B，因此，我们观测到了反应变量的截断值（那些带有高项目成本和低利润的项目）。我们可以检验由这种截断所带来的偏误。假定真实的模型是 $c = \beta_0 + \beta_1 x + u$，其中 c 是单位成本，β_0 是常数，β_1 是我们关注的系数，u 是误差项。对在两国国家内带有相同利益水平的一个项目进行考量。将 x 设定为腐败。假定腐败提高了成本，因此 $\beta_1 > 0$ 并且一个国家拥有高水平的腐败，而另外一个国家拥有低水平的腐败，而项目是在低腐败水平国家开展的，那么就无法在高腐败水平国家中产生足够高的净现值，因此，我们将带有高 x 和高 u 的项目排除在外。x

---

① 这些国家是亚美尼亚、孟加拉国、加纳、菲律宾、泰国、乌干达、越南和印度。
② 对于样本中我们有估算的或合同的成本信息的工程活动，我们没有关于它们是否完工的信息。

和 u 在截断的样本中存在着负面的关联，OLS 对于 β_1 的估算也是向下偏误的（偏向 0），低估了腐败对于单位成本的影响，[①] 因此，我们的估算可以被视为保守的。如果项目的收益是受到改善道路影响的个体的函数，并且阻塞的成本很重要，那么我们将期待交通基础设施的收益在人口稠密的区域会更高一些，因此即便成本要高于另外一个类似的项目，这些项目也将更有可能被选中。遗憾的是，我们没有关于那些未被实施项目的信息，因此，我们对人口密度进行控制，以对测量的选择进行考量。

四 实证结果和讨论

我们首先通过对等式（3）中的主要结果进行展示，包括我们对于冲突的衡量，以及处理腐败的问题。由于冲突和腐败之间的关联，我们最初将对这些变量进行分别考察。随后，我们将通过把国家固定效应纳入其中，通过使用其他的函数类型和因变量，以及利用不同的方式对缺失值进行处理，对我们结果的稳健性进行考察。下一步，我们对遗漏变量偏误来源进行讨论，并将商业环境和缔结合同过程中政府能力的代理变量纳入其中。最后，我们还对来自941个道路项目活动中的一些地理和规模变量提供更多的证据。

表4展示了暴力冲突及其后果和单位成本之间存在着稳健且显著的关联。处于冲突状态的国家的单位成本要高出30%。虽然冲突后虚拟变量的系数为正，但并没有显著异于0。当我们使用来自世界治理指数中关于政治不稳定衡量标准时，我们发现了在政治不稳定的国家中，存在较高成本的证据（其中我们使用了连续的标准以及一个衡量标准是否高于样本中位

[①] 类似地，假定 x 是地形平坦度的衡量标准，因此较高的值就对应地形较为平坦的地区，而较低的值就对应多山的地区。由于在平坦的地区建设道路成本较低，所以 $\beta_1 < 0$。再次考虑在平坦和多山国家中产生相同收益水平的工程。根据上述逻辑，产生相同收益的项目很有可能是发生在平坦的地区（高 x），我们也倾向于省略掉那些在多山地区的项目，因此 x 和 u 将在截断样本中产生正向关联。而 β_1 的 OLS 估算也将向上偏差，再次倾向于 0。在这种情况中，我们可能会低估平坦地区成本削减的效应。

数的虚拟变量)。高于样本政治不稳定因素中位数的国家通常承担的成本要高出15%。对于将人均国内生产总值排除在外,或者对当前的人均国内生产总值实施控制,系数的规模和显著性都是稳健的。[①] 估算的效应似乎与本姆加以及利米(2011)的发现一致,他们发现将安全事故减半可能会使得采购成本和成本超支分别下降10%和15%。

表4 冲突

	武装冲突数据集(1)	世界治理指数(2)	世界治理指数,高于中位数(3)
武装冲突数据集衡量的冲突	0.307 *** (0.06)	—	—
武装冲突数据集衡量的后冲突	0.057 (0.057)	—	—
世界治理指数衡量的不稳定状态	—	0.106 *** (0.045)	—
世界治理指数衡量的不稳定状态 > 中位数	—	—	0.15 ** (0.059)
崎岖度的对数	0.065 ** (0.027)	0.098 *** (0.033)	0.099 *** (0.032)
降水量的对数	-0.107 * (0.063)	-0.105 (0.068)	-0.107 (0.069)
与海岸距离的对数	-0.016 (0.039)	-0.040 (0.043)	-0.044 (0.042)
人口密度	0.11 *** (0.016)	0.088 *** (0.016)	0.082 *** (0.015)
地面区域的对数	0.047 ** (0.019)	0.062 *** (0.02)	0.072 *** (0.018)
长度大于50千米	-0.128 *** (0.041)	-0.107 ** (0.044)	-0.113 *** (0.043)

---

① 可根据请求提供结果。

续表

	武装冲突数据集（1）	世界治理指数（2）	世界治理指数，高于中位数（3）
估算	-0.011 (0.055)	0.016 (0.058)	-0.017 (0.057)
合同	-0.062 (0.074)	-0.050 (0.073)	-0.064 (0.072)
人均国内生产总值的对数（1985）	-0.024 (0.043)	-0.027 (0.044)	-0.044 (0.042)
外国企业或者合资企业	0.242** (0.12)	0.277** (0.122)	0.264** (0.123)
世界银行	0.007 (0.097)	0.028 (0.096)	0.007 (0.093)
双边捐赠者	0.191 (0.138)	0.196 (0.141)	0.18 (0.138)
观测值	3322	3322	3322
R^2	0.899	0.898	0.898

注：因变量是每公里成本的对数；所有的模型控制了工程固定效应、年份固定效应、一个工程类型与五年期固定效应之间的交互项、地区固定效应；基准类型是实际成本；稳健标准差在括号内，聚类在国家层次上；*，**，***分别指代在10%，5%和1%水平上的显著性。

资料来源：笔者基于本文中描述的数据开展的分析。

某个国家内的地形崎岖程度、地面区域以及人口密度与单位成本显著且正向关联。在一个地形更加崎岖的国家内建设道路将涉及较高的建设单位成本和维护单位成本。表4第（1）列表明，国家地形崎岖程度每上升1%，那么单位成本就将高出0.07%。地面区域与到最近的不冻港的距离高度关联，因此当我们将地面区域纳入时，我们无法对与最近的不冻港的距离系数进行精确计算。地面区域的正系数极有可能包含被陆地包围的效应，从而导致更高的运输成本，以及在较大的国家内建设和维护道路涉及较高的组织成本这个事实。人口密度同样也与单位成本正向且显著关联，这意味着人口密度在每平方公里上每增加100人将导致单位成本上升大约10%。一个可能的原因就是，如果人口密度很高，那么拥有道路的价值也就相对较高，在成本和收益分析中，道路建设的理由也就更加充分。另外一种解释就是，价格水平和工资在城市中相对较高，这也反映在最终的成本之中。①

最后，我们将探讨工程特定的控制变量。估算存在着显著的规模经济。当道路建设活动覆盖至少50千米时，单位成本将降低10%~12%。这与AFRICON（2008）的估算相近，他们发现相对于道路长度超过50千米的合同，中位数单位成本要低15%~20%。没有证据表明估计的和合同的成本与实际的成本不同。②由外国公司和合资企业开展的工程活动，与当地企业相比，成本要平均高出24%~28%。这反映了竞争的缺失：在一个当地企业无法竞争的环境中，外国企业拥有市场力量并且能够收取更高的价格。③我们没有找到证据表明，那些由世界银行或双边捐赠者资助的工程比那些由政府自己出资修建的工程价格更高。

我们现在转向表5中的腐败。表5中的格局与来自透明国际和全球治理指数中的腐败变量保持了一致。我们发现，透明国际衡量的腐败与单位成本显著关联，因此在一个10分的刻度系统中，腐败程度每上升1分，就将导致成本上升大约7%。全球治理指数衡量标准表明，将一个国家从腐败的75分位数上移动到腐败的25分位数上，涉及单位成本下降6.8%。

---

① 进一步的解释为，在城市地区，道路的标准要高一些，但这种差距在很大程度上被我们工程的固定效应所吸收。
② 遗憾的是，在大部分样本中，关于采购类型的数据被遗漏。对于我们拥有数据的单位成本，由国际具有竞争力的企业完成的采购项目占到所有情况的72%，国内具有竞争力的企业占到36%，而余下的工作则是通过单一的渠道选择完成的。我们还试图将等同于1的虚拟变量纳入。结果表明通过国际招投标程序完成的工程活动的成本要比国内竞标程序高出35%~38%（在5%的水平上显著）。阿历克斯瓦（Alexeeva，2008）发现，当对13个撒哈拉以南非洲国家的109个项目进行分析时，当地企业比国际企业拥有突出优势，而原因则有可能是较低的管理和人头成本。然而，当地企业在执行工程的过程中表现要差一些，存在着拖延工期和超出预算的情况。我们没有与工程实施相关的数据，因此我们也就不能用自己的数据对我们的发现进行验证。
③ 我们本应当将特定国家内建设工程的厚度衡量变量纳入。然而，遗憾的是，在过去20年中对于发展中国家建筑产业的研究几乎不存在（Ofori，2007；Ofori，2011）；因此，除了传闻证据和少数的国家级研究之外，人们很少知道建筑市场的运行、参与者数量以及当地企业与国有企业互动的信息。普遍的概念认为，市场是国内少数几个大企业的，这些企业可能是国有的，也可能是大量的小型企业（Kenny，2007）。

在那些腐败程度高于世界银行衡量标准的中位数国家中，单位成本平均高出 15%。① 当与表 4 中的系数和标准误差进行对比后，发现其他控制变量的效应是稳健的。

表 5 腐败

	透明国际（1）	世界治理指数（2）	世界治理指数，高于中位数（3）
透明国际衡量的腐败程度	0.072 *** (0.025)	—	—
世界治理指数衡量的腐败程度	—	0.111 *** (0.043)	—
世界治理指数衡量不稳定状态 > 中位数	—	—	0.154 *** (0.051)
崎岖度的对数	0.111 *** (0.035)	0.123 *** (0.033)	0.125 *** (0.032)
降水量的对数	-0.093 (0.07)	-0.081 (0.067)	-0.061 (0.07)
与海岸距离的对数	-0.057 (0.046)	-0.052 (0.044)	-0.051 (0.043)
人口密度	0.077 *** (0.017)	0.083 *** (0.016)	0.074 *** (0.017)
地面区域的对数	0.076 *** (0.02)	0.081 *** (0.02)	0.088 *** (0.02)
长度大于 50 千米	-0.103 ** (0.042)	-0.107 ** (0.043)	-0.110 ** (0.043)
估算	-0.023 (0.058)	-0.023 (0.058)	-0.011 (0.057)
合同	-0.060 (0.073)	-0.058 (0.073)	-0.054 (0.072)

---

① 我们还检验了在遭受冲突的或者腐败程度很高国家中估算的和合同的成本是否远远低于实际的成本，但我们没有找到任何关于此的证据。

续表

	透明国际（1）	世界治理指数（2）	世界治理指数,高于中位数（3）
人均国内生产总值的对数（1985）	-0.024 (0.044)	-0.025 (0.045)	-0.007 (0.046)
外国企业或者合资企业	0.247* (0.135)	0.282** (0.122)	0.28** (0.124)
世界银行	-0.005 (0.09)	0.005 (0.092)	-0.017 (0.093)
双边捐赠者	0.164 (0.137)	0.185 (0.138)	0.175 (0.136)
观测值	3322	3322	3322
R^2	0.898	0.897	0.898

注：因变量是每公里成本的对数；所有的模型控制了工程固定效应、年份固定效应、一个工程类型与五年期固定效应之间的交互项、地区固定效应；基准类型是实际成本；稳健标准差在括号内，聚类在国家层次上；*，**，***分别指代在10%、5%和1%水平上的显著性。

资料来源：笔者基于文本中描述的数据开展的分析。

附录中的表S.5表明，没有冲突和腐败控制的结果以及某些被遗漏的控制因素依然是重要的。试点国家的平均成本较低，但系数没有显著异于0。此外，这里还存在着较大的地区变动。在东亚地区、太平洋地区、拉丁美洲和加勒比海地区、中东地区和北非地区以及南亚地区的单位成本都显著低于撒哈拉以南非洲地区基准类别里的成本。参见第（1）列，成本差异的范围在49%（东亚地区和太平洋地区）~20%（拉丁美洲和加勒比海地区）。

可靠性

现在，我们就这些结果开展一系列的稳健性检验。首先，我们在表6中引入国家固定效应，以控制成本中未被观测到的不随时间变化的国家异质性。由于我们的大部分变量都是国家特定的，因此这是一项十分有限的检验。如考夫曼等人（Kaufmann et al.，2010）指出，在世界治理指数中的大部分国家，虽然时间推移，但这些指标具有很高的持久性，且指标都是由衡量标准的变化以及国家表现的变化而变化的。然而，由于道路工程活动和冲突的不同时间，我们在国家层次的变化上存在着冲突的变量，这些变量也不会受到衡量标准变化的影响。关于这些可以被测试的变量的系数则没有受到太大的影响。规模效应保持显著的、负向的、更高的幅度，并且很巧合地与 AFRICON（2008）的结果更加相近。冲突变量的系数保持显著的且正向的趋势，但在规模上略微小了一些，这也就意味着开展道路工程的国家在暴力冲突阶段的成本将高出 20%。

表 6 稳健性检验——固定效应

	固定效应 1（1）	固定效应 2（2）
估算	0.013 (0.059)	0.013 (0.058)
合同	-0.035 (0.077)	-0.034 (0.077)
长度大于 50 千米	-0.139 *** (0.041)	-0.139 *** (0.041)
武装冲突数据集衡量的冲突	—	0.195 * (0.116)
武装冲突数据集衡量的后冲突	—	0.069 (0.106)
外国企业或者合资企业	0.189 * (0.102)	0.186 * (0.103)
世界银行	-0.108 (0.096)	-0.104 (0.095)
双边捐赠者	0.081 (0.138)	0.081 (0.138)
观测值	3322	3322
R^2	0.909	0.909

注：因变量是每公里成本的对数；所有的模型控制了工程固定效应、年份固定效应、一个工程类型与五年期固定效应之间的交互项、地区固定效应；基准类型是实际成本；稳健标准差在括号内，聚类在国家层次上；*，**，*** 分别指代在 10%，5% 和 1% 水平上的显著性。

资料来源：笔者基于文本中描述的数据开展的分析。

其次，由于人口密度的显著性，我们还对一种说明进行了估算。在这一说明中，人口密度非参数化地输入（参见在线附录表 S.6 和 S.7）。为了对我们的第二项规模衡量的可靠性,以及工程活动的长度进行测试,我们也纳入了长度变量:长度低于20千米的合同(基准类型),长度在20~50千米的工程,长度在50~100千米的工程,以及长于100千米的工程(参见在线附录表S.8和S.9)。我们发现,将人口密度非参数化地纳入并不影响我们的结果,灵活加入的长度变量的系数表明,成本将随着合同的道路长度而下降,这正如我们所预料的。我们也估计了每平米成本,而非每千米成本的模型;我们使用世界治理指数衡量标准的不同滞后结构测试了较大的国家是否会推动冲突结果,并检验了遗漏数据处理的一系列方法。附录S.2更为详尽地探讨了这些稳健性检验。

公共投资管理和开展商业活动

确定冲突和腐败与更高的成本存在关联之后,可能会阻碍我们对于把系数估算解读为因果关系的主要担忧集中在遗漏变量的问题上。将人均国内生产总值包含在内的事实并不会改变结果,这表明冲突和腐败与单位存在关联,并不单单是通过收入的水平实现的。然而,冲突和腐败可能会与其他的未被观测到的变量存在关联。比如,冲突状态可能会削弱政府公共投资的管理能力,并且会使得商业环境恶化。因此,我们使用公共投资管理指数中的信息以及2007年商业开展指数的数据,以测试这两个维度是否能够解释更高的成本。我们使用了突出商业开展指数重要性的变量:启动商业活动、获取建筑许可、进出口、登记注册以及执行合同所需的时间。公共投资管理管理指数衡量等级从1到4,更高的值反映了更好的公共投资管理能力。如果我们的结果不受加入变量的影响,这就不会意味着一种因果关系,但它会削弱关于我们的冲突和腐败变量仅仅指代脆弱的商业环境和低下的政府能力的论断。

表7总结了使用透明国际对腐败的衡量标准和武装冲突数据集关于冲突的衡量标准,逐步添加若干控制变量的效应。[①] 第(3)列表明,当冲突变量和腐败变量被一同纳入时,它们都会在规模上下降,这意味着受到冲

---

① 在线附录表S.10和S.11分别展示了冲突和腐败的结果。

突影响的国家中成本较高的部分原因是这些国家的腐败程度较高；反之亦然。

表7 增量说明

	EQ1 (1)	EQ2 (2)	EQ3 (3)	EQ4 (4)	EQ5 (5)	EQ6 (6)
武装冲突数据集衡量的冲突	0.294*** (0.056)		0.278*** (0.053)	0.243*** (0.049)	0.288*** (0.055)	0.248*** (0.051)
透明国际衡量的腐败程度		0.072*** (0.025)	0.06*** (0.021)	0.053*** (0.02)	0.066*** (0.022)	0.058*** (0.021)
开展商业指数数据集启动商业的对数				0.048 (0.05)		0.058 (0.045)
开展商业指数数据集建筑许可的对数				0.013 (0.063)		-0.010 (0.065)
开展商业指数数据集进出口的对数				-0.043 (0.083)		-0.034 (0.08)
开展商业指数数据集登记注册的对数				0.032 (0.029)		0.025 (0.031)
开展商业指数数据集执行合同的对数				0.29*** (0.08)		0.319*** (0.087)
公共投资管理能力					0.012 (0.058)	-0.002 (0.066)
外国企业或者合资企业	0.247** (0.12)	0.247* (0.135)	0.216* (0.131)	0.182 (0.12)	0.232* (0.123)	0.201* (0.116)
世界银行	0.007 (0.096)	-0.005 (0.09)	-0.005 (0.096)	-0.017 (0.094)	-0.009 (0.094)	-0.028 (0.092)

续表

	EQ1 (1)	EQ2 (2)	EQ3 (3)	EQ4 (4)	EQ5 (5)	EQ6 (6)
双边捐赠	0.187 (0.137)	0.164 (0.137)	0.175 (0.137)	0.149 (0.132)	0.169 (0.137)	0.134 (0.131)
观测值 R^2	3322 0.899	3322 0.898	3322 0.9	3322 0.901	3322 0.9	3322 0.901

注：回归包括所有来自表3基准模型的控制变量（未展示）；因变量是每公里成本的对数；所有的模型控制了工程固定效应、年份固定效应、一个工程类型与五年期固定效应之间的交互项、地区固定效应；基准类型是实际成本；稳健标准差在括号内，聚类在国家层次上；*，**，***分别指代在10%，5%和1%层次上的显著性。

资料来源：笔者基于文本中描述的数据开展的分析。

成本和更多关于商业环境以及政府投资能力变量之间主要的显著关联是执行合同所需要的时间。如果执行合同的天数增长10%，那么它就与2.9%的单位成本上涨相关。将商业开展指数纳入，将使得单位成本和冲突变量之间的关联下降，并使得关于腐败变量的系数在很大程度上不会改变。关于公共投资管理指数的系数没有显著异于0，将其纳入也不会改变系数的规模和显著性。总之，第（6）列表明，在冲突国家中较高成本的部分原因是恶化的商业环境，但这也无法解释总体的效应。

对于地理和人口密度作用的更进一步考察

如上文指出，大多数解释变量都是在国家层次上被衡量的，在某些国家内，有些解释变量是不会随着时间的改变而改变的。涉及此类变量建设中的聚合明显地表明了数据中变化的缺失，这可能会导致误导性的结果。相比于那些变化较小的变量，如腐败，对于在诸多国家中出现较大变化的变量，比如人口密度和某些地理特点，这更加令人关注。为了考察我们是否能够获得关于单位成本和地理特点以及人口密度之间更为明确的结论，我们对更为分散的数据进行了单独的分析。具体而言，对于孟加拉国、埃塞俄比亚、加纳、印度、菲律宾和乌干达，我们共引用了941个道路项目，并将这些地理方面的数据与人口密度、降水量、崎岖程度、与人口超过10

万的最近城市之间的距离、与最近的港口之间的距离进行了匹配。① 附件表 S.3 提供了关于我们如何将道路工程与更多数据进行匹配的详细信息。关于这些变量的总结性统计数据被展示在附件表 S.14 中，使用这些非聚合数据而开展的单位成本回归获得的结果被展示在表 8 之中。

表 8　地理参照的公路

	EQ1 (1)	EQ2 (2)	EQ3CF (3)
武装冲突数据集衡量的冲突	0.311** (0.131)		
透明国际衡量的腐败程度		0.372*** (0.072)	
长度大于 50 千米	-0.135 (0.087)	-0.140* (0.084)	-0.192** (0.08)
人口密度	0.015** (0.006)	0.012*** (0.005)	0.005 (0.005)
崎岖度的对数	-0.019 (0.027)	0.014 (0.019)	0.019 (0.025)
降水量的对数	0.057 (0.111)	-0.212* (0.122)	0.162 (0.135)
与城市距离的对数	-0.002 (0.016)	0.00009 (0.014)	-0.004 (0.014)
与港口距离记录的对数	0.032 (0.02)	0.015 (0.021)	-0.038* (0.021)
估算	0.292*** (0.089)	0.362*** (0.085)	0.271*** (0.095)
合同	0.026 (0.049)	0.063 (0.049)	0.061 (0.056)
世界银行	-0.061 (0.097)	-0.260*** (0.097)	-0.509*** (0.131)
双边捐赠者	-0.106 (0.101)	-0.275*** (0.096)	-0.285*** (0.108)
观测	941	941	941
R^2	0.933	0.935	0.947

注：因变量是每公里成本的对数；所有的模型控制了工程固定效应、年份固定效应、一个工程类型与五年期固定效应之间的交互项、地区固定效应；基准类型是实际成本；稳健标准差在括号内，聚类在国家层次上；*，**，***分别指代在 10%，5% 和 1% 层次上的显著性。

资料来源：笔者基于文本中描述的数据开展的分析。

---

① 这些是带有极多工程的国家，我们也拥有关于这些国家的信息，维持了非洲和亚洲的地理平衡。对于匿名审稿人提出这样的方法我们表示由衷的感谢。

表8第（1）~（2）列展示了与表4和表5中基准模型说明类似的结果，唯一的差异就是使用了关于地理特性和人口密度的非聚合数据，以及估算是以较小的国家样本为基础。事实上，当我们使用关于地理和人口密度数据来衡量这些控制变量时，冲突和腐败结果更为强大。因此，没有证据表明，关于冲突和腐败的显著效应是一种由这些控制变量聚合所推动的人为效应。人口密度变量在统计学上显著，系数估计是正向的，但相对上文中的基准回归较小。地理变量和单位成本之间的关联比那些之前发现的数值普遍要小。降水量仅在第（2）列中10%的统计水平上显著。崎岖程度、与最近城市的距离，以及与港口的距离在统计学上不显著。在第（3）列，我们添加了国家—时间固定效应，因此由于共线性，腐败和冲突变量必须被排除在说明之外。这些结果仅仅在边际上发生了变化，意味着国家—时间层次的未观测量和剩余的回归元之间存在着较弱的关联。将固定效应包含在内意味着人口密度的估算系数将下降到0.005，并且在统计学上不再显著。地理变量大多都不显著。在表8中报告的所有三个说明中，表明道路是否长于50千米的虚拟变量的系数仍然为负，并且在第（3）列中统计学上高度显著。因此，道路建设中规模报酬递增的证据，对于国家—时间固定效应中未被观测到的异质性十分稳健。相对于之前的出资机构之间的系统性成本差异，我们获得了更加可靠的证据：相对于政府投资而言，世界银行和双边捐赠者的投资一般都与较低的单位成本存在关联。最后，我们获得了一些证据表明，估算的成本平均来说都要高于合同成本和实际成本，这取决于模型中的解释变量。这一点为何成立很难确定，正如我们在上文中看到的一样，没有任何结果能够解释所有的样本。

五 结论

本文展示了各国运输基础设施单位成本驱动因素的系统性分析。我们的分析得到了四个主要结论。第一，在中低收入国家中，对于可比较的道路工程而言存在着较大的差异。比如，沥青道路厚度为40~59毫米的国家之间的差异就相当于三到四个因素。第二，考虑了成本的环境因素，如地形崎岖度以及与市场的距离，剩余的单位成本在脆弱的国家中要高很多。处于冲突中的国家，单位成本要高30%以上。对于冲突和政治不稳定的不同衡量方法而言，这一结果都是稳健的。第三，腐败程度较高的国家中成本要更高。根据世界治理指数的衡量标准，样本中腐败程度高于中位数的国家的成本要高出15%。第四，在我们控制了国家公共投资管理能力和商业环境后，在腐败和冲突国家中企业索取的溢价仍然存在。

我们的结果对于诸如南苏丹和利比里亚等极端环境的开发政策具有重要意义。在南苏丹，道路网十分脆弱，而人口又高度分散，因此人们之间缺乏通联性，而通联性又是发展的前提条件。我们可以对道路进行投资或者通过鼓励人们迁移到村庄和城镇中来提高通联性。迄今为止，南苏丹政府选择了前一项战略。在利比里亚，经历长时间的战乱，因为安全方面的原因，人们从乡村地区迁移到了蒙罗维亚。因此，官方的开发政策鼓励人们重回乡村地区，提升人口的分散性，从而提高道路建设的需求。我们发现，在冲突和腐败的情况下，道路建设成本非常高，这两种情况都不能够用政策轻易地处理。根据我们的估算，对于一个处于冲突中、腐败程度高于样本中位数，以及商业环境低于样本中位数的非洲国家而言，道路建设成本几乎翻倍。在这种环境下，要么是捐助者接受道路预算将会格外高的现实，要么政府应当对于迅速的城镇化更加宽容。

参考文献

AFRICON. 2008. "Unit Costs of Infrastructure Projects in Sub-saharan Africa, Africa Infrastructure Country Diagnostic." Background Paper No. 11 (Phase I), Africa Infrastructure Country Diagnostic, The World Bank, Washington, DC.

Ahmed, F. Z. 2013. "Remittances Deteriorate Governance." *Review of Economics and Statistics* 95 (4): 1166-82.

Alesina, A. and B. Weder. 2002. "Do Corrupt Governments Receive Less Foreign Aid?" *The American Economic Review* 92 (4): 1126-37.

Alexeeva, V., C. Queiroz and S. Ishihara. 2008. "Monitoring Road Works Contracts and Unit Costs for Enhanced Governance in Sub-saharan Africa." Transport Paper 21, The World Bank, Washington, DC.

———. 2011. "Monitoring Road Works Contracts and Unit Costs for Enhanced Governance in Europe and Central Asia." Transport Paper 33, The World Bank, Washington, DC.

Bandiera, O., A. Prat and T. Valletti. 2009. "Active and Passive Waste in Government Spending: Evidence from a Policy Experiment." *The American Economic Review* 99 (4): 1278-308.

Banerjee, A., S. Mullainathan and R. Hanna. 2012. Corruption. NBER Working Paper No. 17968.

Benamghar, R. and A. Iimi. 2011). "Efficiency in Public Procurement in Rural Road Projects of Nepal." World Bank Policy Research Working Paper 5736.

Blattman, C. and E. Miguel. 2010. "Civil War." *Journal of Economic Literature* 48 (1), 3-57.

Board, S. 2011. "Relational Contracts and the Value of Loyalty." *American Economic Review* 101 (7): 3349.

Burgess, R., R. Jedwab, E. Miguel, A. Morjaria and G. Padr Miquel (2015). "The Value of

Democracy: Evidence from Road Building in Kenya." *American Economic Review* 105 (6): 1817-51.

Cameron, A. C. and P. K. Trivedi. 2005. *Microeconometrics: Methods and Applications.* Cambridge University Press.

Casaburi, L., R. Glennerster and T. Suri. 2013. "Rural Roads and Intermediated Trade: Regression Discontinuity Evidence from Sierra Leone. mimeo.

Center for International Earth Science Information Network - CIESIN - Columbia University, and Centro Internacional de Agricultura Tropical - CIAT. 2005 (2005). *Gridded Population of the World*, Version 3 (GPWv3): *Population Density Grid.* Palisades, NY: NASA Socioeconomic Data and Applications Center (SEDAC). http://dx.doi.org/10.7927/H4XK8CG2. Accessed September 2012.

Compte, O., A. Lambert-Mogiliansky, and T. Verdier. 2005. "Corruption and

Competition in Procurement Auctions." *Rand Journal of Economics* 36 (1): 1 −15.

Dabla −Norris, E., J. Brumby, A. Kyobe, Z. Mills and C. Papageorgiou. 2012. "Investing in Public Investment: An Index of Public Investment Efficiency." *Journal of Economic Growth* 17 (3): 235 −66.

Dell, M., B. F. Jones and B. A. Olken. 2012. "Temperature Shocks and Economic Growth: Evidence from the Last Half Century." *American Economic Journal: Macroeconomics* 4 (3): 66 −95.

DeLorme Publishing Company, Inc. (2014). World Cities. http: //www. arcgis. com/home/item. html?id =dfab3b294ab24961899b2a98e9e8cd3d. Accessed January 2015.

Dercon, S., D. O. Gilligan, J. Hoddinott and T. Woldehanna. 2009. "The Impact of Agricultural Extension and Roads on Poverty and Consumption Growth in Fifteen Ethiopian Villages." *American Journal of Agricultural Economics* 91 (4): 1007 −21.

Di Tella, R. and E. Schargrodsky. 2003. "The Role of Wages and Auditing During a Crackdown on Corruption in the City of Buenos Aires." *Journal of Law and Economics* 46 (1): 269 −92.

Donaldson, D. 2013. "Railroads of the Raj: Estimating the Impact of Transportation Infrastructure." *American Economic Review*. Forthcoming.

Estache, A. and A. Iimi. 2009. "Joint Bidding, Governance and Public Procurement Costs: A Case of Road Projects." *Annals of Public and Cooperative Economics* 80 (3): 393 −429.

———. 2010. "Bidder Asymmetry in Infrastructure Procurement: Are there any Fringe Bidders?" *Review of Industrial Organization* 36 (2): 163 −87.

Faber, B. 2014. "Trade Integration, Market Size and Industrialization: Evidence from China's National Trunk Highway System." *Review of Economic Studies* 81, 1046 −70.

Fisman, R. and E. Miguel. 2007. "Corruption, Norms, and Legal Enforcement: Evidence from
Diplomatic Parking Tickets." *Journal of Political Economy* 115 (6): 1020 −48.

Flyvbjerg, B., M. K. Skamris Holm and S. L. Buhl. 2003. "How Common and How Large are Cost Overruns in Transport Infrastructure Projects?" *Transport Reviews* 23 (1): 71 −88.

Gertler, P. J., M. Gonzalez −Navarro, T. Gracner, and A. D. Rothenberg. 2014. "The Role of Road Quality Investments on Economic Activity and Welfare: Evidence from

Indonesia's Highways. "

Gleditsch, N. , P. Wallensteen, M. Eriksson, M. Sollenberg and H. Strand. 2002. "Armed conflict 1946 −2001: A new dataset. " *Journal of peace research* 39 (5): 615 −37.

Graf Lambsdorff, J. 2005. "Determining Trends for Perceived Levels of Corruption. " Technical report, PassauerDiskussionspapiere V −38 −05: Volkswirtschaftliche Reihe.

Greene, W. H. 2003. *Econometric Analysis*, Volume 5. Upper Saddle River, NJ: Prentice Hall.

Harris, I. , P. Jones, T. Osborn and D. Lister. 2014. "Updated High −Resolution Grids of Monthly Climatic Observations −the CRU TS3. 10 Dataset. " *International Journal of Climatology* 34 (3): 623 −42.

Huysentruyt, M. 2011. "Development Aid by Contract: Outsourcing and Contractor Identity. " mimeo.

Hyytinen, A. , S. Lundberg and O. Toivanen. 2007. "Politics and Procurement: Evidence from Cleaning Contracts. " Discussion Paper No 233, Helsinki Center of Economic Research.

Jacoby, H. G. and B. Minten. 2009. "On Measuring the Benefits of Lower Transport Costs. " *Journal of Development Economics* 89 (1): 28 −38.

Kaufmann, D. , A. Kraay and M. Mastruzzi. 2010. "The Worldwide Governance Indicators: Methodology and Analytical Issues. " World Bank Policy Research Working Paper 5430.

Kenny, C. 2007. "Construction, Corruption and Developing Countries. " World Bank Policy Research Working Paper 4271.

———. 2009. "Measuring Corruption in Infrastructure: Evidence from Transition and Developing Countries. " *The Journal of Development Studies* 45 (3): 314 −32.

Krasnokutskaya, E. and K. Seim. 2011. "Bid Preference Programs and Participation in Highway Procurement Auctions. " *The American Economic Review* 101 (6): 2653 −86.

Lewis, G. and P. Bajari. 2011. "Procurement Contracting with Time Incentives: Theory and Evidence. " *The Quarterly Journal of Economics* 126 (3): 1173 −211.

Lewis −Faupel, S. , Y. Neggers, B. A. Olken and R. Pande. 2014. "Can Electronic Procurement Improve Infrastructure Provision? Evidence from Public Works in India and Indonesia." Nber working paper no. 20344, National Bureau of Economic Research.

Li, T. and X. Zheng. 2009. "Entry and Competition Effects in First－Price Auctions: Theory and Evidence from Procurement Auctions." *The Review of Economic Studies* 76 (4): 1397－429.

Limao, N. and A. J. Venables. 2001. "Infrastructure, Geographical Disadvantage, Transport Costs, and Trade." *The World Bank Economic Review* 15 (3): 451－79.

Miguel, E., S. Satyanath and E. Sergenti. 2004. "Economic Shocks and Civil Conflict: An Instrumental Variables Approach." *Journal of political Economy* 112 (4): 725－53.

Moavenzadeh, F. 1978. "Construction Industry in Developing Countries." *World Development* 6 (1): 97－116.

Mu, R. and D. van de Walle. 2011. "Rural Roads and Local Market Development in Vietnam." *The Journal of Development Studies* 47 (5): 709－34.

National Geospatial Intelligence Agency. 2015. World Port Index 2015. National Geospatial Intelligence Agency, Springfield, Virginia.

Nunn, N. and D. Puga. 2012. "Ruggedness: The Blessing of Bad Geography in Africa." *Review of Economics and Statistics* 94 (1): 20－36.

Ofori, G. 2007. "Construction in Developing Countries." *Construction Management and Economics* 25 (1): 1－6.

———. 2011. "The Construction Industries in Developing Countries: Strategic Review of the Book." In G. Ofori, ed., *New Perspectives on Construction in Developing Countries*. Routledge.

Olken, B. A. 2007. "Monitoring Corruption: Evidence from a Field Experiment in Indonesia." *Journal of Political Economy* 115 (2): 200－49.

Olken, B. A. and R. Pande. 2012. "Corruption in Developing Countries." *Annual Review of Economics* 4 (1): 479－509.

Pesendorfer, M. 2000. "A Study of Collusion in First－Price Auctions." *The Review of Economic Studies* 67 (3): 381－411.

Rebosio, M. and P. E. Wam. 2011. "Violent Conflict and the Road Sector: Points of Interaction." Technical report, The World Bank, Washington, DC.

Shiferaw, A., M. Soederbom, E. Siba and G. Alemu. 2012. "Road Networks and Enterprise Performance in Ethiopia: Evidence from the Road Sector Development Program."

IGCWorking Paper 12/0696.

Stifel, D., B. Minten and B. Koro. 2012. "Economic Benefits and Returns to Rural Feeder Roads:
Evidence from a Quasi-Experimental Setting in Ethiopia." *ESSP II Working Paper* 40.

Svensson, J. 2005. "Eight Questions about Corruption." *The Journal of Economic Perspectives* 19 (3): 19 −42.

Teravaninthorn, S. and G. Raballand. 2009. *Transport Prices and Costs in Africa: A Review of the Main International Corridors.* Volume 772. World Bank Publications, Washington, DC.

Themnér, L. and P. Wallensteen. 2012. "Armed conflicts, 1946 − 2011." *Journal of Peace Research* 49 (4): 565 −75.

Thompson, T. and A. Shah. 2005. "Transparency International's Corruption Perceptions Index: Whose Perceptions are they Anyway?" mimeo.

Tran, A. 2011. *Can Procurement Auctions Reduce Corruption? Evidence from the Internal Records of a Bribe-Paying Firm.* Cambridge, MA: Harvard University.

Transparency International. 2011. "Bribe Payer's Index 2011." Technical report, Transparency International.

Treisman, D. 2007. "What Have We Learned about the Causes of Corruption from Ten Years of Cross-national Empirical Research?" *Annual Review of Political Science* 10, 211 −44.

Wei, S.-J. 2000. "How Taxing is Corruption on International Investors?" *Review of Economics and Statistics* 82 (1): 1 −11.

World Bank. 2006. *Road Costs Knowledge System (ROCKS) Version 2.3 User's Guide.* Transport and Urban Development Department, The World Bank, Washington, DC.

———. 2011a. "Curbing Fraud, Corruption, and Collusion in the Roads Sector." Technical report, The World Bank, Washington, DC.

———. 2011b. *World development report* 2011: *Conflict, Security and Development.* The World Bank, Washington, DC.

Zitzewitz, E. 2012. "Forensic Economics." *Journal of Economic Literature* 50 (3): 731 −69.

延长义务教育是否有助于不同性别和农村/城镇居民受教育程度平等

姆拉特·G. 吉尔达（Murat G. Kirdar）

梅尔滕·代伊古鲁（Meltem Dayioǧlu）

伊斯梅特·科克（İsmet Koç）*

本研究考察了1997年土耳其将义务教育从5年延长至8年对教育结果的效应。该举措涉及对学校基础设施的大量投资，特别是借助土耳其人口统计学和健康调查对男女之间和城市与农村居民之间的教育平等进行研究。由于本政策也通过对教育层级的重新定义，改变了教育的仿袭皮效应（信号效应），因此它是特有的。由于该政策对义务教育后的教育存在较大的溢出效应，并具有突出的整体效应，因此该政策也是有趣的；比如，我们发现17岁之前农村女性教育完成的年限增加了1.5年。该政策在很大程度上实现了城市和农村儿童受教育程度的平等。在17岁的年龄层次上，男

---

* 姆拉特·G. 吉尔达（通讯作者）的地址是土耳其伊斯坦布尔博斯普鲁斯大学经济系，他的电子邮箱为 murat.kirdar@boun.eud.tr。梅尔滕·代伊古鲁的地址是土耳其安卡拉中东技术大学经济学系，他的电子邮箱为 dmeltem@metu.edu.tr。伊斯梅特·科克的地址是土耳其安卡拉哈斯特帕大学人口研究所，他的电子邮箱为 iskoc@hacettepe.edu.tr。笔者对土耳其科委员会奖学金的经济支援表示感谢。本文编辑、安德鲁·福斯特（Andrew foster）、三位匿名阅稿人提出的评论和建议在很大程度上改善了本文质量。对哈罗德·阿尔德曼（Harold Alderman）、保罗·格里夫（Paul Glewwe）、博斯普鲁斯大学研讨会的参与者，以及 Young Lives、ESPE 和 ERF 大会的参会者所提出的宝贵评论表示感谢。对艾莉夫·比尔斯德（Elif Birced）提供卓越的研究协助也一并表示感谢。本文适用于一般的免责声明。本文的补充附件请参看：http://wber.oxfordjournals.org。

延长义务教育是否有助于不同性别和农村/城镇居民受教育程度平等

性和女性受教育完整年限的城乡差距分别下降了0.5年和0.7~0.8年。然而，没有证据表明，该政策缩小了性别差异。相反，城镇地区在义务教育阶段后的性别差异却扩大了。JEL 代码：I21，I24，I28，J15，J16。

在许多发展中国家，受教育程度处于很低水平。2009年，在乍得和马达加斯加，坚持读到五年级孩子的比例低于40%，在安哥拉、埃塞俄比亚和卢旺达，读到五年级孩子的比例低于50%（世界银行，2013）。此外，性别和居住地所导致的受教育程度差异依然在全世界诸多地方存在。即便受教育平等化正在不断进步，但在诸多发展中国家，女性（受教育程度）依然落后于男性。[①] 例如，在也门、尼日尔、科特迪瓦、马里和巴基斯坦，小学的性别教育差异超过了10个百分点。在发展中世界的许多地区，城乡教育差异是另外一个现实。奥拉兹姆和金（Orazem and King，2008）报告称，在全球范围内，受教育的城乡差距甚至比性别差距更为严重。在土耳其，性别和城乡受教育差距（本文的研究背景）也十分突出。在本文中，我们分析土耳其在1997年将义务教育从5年延长至8年的举措对性别和城乡居民受教育程度的影响，以及这种教育改革是弥补了还是加深了这些人群的现有差异。受教育程度外的领域，比如劳动力市场和社会成果，不在本文研究范围内。本研究为受教育程度提高的结果分析奠定了基础。[②]

1997年改革后3年内，一年级至八年级的学生数量从900万增加到了1050万，这意味着相对于1997年前3年下降的1%变成上升了15%。其原因一是由于义务教育年限的增加（3年），二是由于该政策出台之前非义务教育较高的失学率。同样有意思的是，我们在后义务教育阶段也看到了较大的溢出效应。这些变化使得土耳其1997年义务教育改革成为有史以来对入学率影响最大的教育政策之一。

[①] 奥拉兹姆和金（2008）以及格兰特和贝拉曼（Grant and Behrrman，2010）报告了与女性受教育程度相关的极大改善。
[②] 参见吉尔达等人（Kirdar et Al.，2010）、埃德米尔和吉尔达（Aydemir and Kirdar，2013）、古乐茨和梅尔森（Gulesci and Meyersson，2013）、谷内斯（Gunes，2013），以及丁思尔（Dincer et al.，2014）等人，以获取在本文背景中受教育程度提升对于社会和劳动力市场的后续影响。

在一个发展中国家，义务教育发生如此巨变同样也引发了对政策实施和教育质量的担忧。然而，在土耳其，政府对学校基础设施投入了大量的资源，还招收了大批新教师以确保新修改的义务教育政策能够使更多的人受惠。在缺乏此类干预手段的情况下，如果入学率大幅度增加，那么教育质量可能会受到影响。无论如何，在我们所设定的背景中，教育质量的诸多基本指标，如学生与教室的比率以及学生与教师的比率变化并不明显。对教育基础设施的投资也就意味着我们在估计义务教育时限延长对教育水平的影响时同样也包含了这些干预措施。然而，在发展中国家，这是一些彼此相关的问题；如果不同时对基础设施进行相应的投资，保证每个学龄儿童都有座位，那么发展中国家义务教育的改变就无法被考虑。

在发展中国家，很少研究义务教育政策对教育成果的影响。一个例外是中国台湾在1968年的改革。此次改革将义务教育的时限从6年提高到9年。司普尔（Spohar，2003）发现改革的最初效应对女生要小一些，对男生要大一些。然而，在稍后的研究中，蔡等人（Tsai et al.，2009）认为得益于该政策，受教育程度的性别差异减少了。近期广受关注的另一项政策是中国1986年实施的义务教育改革。方等人（Fang et al.，2012）发现，相对于男生，该政策对女生的影响更加强烈，原因在于女生更有可能位于受到影响的边际。他们还报告了与城乡地位类似的效应。

全球若干研究表明，义务教育对诸多社会经济成果都存在有益的因果效应。[1] 虽然这些研究的大多数都是针对发达国家，但义务教育的好处在发展中国家可能会更大。其原因一是在发展中国家，人力资本稀缺；二是被迫去完成强制教育年限的学生不大可能从能力分布的低端上升，因为发展中国家有太低的录取率。

由于义务教育强制每个人（虽然并不完美）去完成最低层次的教育，因而提高了教育成果的平等性。此外，教育价格的降低——得益于教育基

---

[1] 它能够增加收入（Angrist and Krueger，1991），推动经济增长和改善代际收入分配（Eskstein and Zilcha，2002），并且改善教育水平（Oreopoulos，2006），改善下一代的健康水平（Chou，2010）；它还能降低工资的不平等（Brunello，2009）、减少犯罪（Lochner and Moretti，2004）以及改善少年儿童的身体状况（Black et al.，2008）

延长义务教育是否有助于不同性别和农村/城镇居民受教育程度平等

础设施中的大量投资——使女生相对于男生受益更多,也使乡村地区的孩子相对于城镇的孩子受益更多,其原因是教育需求的价格弹性对女生和乡村居民更高(Orazem and King, 2008)。性别和城乡居民教育成果的平等化突出了对女性教育投资的重要价值,如更好的儿童健康和教育以及下降的生育率。其他的研究表明,在欠发达地区对人力资本的投资(也就是在乡村地区提高教育水平)在效率方面也是有益的。[①]

土耳其义务教育政策的一个关键特点就是它通过重新定义获得特定文凭所需的基本教育年限改变了教育的仿裘皮效应[也就是教育的信号效应,斯彭思(Spence, 1973)]。在该政策出台之前,获得小学教育文凭需要5年的学校学习,而在该政策出台之后,获得小学教育文凭需要8年的学校学习。因此,完成5年和8年学校学习的仿裘皮效应将随着该政策而下降。由于相比女性,该效应对男性的重要性更高(原因在于女性在土耳其的劳动参与率很低);相比乡村,该效应在城镇的重要性也更高(原因在于乡村地区更高的自雇率),因此该效应可能会对该政策在教育性别差异和城乡居民差异平等化上产生一定的反向作用。

在我们的实证分析中,使用了2003年和2008年"土耳其人口统计和健康调查"数据,这在一定程度上具有国家代表性。我们数据集的关键特性是它包含了12岁儿童住所位置的信息,因此,我们就能对样本中适龄的孩子究竟是居住在乡村还是城镇进行区分。在确定性别和城乡居民所受到的政策影响时,我们对比受到政策影响的同世代与那些不在回归断层设计中的人,并允许受教育的时间趋势在断层前后有所不同。我们使用了若干次级样本(通过逐步获取断层周围较短的时间间隔来定义),以及取决于时间间隔长度的若干多项说明。

我们发现,该政策大幅度缩小了城乡儿童的受教育差异。在17岁的层次上,男性和女性受教育完整年份的城乡差异分别下降了0.5年和0.7~0.8年。然而,没有证据表明性别差距缩小是政策的结果。相反,我们发

[①] 弗雷希尔等人(Fleisher et al., 2010)发现在中国欠发达地区对于人力资本方面的投资将有更高的回报率。美嘉和圣皮埃尔(Mejia and St‐Pierre, 2008)表明,即便不存在财务压力,教育中的机会不平等依然将导致平均人力资本水平较低。

现在后义务教育阶段（九年级至十一年级）城镇地区的性别差异上升。该后义务教育阶段的发现与城镇地区男性居民较强的仿裘皮效应一致，这种效应来源于男女劳动参与率的较大差异。此发现还暗示通过提供免费的受教育机会而使受教育成本降低，对清除土耳其的性别差异并不够，尽管它对女性产生了较为强大的正面效应。学校可用性必须与其他政策合并使用，特别是那些针对女性清除性别差异的政策。

本文剩余部分结构如下。在第一部分，我们将对土耳其的教育体系以及新的义务教育政策进行解读；第二部分我们将讨论解读发现的概念框架；第三部分我们将呈现数据和描述性统计；第四部分我们将讨论验证方法和估算；第五部分我们将展示结果；第六部分我们作出结论。

一 土耳其教育体系和新的义务教育政策

1997年以前，土耳其的教育体系是一种5+3+3的结构，也就是5年的义务小学教育，3年的非义务初中教育，以及3年的非义务高中教育。土耳其的学校是男女混校的。1997年，在实施该政策不久前，第二阶段初中的净入学率，也就是非义务教育的第一阶段，仅为52%（世界银行，2013）。此外，教育中的性别差异和城乡差异依然很大。根据1998年"土耳其人口统计和健康调查"，在11~15岁的男孩中，79.4%的城市居民入学，而乡村中仅有67.1%的孩子入学。对于同等年龄的女孩而言，该差距更大：农村女孩入学率仅为38.3%，而城市女孩入学率为64.5%。

1997年，通过对《基础教育法案》的修正（1997年8月16日，第4306号），土耳其政府将义务教育的年限从5年提升至8年，具体做法就是将最初两级教育（小学和初中）纳入基础教育中。修正案短小简洁，要求所有的儿童，没有任何例外，完成8年义务教育。那些不遵循义务教育法的父母将被处以罚款，在极端情况下还会面临监禁。[①] 跟踪管理学生是

[①] 最初两次违反义务教育法，涉事家长只会受到金钱的处罚。第三次违反，涉事家长将面临更多的罚款以及被监禁的风险。在四次甚至更多次数的违反后，父母将会面临长达6个月的监禁。

教师的职责，也是当地管理机构的职责。然而，在该政策出台前后，不遵守规定的情况比比皆是。①

虽然延长义务教育时限并非新鲜事物，但在1997年夏天的实施却是政治驱动的。彼时，世俗政府通过延长义务教育抓住了遏制宗教教育的机会。② 土耳其国家教育部通过扩充现有学校中的班级数量来应对更多新学生涌入学校的现状，具体做法是通过巴士将乡村孩子运送到附近的学校，而对于居住在偏远乡村的孩子，则通过建设寄宿学校来解决他们上学难的问题。③ 土耳其国家教育部在公共投资预算中所占到的份额在1996年和1997年大约为15%，而在1998年则上涨到37.3%，并且直至2000年都保持在30%左右（参见补充附件表S1，http://wber.oxfordjournals.org/）。

改革之后，无论是在乡村还是城镇地区，基础教育（8年教育）学生数量都发生了巨大的变化（参见图S1）。由于在1996~1997学年，政策没有强制那些完成第五年学习的学生，而使得他们获得了小学教育文凭，但在1998~1999学年，六年级学生人口突然首次增长。从1997~1998学年到2000~2001学年，城市地区学生数量从675万增加至767万人，增长了13.7%，而之前3年的增长率为1.8%，在之后的3年，增长率为0.5%。同一时期，农村地区学生的数量从235万增长至280万人，相当于增长了20%，而3年前的学生数量则下降了7%，3年后的学生数量下降了1.4%（由于农村向城市迁徙）。

---

① 在未受到该政策影响的最小的出生世代之中，大约有10%的女孩和2%~3%的男孩未完成小学教育（2003~2008年"土耳其人口统计和健康调查"）。

② 这从两个渠道实现了他们的目标。首先，它通过将二级学校作为义务教育阶段，从而清理了较低的二级宗教学校。在这样的宗教学校中不仅教授宗教课程，还教授世俗课程。虽然伊斯兰宗教学校建立的最初目标是训练政府雇佣的伊玛目，但在这些学校中的学生可以继续接受世俗教育并且在大学中选取任何专业。在1996~1997学年，11.5%的男生和13.1%的女生选择进入了这样的学校。几乎所有这样的学校都位于城市地区；乡村儿童进入此类学校的比率不足1%。其次，新政策推迟了《古兰经》研究的招生，这仅仅涉及宗教教育，但也仅能在义务教育完成之后开展。

③ 在延长义务教育之前，城市地区二级学校的高出勤率已经可以证明，目前的教育硬件水平可以满足改革后的需求。例如，学校可以更有效地利用双班制来满足学生数量增加的需求，一些学生在上午上课，另外一些可以在下午上课。即使没有这种规划，合并小学和初中也许可能会提高现有的效率和能力。

有意思的是，不仅仅是义务教育的入学率，高中的入学率也受到农村和城市地区政策的有利影响（参见图S2）。农村地区高中学生数量从2000~2001学年的227万增长至2003~2004学年的288万，增长了27%，而之前3年的增长率仅为10.5%。请注意之前3年10.5%的增长率同样也受到该政策的影响，因为该期间是宣布该政策之后。在政策宣布之后3年，高中入学率的增长为3.5%。类似的是，农村地区高中学生数量的增长在2000~2001学年和2003~2004学年展现了一种更强的增长态势，而此时第一批被迫参加六年级学习的人也成长到了高中的年龄。

土耳其国家教育部在执行新政策时运用了两个关键的手段。一是借助巴士将乡村儿童运送到附近的学校，并且在基础教育阶段建设寄宿学校。根据新政策，被巴士运送到学校的儿童数量从1996~1997学年的127683人增长至1999~2000学年的621986人（见图S3）。该变化揭示了农村地区义务教育学生数量大变化的主要原因。根据该宏大的巴士运送计划，许多位于乡村地区不能提供一至八年级所需教育设施的小学校不得不关闭。

土耳其国家教育部在执行新政策过程中所使用的另外一项关键手段是建设男女混合的寄宿学校，这种学校包含所有（一到八）年级，并且是免费的。1996~1997学年，有34465名学生进入这些学校。2001~2002学年，有281609名学生进入这些学校（见图S4）。这些寄宿学校以及巴士运送计划，在很大程度上降低了农村地区六至八年级（新的义务教育年级）的教育成本，其原因是在该政策之前，在诸多农村地区是无法实现这些教育层次的，这也就意味着儿童不得不去最近的城镇或居住在城镇中以获得这些年级的课程学习。同时，该政策使得农村和城市地区的教室总体数量大幅度增加（见表S5）。此增长源于新学校的建设，包括寄宿学校，以及对现有学校的扩建。

最后，我们根据特有的标准对学校质量的变化以及学生人力资本的积累进行了考察，其原因是学校质量的下降可能会影响到入学率。在该政策实施之后的几年，学生与教室的比率有所上升（在这一政策之前，已经有了轻微的增长势头），自1997~1998学年的28.6增长到了1999~2000学年的31.2。然而，随着土耳其国家教育部投资的落实，此比率在2001~

2002学年下降到了28.3，并且一直保持下降趋势。这是因为，随着学生人数的增长，土耳其国家教育部可以调整教师的数量，以便使学生与教师的比率在政策实施后的前几年里保持在30左右，并在2000~2001年开始下降，在2002~2003学年下降到28以下。① 因此，该政策对教学质量没有产生显著影响。

二 概念框架

在一个优化教学投资决策的标准模型中，个体希望最大化其收入，而延长义务教育可能仅会降低个体的福利，这是因为义务教育的延长会限制其选择。然而，这里依然存在着诸多延长义务教育的推动因素。第一，由于财务方面的限制，特别是在发展中国家，个体可能会作出次优级的选择。但是，义务教育可以通过提供免费的教育，从而在一定程度上使人们避免作出次优级选择。② 第二，教育的正面外部效应还存在，而这是个人决策无法解释的。第三，在社会约束较强的国家内，通常存在着不同的文化和社会习俗，从而使得儿童的父母认为儿童受教育的成本上升，因此当父母和儿童的目标不吻合时，父母会为他们的孩子作出次优级选择。第四，在较为贫困的国家内，儿童及其父母可能会缺乏相关信息，会低估教育带来的收益。③ 最后，儿童可能会做出不理智的决定；比如，他们可能会相对短视，对当前受教育的成本给予太高的权重。导致次优教育选择的这些潜在因素里面，特别是财务方面的限制、机制方面的问题以及信息方面的问题，在农村地区可能会更加普遍。此外，性别效应可能会与农村地

---

① 教师数量从1997~1998年到2000~2001年大约增加了15%，可能意味着教师质量的下降。
② 如奥拉兹姆和金（Orazem and King, 2008）所指，在一个当地教育市场的模型中，供需两种因素都发挥作用，我们能够对义务教育的拓展进行解读，以及国家内所有儿童六至八年级的强制性教育进行保证，这是一种对于学校供应的全面补助。奥拉兹姆和金表明，这样的补助能够在一定程度上提升入学率，并降低教育的价格。
③ 无论是在发达国家还是在发展中国家，都存在着这样的证据。比如，多米尼兹等人（Dominitz et al., 2001）报告称，对于美国而言，学生期望教育的收益较大。詹森（Jensen, 2012）报告称，在多米尼加共和国，二级教育的收益通常比衡量的收益低得多。

域效应相结合，使得农村女孩的情况更加糟糕［参见吉尔达（Kirdar, 2009）关于土耳其背景中的证据］。因此，义务教育政策对女孩以及农村居民可能特别有效。

为了理解土耳其新义务教育政策如何对12岁的男生和女生以及城乡学生的受教育差异产生影响，我们首先需要了解这些差异在受教育结果中的原因。为此，我们首先制定一个关于个人最优受教育时间决策的模型。随后，在这种模型中，我们将讨论新的义务教育政策如何影响成本和收益。

理解性别因素和城乡居民因素导致受教育程度的差异

学生受教育时间的长度受未来更好的挣钱能力与当前教育的间接成本影响。根据人力资本理论，受教育是一种投资活动，可以提升工人的生产能力（Schultz, 1963; Mincer, 1974; Becker, 1975）。信号假说强调教育作为在不完美信息环境中的过滤机制作用（Spence, 1973）。雇主和受雇者之间的信息差距是由受雇者发出的受教育水平信号来解决的。因此，除了生产力效应之外，完成特定受教育程度还有一个额外收益，即通常所说的仿裘皮效应。[1]

受教育的成本包括直接的金钱成本，如交通成本和购买学校供应品的成本，以及因上学年限而放弃的如收入和家庭生产等方面的机会成本，还有送孩子去学校的精力成本。在义务教育阶段，这些成本比较低，这是因为国家确保了所有在义务教育阶段的儿童能够接受教育。此外，还有与不遵守义务教育规定相关的成本，包含金钱成本，如国家罚款等。我们可以将这些不遵循规定而产生的成本解读为入学的负面成本。另外一个影响受教育时间的因素是贴现率，对受教育未来的收益与当前的成本进行对比。更贫穷的家庭贴现率可能会更高。

在此框架内，若干因素可能会导致土耳其境内女孩对受教育的需求较低。首先，土耳其境内女性劳动力市场的参与率就相对较低［2008年的女

---

[1] 对于仿裘皮效应的实证支持可以在若干不同的环境中发现，如美国（Jaeger and Page, 1996）、菲律宾（Schady, 2003）和捷克（Munich et al., 2013）。

性参与率为25%，男性为70%（TUIK，2012）]，因为受教育而产生的更高收入能力对女孩的重要性相对较低。① 至于受教育的机会成本对女孩较高还是对男孩较高，结果并不明显，原因是男孩更有可能在市场中工作，而女孩的家庭生产价值则可能更高一些。从另一个方面而言，由于土耳其的社会风俗，女孩受教育所承担的精力成本更高。比如，对于女孩而言，从家庭到学校的成本以及上学的成本比男孩更高。因此，没有理由认为不遵循该政策所导致的成本会因为性别而产生差异。最后，未来的挣钱能力的价值对家庭中的女儿而言可能会大打折扣，因为她们很有可能在出嫁后离开父母。

受教育的效益，特别是仿裴皮效应，在城市地区很有可能低于农村地区，原因是在城市地区的雇佣工作要远远多于农村地区——相对于自雇和农业工作，仿裴皮效应更加青睐于雇佣工作（Wolpin，1977；Glewwe，2012）。② 受教育的机会成本在农村地区肯定要高一些，因为田野工作是现成的。此外，由于到学校的距离较远等因素的影响，受教育的金钱和精力成本可能会更高一些。③ 由于土耳其农村地区居民普遍较为贫困，贴现率在农村地区可能会更高一些。最后，义务教务的强制执行在农村地区可能会更为困难，这意味着不遵守规定的成本较低。所有这些因素都导致农村地区受教育需求较低。

政策效应

土耳其新义务教育政策不仅影响了教育的收益，还影响了教育的成本。因为提升了农村和城镇地区教室的容量，特别是在第一部分中阐述的

---

① 关于女孩对于受教育需求较少的另外一个原因就是其获得的收益可能较少；然而，使用同样的准实验，亚德米尔和吉尔达（Aydemier and Kirdar，2013）估计女孩的收益比男孩要更高。
② 利用来自46个发展中国家的家庭数据，奥拉兹姆和金（Orazem and King，2008）发现，相对于农村居民而言，城市居民受教育的收益更高。
③ 格拉芙和杰克布（Glewwe and Jacoby，1994）、阿德尔曼（Alderman，1996）、列维（Lavy，1996）以及格里克（Glick，2008）报告了发展中国家与学校之间的距离和教育结果之间的负面关联。

农村地区的教室容量，六至八年级的教育成本大幅度下降（同时，由于土耳其的学校为混校制，政府也就没有直接的手段来分别影响男女学校的入学率）。由于受教育财务成本的下降，教育价格弹性较高的群体可能受到的影响程度更高。阿德尔曼和盖特勒（Alderman and Gertler，1997）在理论上表明了，在市场激励或者父母偏好导致女孩受教育程度更高的假定下，教育需求价格弹性对女孩更高。同样，对于该发现，还有大量的实证支撑。① 因此，我们在解读实证结论时，我们还假定相对于男孩而言，土耳其境内女孩受教育的价格弹性高一些。②

这意味着随着新政策的实施，受教育价格降低，将使得土耳其境内的性别差异得到缓解，特别是受教育成本大幅度降低的农村地区。此外，根据信用约束阻碍入学率的程度，受教育需求的价格弹性在家庭平均收入相对较低的农村地区也要高一些。实际上，奥拉兹姆和金（2008）报告称，受教育需求的弹性和与学校距离之间的比例在农村地区要高一些。因此，相对于城市地区，农村地区将受益更多，这不仅仅是因为成本的大幅度下降，还因为农村地区受教育需求更高的价格弹性。③

在收益方面，该政策不仅能够影响生产力，还能影响受教育的仿裘皮效应。仿裘皮效应在很大程度上受到此次政策的影响，其原因是该政策对学校层级进行了重新定义。首先，完成5年学校教育（政策执行前的小学教育）的仿裘皮效应不再存在。其次，随着本政策的实施，完成8年教育（第二阶段教育文凭）的边际仿裘皮效应也不再存在。因此，为了将其与大量的小学毕业生区分开来，在未实施本政策时完成8年教育的学生可能必须完成11年的教育。5年和8年教育被削减的收益——由于仿裘皮效应

---

① 奥拉兹姆和金（2008，3521）对大量实证主义分析进行了考察，并作出结论称"在女性受教育比男性少的地方（南非和中东，以及许多国家的农村地区），女性因受收入和价格方面的影响，受教育弹性要高于男性"。
② 在农村地区，性别差异正在扩大，在受教育价格比土耳其城市地区更高的地方同样也支持这一假定。
③ 关于受教育成本变化的另一个来源是义务教育法落实程度的变化。然而，没有这一变化的相关迹象；在政策前后，对于5年教育的不遵守程度（在此政策出台之前也是强制性的）并没有多大下降。

的丢失——对男性尤为重要，这是因为他们的劳动力参与率要高得多；对城市居民也尤为重要，这是因为他们自雇的可能性较小。

仿裘皮效应的这些变化还能解释我们为什么能够在较高的年级中发现溢出效应。首先，在未实施本政策情况下部分完成8年教育的学生，可以在本政策实施的情况下选择11年的教育，这是因为8年教育的仿裘皮效应被削弱。其次，在政策实施之前，选择义务教育（5年）而非高中教育（11年）的人，在政策实施之后可能会选择高中教育（11年）而非义务教育（8年），这是因为完成五年级和八年级教育的仿裘皮效应都被削弱，并且由于3年的教育时间导致高中教育的边际成本下降。① 在被迫完成另外3年的学校学习之后，可能会了解受教育收益、提高反对父母的决定而继续学习的能力，以及/或者个人作出不理智决定的可能性下降而使得这些学生改变他们对高中学习的观点。如果随着该政策的实施，导致高中教育供应的猛增，也会出现某些溢出效应，这会使进入高中学习的成本直接下降。即便时间整体呈上行趋势（参见图S6），且由于该政策的实施，高中教育供应没有中断，但高中教育的成本下降可能并非溢出效应的来源。

在缺乏仿裘皮效应的情况下，如果因为接受过8年教育工人的生产力低于接受过11年教育工人的生产力，且由于一般均衡效应导致受过8年教育的工人供应增加，那么溢出效应可能会出现。然而，在对人力资本进行考察以及分类研究了各种模型后，朗和克洛普（Lang and Kropp, 1986）主张，义务教育法对那些未受到这些法律限制的人所产生的效应——在本文的背景中，可能与在未实施该政策的情况下那些完成8年教育或者更长时间教育的人等同——应当"接近于0"。他们在解释这些言论时所提出的某些理由在我们的文章中同样也是有效的。首先，在劳动力市场中，受过8年教育或者更长时间教育的工人的供应上升可能是渐进式的；供应的大幅度增长可能需要多年时间。其次，技能水平不同的工人替代性可能会使特

---

① 当8年教育针对5年教育的边际效益不如11年教育针对8年教育的边际效益高时，这一情况更有可能出现。实际上，正如我们能够在补充附录表S2中看到的一样，获得初中文凭相对于小学文凭可以使得收入增长12%，而获得高中文凭相对于初中文凭可以使得收入增长30%。

定技能劳动力供应增长的效应被抵消。此外，在土耳其还存在着独有的特点，可能会导致一般均衡效应被驱散。由于很强的溢出效应，不只是受过8年教育的工人的供应，包括受过更高教育层次的工人供应，都将大幅度提高。因此，我们希望一般均衡效应很小，特别是与仿袭皮效应相比之时，正如朗和克洛普（1986）所指出的，在我们的背景中，仿袭皮效应比朗和克洛普中的要更为强烈，其原因在于土耳其境内对教育层级的重新定义。①

教育生产力的变化可能也会通过其他渠道来发生。其中一条渠道就是学校质量；然而，影响生产力的学校投入，如教学班级规模、教师与学生比率并未呈现出一种大幅度的下滑态势。另外一个能够影响生产力的因素就是课程表的变化；然而，将二级学校重新定义为基础教育，并没有在很大程度上引起课表的变化。在未实施本政策的情况下，那些在二级教学层次上接受技术教育的儿童是例外。对于这些学生，我们可能预期生产力的下降，这取决于8年教育的完成。然而，在1996~1997学年（在实施该政策之前），第二级学校中能够进入技术学校的学生比例仅仅是1.3%。②

在理解新义务教育政策对各人群影响程度时，还有需要考虑的选择动态。正如之前所指出的，不久将证明，失学率即使是在义务教育层次也会因性别因素和城乡居民因素存在着较大的差异。由于低年级中女孩和农村居民有较高的失学率，所以在这部分人群中愿意继续就读高年级的人有可能是获得更高教育程度的精选群体。

三 数据

本研究中的数据来自2003年和2008年"土耳其人口统计和健康调查"，这两份数据都具备一定的国家层面的整体代表性。"土耳其人口统计和健康调查"优于其他数据是从本研究的目的看，它能够提供关于12岁

---

① 尤瑞特等人（Yuet al., 2009）使用同样的方法在土耳其的环境中测试人力资源模型与分类模型。他的发现支持了分类模型。
② 没有理由认为在未实施本政策之前，那些参加宗教二级教育的学生生产力会下降，原因是这些学生大部分从事的工作与其宗教教育没有关联。

儿童住所所在位置的信息，这可以识别与本文考察相关的受教育决策适龄人群的城乡位置。"土耳其人口统计和健康调查"的另外一项优点就是它不仅提供了关于最高级别教育的信息，还提供了关于完成最高级别教育的信息，而这种信息在土耳其其他数据来源中是缺乏的。

在1996~1997学年，完成四年级学习或更低层级学习的学生都被该政策覆盖（也就是在1997~1998学年开始之际，未能获得小学文凭的学生）。这意味着该政策影响的第一批人是在1993~1994学年开始一年级学习的学生。土耳其大多数学生开始学习的年龄为6岁。在这种情况下，1986年9月后出生的儿童都将受到这一政策的影响。然而，有大部分的学生将上学的年龄推迟到7岁。在这些孩子当中，那些1985年9月之后出生的孩子将受到这一政策的影响。我们的样本包含了出生于1975~1996年的人，但例外是1985年和1986年。由于他们在处理状态中模糊不清，我们将这两个年代的人排除在外。因此，我们的样本包含10个未受到这一政策影响的出生组（1975~1984年），以及10个受到这一政策影响的出生组（1987~1996年）。我们分析中的女性样本来自2003年和2008年的调查，由于2003年调查中缺乏关于12岁男孩位置的信息，其中男性的样本仅仅来源于2008年的调查。因此，女性样本包含14851个观察对象，而男性样本仅仅包含7860个观察对象。表1提供了估算中变量的描述性统计数据。大约39%的男性以及36%的女性居住在农村地区。"土耳其人口统计和健康调查"中的城乡差距以人口规模为基础。居住区人口低于1万人的地方被定义为农村地区。①

图1展示了四个面板中完成选定年级学习部分的变化：面板（a）是城市男性，面板（b）是城市女性，面板（c）是农村男性，面板（d）是农村女性。选定的年级层次为五年级（改革前小学的最后一个年级）、六年级（新义务教育学年的第一年）、八年级（新义务教育政策最后一年）、

---

① 土耳其教育部在统计数据中对于农村和城镇的区分列于第一部分。另外，这也是一个行政性的数据。区域中心，包括省级中心，被定义为城镇地区，而乡村和郊区则被定义为农村地区。这两种类似在除去人口低于DHS数量标准的地区重合。然而，这些人口小于1万人的区域中心仅仅占到所有区域中心人口的1.7%。

九年级（高中第一年）以及十一年级（高中最后一年）。所有面板中共同的一个关键特点是，在实施政策时间段中完成六至八年级学习的学生出现显著的跃升。这在农村地区尤为明显，部分原因是实施政策前的水平较低。实际上，在政策实施前，完成六至八年级学习的农村女孩仅为20%左右，而在政策之后则高于60%。同时，图1表明，该政策的效果不限定于六至八年级。在所有的面板中，完成九至十一年级学习的部分学生也有着明显的增长，而这在改革之后不属于义务教育的范畴。比如，政策实施之前，城市男性完成九至十一年级学习的为7%，而政策实施之后，完成九至十一年级学习的城市男性高于80%。①

表1 统计描述

	A 男性样本		B 女性样本	
	平均数	观测数量	平均数	观测数量
12岁孩子分布的地理区域				
西部	0.323	7860	0.350	14851
南部	0.114	7860	0.129	14851
中部	0.142	7860	0.152	14851
北部	0.140	7860	0.121	14851
东部	0.281	7860	0.248	14851
12岁孩子分布位置类型				
大城市（城镇）	0.401	7855	0.431	14844
小城市（城镇）	0.206	7855	0.206	14844
农村（乡村）	0.393	7855	0.362	14844

注：女性样本基于2003年和2008年"土耳其人口统计学和健康调查"，其中男性样本仅仅以2008年"土耳其人口统计学和健康调查"为基础，这是因为2003年调查中，年龄为12岁的男性住所位置信息不可知。

资料来源：笔者根据2003年和2008年"土耳其人口统计学和健康调查"而开展的计算。

---

① 我们还借助不同的数据来源对溢出效应进行了检查。补充附件中的图S7展现了依据由土耳其统计研究所"土耳其劳动力调查"获取的完成高中学习的部分人群信息。在这些数据集中，我们不能区分城市和农村状态之间的差异（由于缺乏关于12岁儿童的信息）；因此，数据仅仅是根据性别区分的。该数据集的优点在于样本的规模，可以预留出紧密的置信区间。在图S7中，我们还可以发现高中学习男性和女性人数的大幅度增长。

延长义务教育是否有助于不同性别和农村/城镇居民受教育程度平等

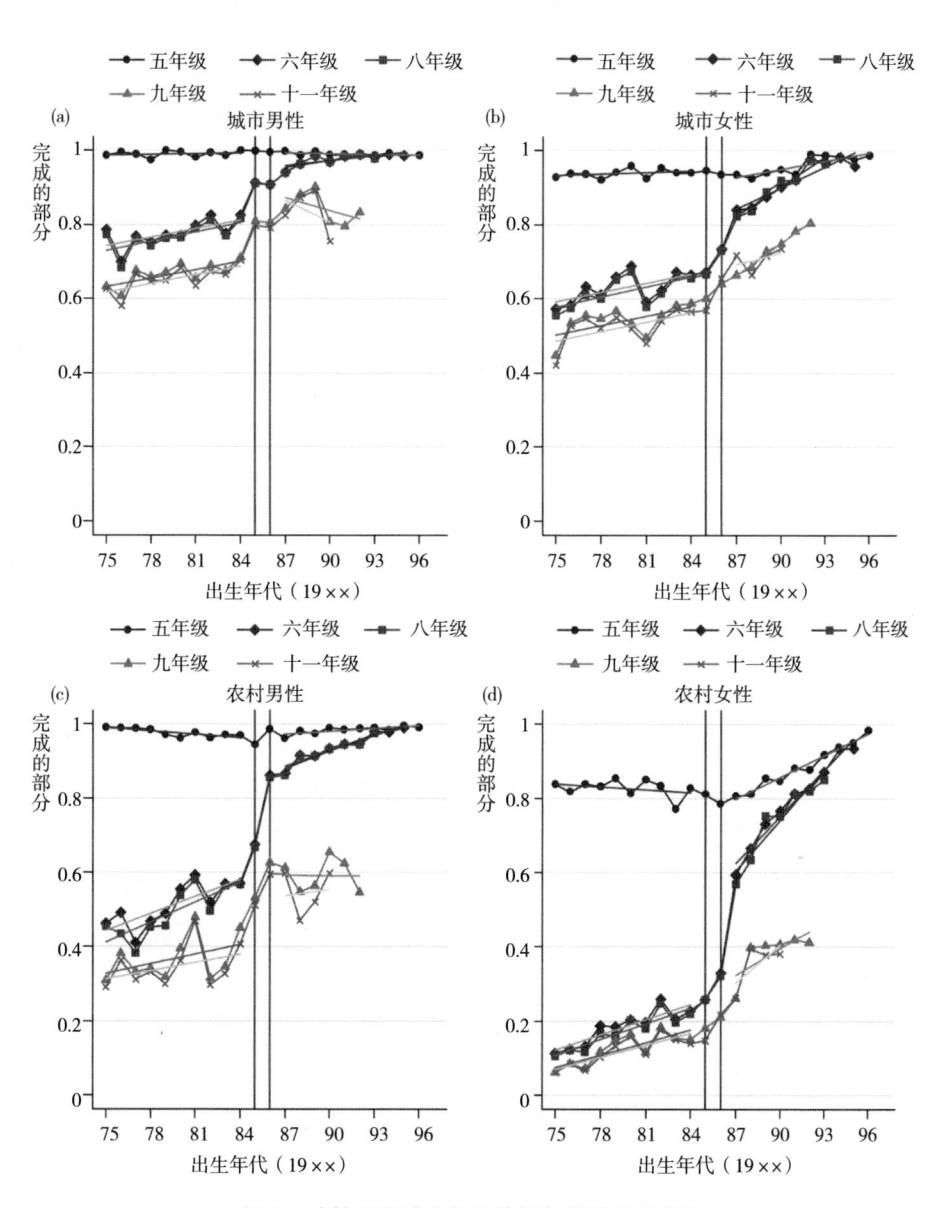

图1 按性别和城乡状况选择年级的完成部分

注：垂直线条左侧的出生年代人群并未受到该政策的影响，而垂直线条右侧的出生年代人群则受到了该政策的影响。

资料来源：笔者根据2003年和2008年"土耳其人口统计学和健康调查"而开展的计算。

图 1 的另外一个重要特点是时间趋势，这在政策实施前后都存在，在某种情况下还表现得十分强烈。此外，在政策实施前后，特定人群的时间趋势差异较为明显。比如，对于城市男性和女性而言，政策实施后完成六至八年级学习的部分人群中的时间趋势比政策实施前更为强烈。在所有面板之中，单独线性线条与实施政策前后的图形形态相适应，因此它们很好地抓住了时间趋势的特征。

四　验证方法和估算

在图 1 中，我们数据的结构——在政策实施时出现了明显的跃升——适合于回归不连续的设计。数据产生过程在没有区分国家简化的次级人群的情况下，可以写成下列形式：

$$E(Y_{0i} \mid x_i) = \alpha + \beta_{01} x_i' + \beta_{02} x_i'^2 \tag{1}$$

$$E(Y_{1i} \mid x_i) = \alpha + \rho + \beta_{11} x_i' + \beta_{12} x_i'^2 \tag{2}$$

$$x_i' = x_i - x_0 \tag{3}$$

其中，Y_0 和 Y_1 分别是政策实施前后的结果变量，而 x 则是出生年份。我们借助 x_0 对出生年份进行标准化处理，而这与时间离散巧合。为了在结果变量中计算时间趋势，我们将多项式移动至第二项，从而允许政策实施前后的差异。教育政策对结果变量的效应由 p 来指代。因此，我们估算的模型适用于下列形式：

$$Y_i = \alpha + \beta_{01} x_i' + \beta_{02} x_i'^2 + \rho D_i + \beta_1^* D_i x_i' + \beta_2^* D_i x_i'^2 \tag{4}$$

$$\beta_1^* = \beta_{11} - \beta_{01} \tag{5}$$

$$\beta_2^* = \beta_{12} - \beta_{02} \tag{6}$$

其中，D 是处理变量，当分配的变量（出生年份）大于 1986 时，$D = 1$，否则为 0。[1] 在对等式（4）进行估算时，我们单独对每一个年级层次

---

[1] 我们的验证策略与奥内伯诺斯（Oreopoulos, 2006）的类似。奥内伯诺斯不允许政策实施前后出现时间趋势的差异。他使用更高的多项式，而原因在于其分析的时间间隔更为宽阔。

延长义务教育是否有助于不同性别和农村/城镇居民受教育程度平等

进行了逻辑回归,如果个体完成了相应的年级等级,那么因变量就为1(完成年级状态)。我们还将年龄为12岁的居民居住位置以居住规模的形式(大城市、小城市和乡村)包含在内,并将居住地区(西部、中部、南部和东部)包含在内,将其作为等式(4)估算的控制变量,以改善有效性(我们对系数估算的敏感性进行了检查,已将这些控制变量包含在内)。

我们进行了四组回归以考察政策的各种不同效应:(1)城镇地区的性别差异;(2)农村地区的性别差异;(3)12岁男孩城乡居住的情况;以及(4)12岁女孩的城乡居住情况。① 我们允许在等式(4)中所有的参数——常数项、所有的趋势参数以及关键的政策参数——在各种次级团体中可变。比如,在对性别不同的效应进行考察时,这些回归包含了政策虚拟变量的互动,以及时间趋势变量与女性虚拟变量的互动,以及女性虚拟变量本身。

在我们的验证策略中,关键的问题就是将教育政策的效应与我们衡量结果中的时间趋势分解开。正如上文所阐述,我们通过使用(两边分开的)多项式的第二项来对时间趋势进行解释。在这种情况下,出现的问题是结果是否对受限较少的多项式情况敏感。然而,由于终端两侧的时间范围包含最多10年,过度适合的风险随着高阶多项式出现——特别是我们数据中断周围的含混不清的部分。因此,我们通过采取中断周围不断变窄的时间窗口,检查结论的可靠性,而不是增加多项式曲线值的次序。当我们对中断周围的时间窗口收窄时,错误解释的风险也会随之下降。实际上,正如范·德·克劳馥(Van der Klaauw, 2008, 235)论证的:"线性控制函数有可能在中断较小的相邻值上提供真实函数形式的合理近似值。"然而,将样本限定为略低于或者略高于出生世代的问题便是效率的下降,特别是我们的样本相对较小。因此,我们在中断周围采用了一系列数据间隔

---

① 虽然开展这四组回归产生了一些冗余,但它使得在第二部分概念框架内解读这些结果更加容易,其原因是它让我们关注一个特别的思维模型,也就是在特定地区男性与女性对比。

值，以及依赖于数据间隔的替代性多项式说明。①

我们从中断两侧的 10 年间隔开始（1975～1984 年以及 1987～1996 年出生世代）。在此间隔中，我们使用两种不同的模型来解释时间趋势。线性多项式被使用在模型 A1 中，二次多项式被使用在模型 A2 中。随后，我们对这些间隔的尾部进行修正，并在中断两侧取两个 5 年的间隔。在这种情况下（我们将其称为模型 B），我们仅仅在中断的两侧取两个线性的多项式。模型 C 还包含了线性多项式曲线；然而，时间范围被进一步收窄，以便在中断两侧包含 3 年和 4 年的间隔，这是我们所允许区分政策效应的最窄时间间隔。我们可以在图 1 中看到，线性多项式曲线对大多数次级人群提供了与时间趋势相近的近似值。最后，模型 D 包含了最短的时间间隔——中断周围的 2 年——但是没有时间趋势。

通过对样本间隔的尾部进行修正，取次级样本的方式被聚集在中断周围，而样本间隔并未对尾部的观测值赋予权重，这与非参数建模的方式类似。李和雷米克斯（Lee and Lemiuex, 2010, 284）提到："……结果 Y 对 X 的回归程序以及对虚拟变量 D 的处理可以被视为参数回归，或者是当地带有较大带宽的线性回归。类似的是，如果有人希望将数据点的影响从 X 分布的尾部排除在外，那么他就可以将此极为相似的程序称为修正尾部之后的'参数'或通过将 X 范围内的限制视为使用较小带宽，从而将其称为'非参数'。"

我们验证策略的有效性要求政策的时间要独立于结果变量的实现。比如，如果政策在低年级完成率上通过，那么该要求将会落空。然而，正如在第一部分中所解释的那样，政策的失效取决于该时期内政治的发展，而

---

① 我们对政策的及时效应的衡量很重要。如果政策完全生效需要一定的时间，那么它的长效效应也许会有一些不同。此外，这可以根据性别差异和城乡差异而发生变化。实际上，正如我们在图 1 中所见，政策之后的时间趋势与政策之前时间趋势的变化，女性要比男性更为明显（A 对于变化的时间趋势的潜在原因可能是随着政策的施行，导致新的社会规范的确定）。这可能意味着，在政策生效之后的趋势吸收了一些政策效果，特别是对于女性而言。然而，我们通过分析这一问题对这两个出生世代进行排除，继而获得了中断周围的"泡沫"。此外，由于在中断处的增长十分明显，即便政策实施之后的时间趋势抓住了政策效应的部分，但它也相对较小。

这完全与教育结果不相关。我们验证策略的有效性还要求，没有其他同时期的政策变化影响教育决策。教育政策很有可能与其他对健康、基础设施或社会服务（由于所有这些政策取决于可用财务资源，因此这些政策还可能会影响教育结果）等干预的政策相吻合。然而，土耳其政策的时效性与政治参与者对于教育的意识形态相关，但不与其他社会项目相吻合。1997年之后的第一个10年，土耳其实施了两项十分显著的教育项目。公共的CCT项目最初在2003年得以实施，而另外一个非政府组织于2005年开始推动的CCT项目则仅针对女生。我们对次级样本的验证涉及更短的时间间隔，但这些次级样本可能不会受到这些政策的影响。在包含较长时间间隔的次级样本中，这些项目的效应及其与义务教育政策的互动可以被中断后的时间趋势来捕捉。在任何情况下，这些项目的效应与义务教育政策效应相比都相对微弱，这是因为项目受益者的数量有限。最后，我们政策的普遍实施能够避免之前考察其他政策时的潜在问题（如学校建设项目），更关心孩子受教育的家长有可能会迁移到学校已经建成的地区（Rosenzweig and Wolpin, 1998）。

五 结果

表2为模型A1提供了政策对各种不同次级人群在不同年级上政策效应的估算参数；基于这些估算，图2展示了这些在年级学业完成率中预测的估算是如何因为新政策变化而变化的。表2和图2中的结果分别由城市和农村地区的性别差异，以及城乡地区的男性和女性来展示（我们还对土耳其境内所有的男性和女性的政策效应进行了考察）。请注意，图2中的预测不仅考虑到了不同群组之间的不同政策效应（展现于表2），还考虑了政策实施前的年级学业完成率。比如，在表2中，有可能无法观察到不同的政策效应，而图2中的性别差异在收窄；这可能是由于女性在政策实施前学业完成率较低的原因。对其他模型的政策效应估算（A2、B、C和D）以及相应的预测请参看补充附件表S3~S10。下文中探讨的结果对不同的模型而言都是可靠的，除非在下面的讨论中特别指出。

在表 2 的各个面板中，等式（4）给出了三组估算。"政策"行展示了面板（A）和（B）中男性政策效应，面板（C）和（D）则给出了农村地区的政策效应，"政策*女性"行表现了女性政策效应与面板（A）和（B）中的男性政策效应的差异，"政策*乡村"行则展现了农村地区的政策效应与那些在面板（C）和（D）中城市地区的政策效应的差异。"复合女性"行对面板（A）和（B）中的女性给出了聚合效应，也就是说，"政策"和"政策*女性"变量系数的和；"复合乡村"行给出了面板（C）和（D）中农村地区的聚合效应。

对于各年级级别的政策效应列在表 2 之中。在此，有三种效应值得考虑：（1）由改革针对六至八年级的直接政策效应；（2）并非改革针对的，但是由改革直接带来的对一至五各年级的政策效应，这些效应借助落实措施来发挥作用；（3）并未由改革直接覆盖的九至十一年级，但受到改革见解影响的政策效应，我们称为溢出效应。我们在第二部分阐述的概念框架中对这些效应进行了解读。

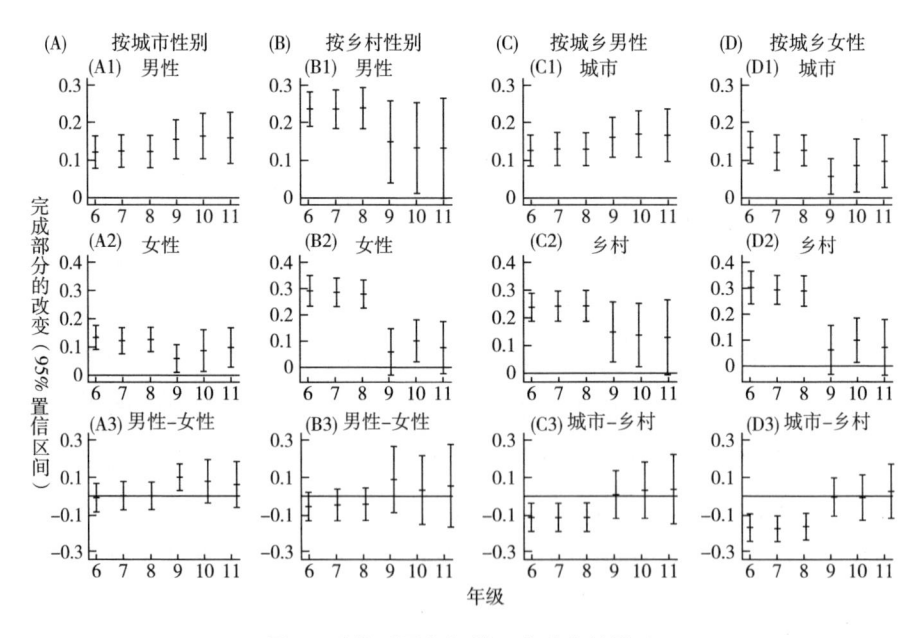

图 2 政策对于年级学习完成率的影响

资料来源：笔者根据 2003 年和 2008 年"土耳其人口统计学和健康调查"作出的计算。

延长义务教育是否有助于不同性别和农村/城镇居民受教育程度平等

表2 对政策效应对于完成年级的估算

年级	一	二	三	四	五	六ª	七ᵇ	八ᶜ	九ᵈ	十ᵉ	十一ᶠ
A 城镇地区性别差异											
政策	0.215 [0.749]	-0.227 [0.898]	-0.201 [0.907]	-0.394 [0.842]	-0.199 [0.836]	1.528 *** [0.250]	1.525 *** [0.250]	1.500 *** [0.251]	1.058 *** [0.215]	1.154 *** [0.286]	1.072 *** [0.307]
政策*女性	-0.391 [0.633]	0.019 [0.751]	-0.089 [0.758]	0.015 [0.768]	-0.277 [0.779]	-0.756 ** [0.341]	-0.840 ** [0.364]	-0.794 ** [0.331]	-0.805 *** [0.242]	-0.764 * [0.402]	-0.625 [0.424]
复合女性	-0.176 [0.173]	-0.208 [0.189]	-0.290 [0.181]	-0.379 ** [0.191]	-0.476 ** [0.186]	0.772 *** [0.129]	0.685 *** [0.139]	0.706 *** [0.120]	0.253 ** [0.107]	0.390 ** [0.169]	0.447 *** [0.167]
B 农村地区性别差异											
政策	1.112 *** [0.285]	1.049 *** [0.247]	1.069 *** [0.250]	0.718 *** [0.222]	0.693 *** [0.233]	1.467 *** [0.139]	1.484 *** [0.154]	1.481 *** [0.161]	0.611 ** [0.242]	0.556 ** [0.263]	0.545 * [0.298]
政策*女性	-1.087 *** [0.324]	-1.116 *** [0.301]	-1.182 *** [0.316]	-0.928 *** [0.339]	-0.888 ** [0.351]	-0.141 [0.197]	-0.182 [0.221]	-0.215 [0.228]	-0.305 [0.423]	-0.047 [0.433]	-0.150 [0.527]
复合女性	0.026 [0.191]	-0.067 [0.160]	-0.112 [0.169]	-0.210 [0.195]	-0.195 [0.183]	1.326 *** [0.155]	1.302 *** [0.140]	1.265 *** [0.144]	0.307 [0.244]	0.509 *** [0.220]	0.395 [0.273]
C 城乡地区男性											
政策	0.266 [0.733]	-0.151 [0.880]	-0.128 [0.886]	-0.296 [0.823]	-0.112 [0.816]	1.534 *** [0.244]	1.531 *** [0.243]	1.510 *** [0.245]	1.069 *** [0.212]	1.166 *** [0.283]	1.094 *** [0.309]

191

续表

年级	一	二	三	四	五	六[a]	七[b]	八[c]	九[d]	十[e]	十一[f]
政策*乡村	0.842 [0.780]	1.182 [0.917]	1.174 [0.923]	0.983 [0.883]	0.782 [0.875]	-0.136 [0.296]	-0.116 [0.280]	-0.083 [0.279]	-0.450 [0.354]	-0.600 [0.456]	-0.556 [0.545]
复合乡村	1.108*** [0.289]	1.032*** [0.248]	1.046*** [0.249]	0.687*** [0.232]	0.670*** [0.242]	1.398*** [0.128]	1.415*** [0.142]	1.428*** [0.151]	0.619*** [0.232]	0.566** [0.253]	0.538* [0.292]
D 城乡地区女性											
政策	-0.183 [0.173]	-0.214 [0.188]	-0.299* [0.182]	-0.388** [0.193]	-0.492*** [0.191]	0.804*** [0.129]	0.712*** [0.138]	0.731*** [0.118]	0.258** [0.107]	0.391** [0.168]	0.449*** [0.165]
政策*乡村	0.214 [0.205]	0.155 [0.194]	0.196 [0.177]	0.192 [0.234]	0.314 [0.224]	0.568*** [0.203]	0.633*** [0.187]	0.575*** [0.186]	0.061 [0.265]	0.112 [0.309]	-0.070 [0.370]
复合乡村	0.031 [0.188]	-0.059 [0.158]	-0.102 [0.166]	-0.196 [0.191]	-0.178 [0.178]	1.372*** [0.156]	1.346*** [0.140]	1.307*** [0.146]	0.320 [0.257]	0.503** [0.233]	0.379 [0.288]

注：数据包含中断两侧的10年间隔，当中断右手侧的10年间隔，对每一个年级层次开展了一个单独的对数回归。因变量是较大的完成状态。"政策*乡村"系数是"政策"和"政策*女性"系数的聚合。所有的说明包含线性时间趋势。在政策实施前以及面板后以及面板前以及面板后可以有些不同，以是"政策"和"政策*乡村"系数的聚合。"复合女性"和"政策*女性"不同性别之间可以有些不同，"复合乡村"反面板（D）和（D）城乡状态中有所不同。***, **, *，指代在1%、5%、10%水平上显著。
资料来源：笔者根据2003年和2008年"土耳其人口统计学和健康调查"作出的计算。(a) 9年、(b) 8年、(c) 7年、(d) 6年、(e) 5年以及 (f) 4年时除外。

延长义务教育是否有助于不同性别和农村/城镇居民受教育程度平等

对城镇地区性别差异的分析

可以从表2面板（A）中看到，关于男女性的政策正面效应不仅仅对六至八年级有效，还对九至十一年级有效。换言之，政策互动项的系数以及六至八年级女性变量在面板（A）显著为负；然而，他们在模型A2、B和C中的统计学意义上表现并不显著，即使系数是相当大的负值。因此，我们不能断言城镇地区对六至八年级性别存在强大的不同政策影响。除了十一年级之外，九至十一年级的系数同样是负的，而受到政策相应规定的样本规模和出生世代的数量相对较小。在所有模型中，这些发现相对可靠（参见表S3）。因此，我们作出结论，在义务教育后阶段，该政策对城市男性的效应要强于城市女性。

在图2面板（A）中可以看到，在六至八年级预测完成率的性别差异为0，即使表2中六至八年级中政策变量与女性的交互项存在着较大的负系数。这源于政策实施前女性完成六至八年级学习的较低值。男性的八年级的完成率增加了11%~13%，女性的八年级完成率增加了11%~19%（参见表S4）。然而，在图2面板（A）中，女性完成九至十一年级部分的增加还是落后于男性。比如，男性九年级的完成率提高程度要比女性的高出10%（在模型A1、B和D中，在统计学意义上尤为显著，在表S4中的模型A2和C中，在10%的层次上，边际重要性并不显著）。换句话说，在所有模型中，女性完成九至十一年级的比率要低于女性完成六至八年级的比率，而男性完成九至十一年级的比率和完成六至八年级的比率几乎是一样高的。这意味着该政策不仅在高中年级完成率上对男性效果更加明显，还在高中年级层次上扩大了性别差异。

总体而言，该政策没有在新义务教育的年级中缩小性别差异，但它扩大了后义务教育阶段的性别差异。在后义务教育阶段，教育成本没有发生重大变化。然而，鉴于教育决策的动态性质，六至八年级较低的成本也意味着完成高等教育的总体成本更低。由于教育需求价格弹性对于女孩而言更高一些，我们希望这对女孩能产生更为强烈的影响。导致义务教育后阶段性别差异扩大的另一个因素是选择方面的问题：男性和女性样本中平均个性特征的差别可能会使得政策的效应随着性别而发生变化。然而,在这种情况下,由于受到政策影响的女性可能会形成一种边际性较弱的团体(基于女性在政策实施之前较低的完成率),因此我们希望政策对女性能够产生更为强烈的影响(注意,由于城市地区教育价格下跌的幅度不大以及政策实施之前性别差异较小,价格弹性效应和选择效应在城市地区可能会更弱一些)。此外,如上文所指,由于后义务教育阶段的决策被推迟了3年,儿童本应拥有关于教育收益更好的信息,在说服父母方面本应具备更强的能力,并且作出不理智决策的可能性更低。然而,由于女性至少能够完成六至八年级的学习,这些效应被认为至少对女性更强烈。另一方面,仿裘皮效应的论断与城市地区后义务教育性别差异的扩大具有一致性。由于仿裘皮效应对男性比女性更为重要(由于城市地区性别差异在劳动参与率方面显著不同),因此该政策对男性的影响会更大,这也是我们的结论。

对农村地区性别差异的分析

表2面板(B)指明了政策正面效应对农村地区男女性完成六至十一年级所有层次学习的影响。然而,对于模型 A1 而言,虽然统计学显著性低于九至十一年级的常规水平,但在其他模型中表现得十分明显(参见附件表 S5)。换句话说,政策对高中学校年级的溢出效应同样也存在于农村地区。① 如第一部分中展示的一样,该政策大幅度降低了农村地区六至八年级的教育成本。由于女孩的教育需求价格弹性要高于男孩,我们预期六至八年级对女孩将存在更加强烈的效应。虽然 6~8 年级的政策变量与性别交互项在所有模型中都存在一个负面的系数,但其中一个例子在表 S5 中的统计上表现得并不显著。在我们的概念框架内,对该发现的解释是男孩完成基础教育更强的仿裘皮效应将对女孩更高的价格弹性产生反

---

① 由于农村和城市的定义以年龄为 12 岁的孩子的居住地点为基础,那么在本文中被确定为农村居民的学生就可能是在他们做出参加高中学习决策时居住在农村(15~17 岁)。因此,我们在农村地区观察到的溢出效应的一部分可能来自 12 岁之后但在高中学龄之前从农村迁移到城市地区的数据。然而,由于高中阶段和 12 岁之间较小的年龄差距(通常少于 5 年),这一效果可能会更不明显。

作用。

与前一小节中对城市地区政策变量与女性交互项的系数相比较，农村地区女性交互项的系数在六至八年级和九至十一年级中负面性都较弱。特别是，农村地区九至十一年级的情况中，没有证据表明女性的溢出效应要弱于男性，这与城市地区的情况不一样。该事实可能源于农村地区性别差异在仿裘皮效应中的重要性不同。由于在农村地区男性仿裘皮效应的重要性不断消失，因此相对于男性而言，该政策对女性的有效性就得以提高。另外一个解释就是女性对教育需求更高的价格弹性。该效应不仅在六至八年级中有一定的相关性，而且在九至十一年级中也存在一定的相关性，其原因在于六至八年级教育成本的下降，同样也使得完成高中学业的成本随之下降。

正如图2面板（B）中展示的一样，没有可靠的证据表明农村地区完成各年级学业的性别差异正在缩小。然而，无论是对男性还是对女性而言，完成六至八年级的人群都增加了。根据估计，完成八年级学业的女性增长了28至37个百分点（参见表2和表S5）。但男性相应增长较小。很有可能是因为，新政策的某些特定手段，诸如借助巴士将农村学生运送到更为折中的地点，或者建设对所有义务教育年级学生都开放的寄宿学校，在较低的年级中也改善了教学的结果。

在我们对城乡地区男女性受到的政策效应进行考察之后，鉴于土耳其境内农村迁移到城市的情况十分普遍，所以我们对土耳其所有的地区重复该分析。[①] 如果城市地区近期的移民在能力和偏好上存在着不同，如参加就业的意愿，则我们在该政策实施前后进行对比的人群可能会在与他们的教育决策相关的方式上表现得不同。对土耳其所有的地区而言，六至八年级性别差异缩小以及九至十一年级性别差异扩大（参见表S11）的证据都不足。九至十一年级不断扩大的性别差异的证据与那些在城市地区的证据类似，但无论是从量上而言，还是从统计显著性上而言，都显得较为虚弱。总而言之，在土耳其没有关于性别差异缩小的可靠

---

① 图S8根据性别对图S1进行了重新调整。

证据。

以男性城乡居民为基础开展的分析

表 2 面板（C）表明该政策对城乡地区所有六至十一年级的男性存在一定的正面效应。此外，该政策对农村地区（参见表 S7）一至三年级的学生也存在着强烈的正面效应，这与在 V.2 部分中发现的结果一致。没有证据表明该政策对城乡居民效应不同。所有政策和农村虚拟变量交互项系数在统计上都不显著。然而，在九至十一年级，农村交互项通常是负面的，并且在量上很大（参见表 S7）。一系列因素促成了该发现。首先，在该政策实施之后，九至十一年级的学校的存在是十分关键的因素。在该方面，城市地区远远领先于农村地区。其次，我们在之前也论述过，获得高中学历的仿裘皮效应在城市地区更加有价值。另一个方面，在农村地区，某种因素使得该政策效果更好。在实施这一政策前不久，大约 70% 的城市男性都参加过高中学习，而只有 40% 的农村男性参加过高中学习。因此，城市地区受到该政策影响的男性更加边际化，或许低于平均数。此外，上文有所论述，农村地区六至八年级教学成本的更大程度下降也意味着完成高中学业的整体教学成本的下降。

图 2 面板（C）表明了城市地区完成六至八年级学习的人群的显著上升，在农村地区幅度或许更大。完成八年级学习人数的增长率在城市地区为 10%~15%，在农村地区为 24%~33%（参见表 S8）。因此，完成八年级学业的人群城乡差距缩小了 11%~18%。农村地区在该政策实施前的低入学率发挥了重要作用，因为在表 2 面板（C）中，没有证据表明该政策对城乡居民的效应不同。在完成九至十一年级的学业中，即便因为表 2 中农村交互项的负面系数对农村地区最初较低的值存在反作用，也没有证据表明城乡差距发生了变化。最后，有一定的证据表明在最开始的三个年级中城乡差距缩小了（参见表 S8）。

以女性城乡居民为基础开展的分析

我们可以从表2面板（D）中看到，有强烈的证据表明——统计上在1%的水平上显著——相对于城市地区而言，该政策对农村地区完成六至八年级的女性发挥了更为重要的作用，这与男性样本不一样，在男性样本中，农村政策交互项在量上很小，在常规层次上，统计学的显著性也不明显。在第二部分的概念框架内，一系列因素都促成了农村地区女性六至八年级的政策效应强于城市地区的事实。第一，随着农村地区六至八年级教育成本的大幅度下降，农村地区学校女性完学率的上升要高于男性，其原因是女性教育需求的价格弹性要更高一些。第二，相对于农村地区的男性而言，仿裘皮效应对城市地区的男性更加重要，但对于城市女性和农村女性而言，仿裘皮效应就并没有太多的区别。第三，选择效应也对农村女性有利。在实施该政策之前，城市男性完成八年级学业的比例大约为80%，而农村男性的比例大约为60%，城市女性的比例大约为70%，而农村女性的比例仅仅为20%（见图1）。因此，受到该政策影响的农村女性相对于城市女性而言，构成了边际性更低的人群（也可能平均能力更高），但是在城市和农村男性中没有这样的差异。

图2面板（D）展现了六至八年级女性城乡差距的大幅度缩小。实际上，根据我们所考量的若干模型（参见表S10），八年级的完学率在城市地区增加了12~20个百分点，而在农村地区则减少了29~41个百分点。相应而言，完成八年级学业的城乡差异缩小了16~30个百分点。

对于完学年的分析

在本节中，我们将考察该政策对15岁和17岁城市男性、城市女性、农村男性和农村女性在学业完成年数方面的效应。这与之前小节中展示的八至十年级的聚合效应相等同。[①] 我们使用与第四部分中解释相同的方法；

[①] 我们使用十年级，而非十一年级，原因在于受到该政策影响的十一年级出生世代数量较小，同时也没有生成对于说明检查十分可靠的估算。此外，在表S3~S10中，对于十一年级的估算，比九年级和十年级估算的变化要更大一些。

唯一的差别就是因变量。我们在15岁的层次上使用了三个模型:中断两侧带有线性曲线的7年间隔(这一岁数上最大可能的间隔)和二乘方曲线;以及没有时间趋势的两侧2年间隔。在17岁的年龄层次上,我们使用了两种模型:中断两侧带有线性曲线的5年间隔(这一岁数上最大可能的间隔)和二乘方曲线;以及不带有时间趋势的2年间隔。

表3展示了学业完成年数的估算结果。在面板(A)中,城市地区年龄为15岁的孩子学业完成年数的变化上,男性和女性十分接近,大约为0.4~0.5年。从15岁至17岁,男性和女性学业完成年数都增加了0.3年,17岁的总增加年数达到了0.7~0.8年。17岁女性增加的学业完成年数低了0.07~0.08年,但这在统计学上并不显著。根据面板(B),农村地区学业完成年数的改善是十分突出的。在15岁的年龄层次上,已经存在着巨大的进步,对于男性而言增加了几乎1年,对于女性而言,则增加了1年以上。这一政策使得17岁的男性和女性分别增加了1.3~1.4个和大约1.5个学业年数。比较城市地区与农村地区的同年龄的学业完成情况变化,我们发现,在农村地区,17岁年龄层次学业完成年数的总增加中,15岁年龄层次所提高的部分要高于城市地区。

表3 政策对于15岁和17岁的不同性别以及城乡居民完成学业年数的影响

出生世代	15 岁			17 岁	
	1978~1984 1987~1993	1983~1984 1987~1988		1980~1984 1987~1991	1983~1984 1987~1988
时间趋势(曲线):	线性	二乘方	无	线性	无
A 城市地区性别差异					
政策	0.349** [0.150]	0.511 [0.344]	0.535** [0.130]	0.803** [0.272]	0.910** [0.177]
政策*女性	0.067 [0.147]	-0.058 [0.455]	-0.019 [0.114]	-0.072 [0.343]	-0.075 [0.207]
复合女性	0.417*** [0.081]	0.454 [0.450]	0.517*** [0.016]	0.731** [0.236]	0.835*** [0.087]
N	8755	8755	2947	5734	2292

续表

	15 岁			17 岁	
出生世代	1978~1984 1987~1993	1983~1984 1987~1988		1980~1984 1987~1991	1983~1984 1987~1988
时间趋势（曲线）：	线性	二乘方	无	线性	无
R-平方	0.145	0.145	0.140	0.145	0.144
B 农村地区性别差异					
政策	0.797*** [0.092]	1.051** [0.350]	0.993*** [0.046]	1.391*** [0.239]	1.327*** [0.071]
政策*女性	0.329 [0.210]	-0.042 [0.458]	0.272 [0.122]	0.080 [0.243]	0.294 [0.162]
复合女性	1.125*** [0.152]	1.009*** [0.295]	1.265*** [0.120]	1.471*** [0.178]	1.621*** [0.168]
N	5518	5518	1818	3565	1426
R-平方	0.332	0.333	0.335	0.333	0.327
C 男性城乡差别					
政策	0.331** [0.127]	0.480 [0.295]	0.512** [0.110]	0.786*** [0.238]	0.885*** [0.149]
政策*女性	0.463** [0.173]	0.459 [0.457]	0.466** [0.120]	0.526* [0.242]	0.433*** [0.068]
复合女性	0.795*** [0.081]	0.939** [0.313]	0.979*** [0.077]	1.312*** [0.240]	1.318*** [0.086]
N	5185	5185	1488	3512	1415
R-平方	0.167	0.167	0.137	0.180	0.170
D 女性城乡差别					
政策	0.425*** [0.076]	0.494 [0.417]	0.523*** [0.015]	0.719*** [0.216]	0.820*** [0.072]
政策*女性	0.713*** [0.148]	0.552 [0.478]	0.756*** [0.099]	0.757** [0.271]	0.811* [0.261]
复合女性	1.137*** [0.141]	1.046*** [0.271]	1.279*** [0.114]	1.476*** [0.156]	1.631*** [0.194]
N	9088	9088	3277	5787	2303
R-平方	0.307	0.307	0.307	0.313	0.318

资料来源：笔者根据 2003 年和 2008 年"土耳其人口统计学和健康调查"作出的计算。

面板（C）展示了城乡地区男性学业完成年数的变化。农村地区 15 岁的男性学业完成年数提高了 0.8~0.9 年，高于城市地区男性的 0.3~0.5 年。在 17 岁的层次，农村地区的男性提高的幅度更大，但城乡男性之间的差距依然存在。在 17 岁的层次，城市地区男性增加了 0.8~0.9 年，而农村地区男性增加了 1.3 年。最后，在面板（D）中，我们展示了城乡地区女性学业完成年数的变化。在 15 岁和 17 岁的层次上，城乡地区女性在学业完成年数上差别很大。在 15 岁的层次上，农村地区的女性学业完成年数提高了 0.7 年。这使得 15 岁时女性城乡差距缩小程度优于男性。最后，17 岁层次上，城乡地区女性受教育年数的差距缩小程度为 0.75~0.8 年，仅比 15 岁时高一点。

六 结论

土耳其 1997 年教育改革将义务教育的年限从 5 年延长至 8 年——在性别差异和城乡居民差异显著的背景下——该改革使得新的义务教育年级数以及后义务教育的教育完学率在性别和城乡居民子群体中都得到了大幅度提高。由于在土耳其义务教育政策的遵守程度不甚理想，因此确定该政策对所有的子群体产生积极和显著的影响是重要的。该政策使得农村女性（最弱势的人群）完成八年级学业的人数增加了 30%~40%。更令人惊奇的发现是该政策对义务教育后的教育时间产生的有利溢出效应。比如，城市男性高中完学率增加了 10%~18%。学业完学年数的总体效应令人印象深刻，特别是在农村地区。17 岁年龄层次上，农村男性学业完成年数增加了 1.3 年，而农村女性则增加了 1.5 年，城市男性和女性增加的年数皆为 0.8 年。

该政策在很大程度上有助于城乡儿童受教育平等。17 岁年龄层次上，男女性学业完成年数的城乡差异分别为 0.5 年和 0.7~0.8 年。我们可以借助分析分解各年级完成学业的变化，并找出该政策所影响的部分——根据各年级完成学业的比例来衡量——以及政策实施前较低的年级学业完成率。我们发现，对于男性而言，城乡差距的缩小仅仅是由于农村男性在政策实施之前的入学率较低，而女性差距缩小的原因是该政策对农村女性的更加有效和政策实施前农村女性入学率实在太低的共同作用。相比农村男性，该项政策对农村女性意义更大则有几方面的原因。第一，由于农村地区女性对教育需求的价格弹性较高，因此农村地区的女性可以从教育成本大幅度下降中受益颇多。第二，教育的仿裘皮效应对城市男性更为重要，但由于城市女性很低的劳动市场参与率，该效应对城乡女性效应的差别不大。第三，由于该政策实施之前，城乡女性受教育程度的差异很大，因此就受到该政策影响的城乡居民在能力和受教育动机而言，女性要高于男性。

在城市地区和农村地区，均没有证据说明该政策带来性别差距的缩减。相反，尽管男女学业完成年数各有提升，但城市地区后义务教育的性别差距反而拉大。可以证实这是该政策对城市地区男性的影响效率更大而导致的，因为政策实施前男性的各年级完成率也很高。该发现与城市地区男性有很强的仿裘皮效应导致土耳其城市地区劳动力市场参与的性别差异很大是一致的。

本研究最重要的发现之一是该政策在提高农村女性（最弱势的群体）受教育方面的成功。如果女孩受教育的现实阻碍是文化或社会因素，那么不断增加的受教育机会和/或不断下降的受教育成本也就没有作用。然而，在土耳其，我们发现了通过义务教育年数而导致的受教育机会的增加以及受教育成本的下降，使得即便是农村地区女孩的受教育程度也得到了大幅度提高。很明显，起步层次很重要。在改革实施之前，土耳其农村地区女性入学率很低，使得该政策能够对大量儿童产生作用。如果在入学率很高，仅有少数儿童失学的环境中，那么就需要目标更为精准的政策。

另外一个有趣的发现是该政策对义务教育后阶段教育的强烈溢出效应。在之前的文献中，此类溢出效应未得到报告；有一个例外是奥利普洛斯（Oreopoulos，2009），但他文献中的溢出效应要小得多。我们研究的一个独特之处就是将较大的溢出效应归功于政策实施导致的仿裘皮效应。五至八年级教育的仿裘皮效应的下降使得完成高中学习更具吸引力。此外，由于大部分儿童被要求完成新的义务教育年份，但与发达国家的儿童相比，在能力和动机方面，这些儿童的边际性并不是很强，因此其他因素产生的溢出效应也同样重要。比如，在接受要求完成额外三年的教育之后，一些儿童可能会改进其关于教育真实收益的看法，或者会更加确定其父母和他们自己的目标并不吻合。对于农村女性而言，产生溢出效应可能会有另外的渠道。政策工具——交通和寄宿学校——可能会对教育精力成本产生永久的影响，因为这两项工具意味着她们在偏远的地区入学。

性别以及城市和农村居民受教育情况的改善，特别是对于那些之前一贯落后的人群而言，具备重要的个人意义和社会福利意义。关于教育对若干人口统计学和劳动力市场成果的因果效应，目前有越来越多的研究。然而，我们对发展中国家此类因果关系了解甚少，而此类关系可能存在显著的区别。比如，在西方国家，母亲受教育时间越长，将越会改变非婚生婴儿的健康状况，但在社会保守的发展中国家，此类渠道可能不会存在。因此，未来的研究会将本文中的政策作为教育的外生变化来源，在土耳其的社会背景中建立此类因果关系是很重要的。本研究阐释了教育成果会影响最多的群体，为教育因果效应的未来研究奠定了基础。

参考文献

Alderman, H., J. R. Behrman, D. Ross and R. Sabot. 1996. "The Returns to Endogenous Human Capital in Pakistan's Rural Wage Labor Market." *Oxford Bulletin of Economics and Statistics* 58 (1): 29 –55.

Alderman H. and P. Gertler. 1997. "Family Resources and Gender Differences in Human Capital Investments: The Demand for Children's Medical Care in Pakistan." In L. Haddad, J. Hoddinott, and H. Alderman, eds., *Intrahousehold Resource Allocation in Developing Countries*. Baltimore, MD: Johns Hopkins University Press.

Aydemir, A. and M. G. KIrdar. 2013. "Estimates of the Return to Schooling in a Developing Country: Evidence from a Major Policy Reform in Turkey." MPRA Working Paper 51938. Germany: University Library of Munich.

Angrist, J. D. and A. B. Krueger. 1991. "Does Compulsory Schooling Attendance Affect Schooling and Earnings?" *Quarterly Journal of Economics* 106（4）：979 −1014.

Becker, G. S. 1975. *Human Capital*. New York：National Bureau of Economic Research.

Black, S. , P. Devereux and K. Salvanes. 2008. "Staying in the Classroom and Out of the Maternity Ward? The Effect of Compulsory Schooling Laws on Teenage Births. " *Economic Journal* 118：1025 −54.

Brunello, G. , M. Fort and G. Weber. 2009. "Changes in Compulsory Schooling, Education and the Distribution of Wages in Europe." *Economic Journal* 119：516 −39.

Chou, S. , J. Liu, M. Grossman and T. Joyce. 2010. "Parental Education and Child Health：Evidence from a Natural Experiment in Taiwan. " *American Economic Journal*：*Applied Economics* 2（1）：33 −61.

Dincer, M. A, N. Kaushal and M. Grossman. 2014. "Women's Education：Harbinger of Another Spring? Evidence from a Natural Experiment in Turkey." *World Development* 64：243 −58.

Dominitz, J. , B. Fischhoff and C. F. Manski. 2001. "Who Are Youth At − risk? Expectations Evidence in the NLSY − 97. " In R. T. Michael, ed. , *Social Awakenings*：*Adolescent' Behavior as Adulthood Approaches*. New York：Russell Sage Publications.

Duflo, E. 2001. "Schooling and Labor Market Consequences of School Construction in Indonesia." *American Economic Review* 91（4）：795 −813.

Eckstein, Z. and I. Zilcha. 2002. "The Effects of Compulsory Schooling on Growth, Income Distribution and Welfare." *Journal of Public Economics* 54（3）：339 −59.

Fang, H. , K. Eggleston, J. A. Rizzo, S. Rozelle and R. Zeckhauser. 2012. "The Returns to Education in China：Evidence from the 1986 Compulsory Education Law. " NBER Working Paper 18189, Cambridge, MA：National Bureau of Economic Research.

Fleisher, B. , H. Li and M. Q. Zhao. 2010. "Human Capital, Economic Growth, and Regional Inequality in China." *Journal of Development Economics* 92（2）：215 −31.

Glewwe, P. 2002. "Schools and Skills in Developing Countries：Education Policies and Socioeconomic Outcomes." *Journal of Economic Literature* XL：436 −82.

Glewwe, P. and J. Jacoby. 1994. "Student Achievement and Schooling Choice in Low − Income Countries：Evidence from Ghana." *Journal of Human Resources* 29（3）：842 −64.

Grant, M. J. and J. R. Behrman. 2010. "Gender Gaps in Educational Attainment in

Less Developed Countries." *Population and Development Review* 36 (1): 71 -89.

Glick, P. 2008. "What Policies will Reduce Gender Schooling Gaps in Developing Countries: Evidence and Interpretation." *World Development* 36 (9): 1623 -1646.

Güleşçi, S. and E. Meyersson. 2013. "'For the Love of the Republic' Education, Secularism, and Empowerment." Working Paper 490. IGIER, Bocconi University.

Güneş, P. M. 2013. "The Impact of Female Education on Fertility: Evidence from Turkey." Grand Challenges CanadaWorking Paper GCC 13 -01.

Handa, S. 2002. "Raising Schooling Enrollment in Developing Countries: The Relative Importance of Supply and Demand." *Journal of Development Economics* 69 (1): 103 -28.

Jaeger, D. A. and M. E. Page. 1996. "New Evidence on Sheepskin Effects in the Returns to Education." *Review of Economics and Statistics* 78 (4): 733 -40.

Jensen, R. 2012. "The (Perceived) Returns to Education and the Demand for Schooling." *Quarterly Journal of Economics* 125 (2): 515 -48.

Kirdar, M. G. 2009. "Explaining Ethnic Disparities in School Enrollment in Turkey." *Economic Development and Cultural Change* 57 (2): 297 -333.

Kirdar, M. G., M. Dayioglu and İ. Koç. 2010. "The Effect of Compulsory Schooling Laws on Teenage Marriage and Births in Turkey." Koc University -TUSIAD Economic Research ForumWorking Paper 1035.

Lavy, V. 1996. "School Supply Constraints and Children's Educational Outcomes in Rural Ghana." *Journal of Development Economics* 51: 291 -314.

Lee, D. S. and T. Lemieux. 2010. "Regression Discontinuity Designs in Economics." *Journal of Economic Literature* 48 (2): 281 -355.

Lang, K. and D. Kropp. 1986. "Human Capital Versus Sorting: The Effects of Compulsory Attendance Laws." *Quarterly Journal of Economics* 101 (3): 609 -24.

Lochner, L. and E. Moretti. 2004. "The Effect of Education on Crime: Evidence from Prison Inmates, Arrests, and Self-Reports." *American Economic Review* 94 (1): 155 -89.

Mejia, D. and M. St-Pierre. 2008. "Unequal Opportunities and Human Capital Formation." *Journal of Development Economics* 86: 395 -413.

Ministry of National Education (MONE). 1989 -2006. *National Education Statistics*, Ankara.

Munich, D., J. Svejnar and K. Terrell. 2005. "Returns to Human Capital under the

Communist Wage Grid and during the Transition to aMarket Economy." *Review of Economics and Statistics* 87 (1): 100 −23.

Orazem, P. F. and E. M. King. 2008. "Schooling in Developing Countries: The Roles of Supply, Demand and Government Policy." *Handbook of Development Economics* 4: 3475 −559.

Oreopoulos, P. 2006. "Estimating Average and Local Treatment Effects of Education When Compulsory Schooling Laws Really Matter." *American Economic Review* 96 (1): 152 −75.

———. 2009. "Would More Compulsory Schooling Help Disadvantaged Youth? Evidence from Recent Changes to School −Leaving Laws." In Jonathan Gruber, ed., *The Problems of Disadvantaged Youth: An Economic Perspective*. Chicago: University of Chicago Press.

Oreopoulos, P., M. Page and A. H. Stevens. 2006. "The Intergenerational Effects of Compulsory Schooling." *Journal of Labor Economics* 24 (4): 729 −60.

Rosenzweig, M. and K. I. Wolpin. 1988. "Migration Selectivity and the Effects of Public Programs." *Journal of Public Economics* 37 (2): 265 −89.

Schady, N. R. 2003. "Convexity and Sheepskin Effects in the Human Capital Earnings Function: Recent Evidence for Filipino Men." *Oxford Bulletin of Economics and Statistics* 65 (2): 171 −96.

Schultz, T. P. 2002. "Why Governments Should Invest More to Educate Girls." *World Development* 30 (2): 207 −25.

Schultz, T. W. 1963. *The Economic Value of Education*. New York: Columbia University Press.

Spence, M. 1973. "Job Market Signaling." *Quarterly Journal of Economics* 87: 355 −74.

Spohr, C. A. 2003. "Formal Schooling and Workforce Participation in a Rapidly Developing Economy: Evidence from 'Compulsory' Junior High School in Taiwan." *Journal of Development Economics* 70 (2): 291 −327.

Tsai, W., J. Liu, S. Chou and R. Thornton. 2009. "Does Educational Expansion Encourage Female Workforce Participation? A Study of the 1968 Reform in Taiwan." *Economics of Education Review* 28: 750 −58.

Turkish Statistical Institute (TÜİK). 1993 −2006. *National Education Statistics: Formal Education*. Ankara.

Van der Klauuw, W. 2008. "Regression −Discontinuity Analysis: A Survey of Recent

Developments in Economics." *Labour: Review of Labour Economics and Industrial Relations* 22 (2): 219 −45.

Wolpin, K. I. 1977. "Education and Screening." *American Economic Review* 67 (5): 949 −58.

World Bank. *World Development Indicators.* http://data.worldbank.org/data-catalog/world-developmentindicators, accessed on August 2013.

Yüret, T. 2009. "Human Capital and Sorting Models Reconsidered." *İktisat, İş letme ve Finans* 25 (295): 73 −90.

学而升级还是不学亦可升级：
对学生入学和退学的影响

伊丽莎白·M. 金（Elizabeth M. King）
皮特·F. 奥拉兹姆（Peter F. Orazem）
伊丽莎白·M. 帕特诺（Elizabeth M. Paterno）*

自动升级政策假定留级会抑制学校中的连续性，而对于学习成绩不好的学生宽松的升学并不会妨碍他们在下一年级中表现良好。然而，让学生在没有做好准备的情况下，进入下一年级的学习，结果可能事与愿违，从而导致过早地退学。对于升学决策的计量经济学分解，是以成绩和其他不相关的组成部分为基础的，这些组成部分包含了一种考察，以判断父母对于让孩子留在学校的决定是以成绩为基础的，还是自动升级的。结果表明，入学决定在很大程度上受到学习是否已经进行的影响。与成绩没有关联的自动升学效应只占到了 20%～33%，而其余则是以学习成绩为基础的。JEL 代码：I20，I21，I28。

---

* 伊丽莎白·M. 金（通讯作者）是华盛顿特区布鲁金斯学会的一位非常驻高级研究员，她的电子邮箱是 bethinking1818@ gmail. com。皮特·F. 奥拉兹姆是爱荷华州立大学经济学教授，他的电子邮箱是 pfo@ iastate. edu。伊丽莎白·M. 帕特诺是加拿大安大略省政府社区和社会服务部经济学家，她的电子邮箱是 Elizabeth. Paterno@ ontario. ca。关于本文早期版本的有益评论来自巴里—奥索里奥（Barrera – Osorio）、哈尔西·罗杰斯（Halsey Rogers）、吉尔莫·赛德拉克（Guilherme Sedlacek）以及参加美国人口协会大会的与会者和中西部经济学家协会的参与者，在此一并对他们表示感谢。匿名阅稿人和编辑的有益评论使本文受益匪浅。世界银行研究支持预算和爱荷华州立大学经济部提供的资金为本研究提供了资金支持。本文中所表达的观点和提出的结论为笔者所有，并不反映世界银行及其成员国政府的观点。

长期以来，教育政策制定者对自动升级相对于留级是否有好处争论不休。自动升级是让学生从一个年级升到下一个年级的政策或做法，而不论其学习成绩如何。留级是一种让成绩不合格的学生继续在原来的年级上学，直至其获得该年级最低要求的技能。自动升级的倡导者认为，即便是表现不佳的学生也能从与其年龄相当的群体共处以及和他们一起学习中获得好处，而留级则伤害了学生的自尊，不但不会提高他们的成绩，反而会提高他们退学的可能性。而支持留级的人们认为，等到学生真正掌握课程内容会使得他们为更高级别的学习做好更加充分的准备，而自动升学则会使他们更加落后于同学。[1] 在一定程度上，自动升级的做法在丹麦、日本、挪威、瑞典以及美国的众多州中普遍实施。而其他国家，如法国和许多发展中国家，则广泛使用留级政策，并将其作为提高学生成绩的一个手段。

一 自动升级还是留级：文献综述

关于自动升级和留级的相对优势存在不同证据——相关政策也饱受争议。使用断点回归设计来估计留级影响的两项研究得出了截然相反的结论：罗德里克和那高克（Roderick and Nagaoka, 2005）发现，依据"芝加哥高风险测试政策"而被留级的三年级学生并不比那些自动升级的早期的三年级学生表现得更好，被留级的六年级学生比早期自动升级的六年级学生表现得要差一些。格里索姆和谢泊德（Grissom and Shepard, 1989）发现，即便对学习成绩、社会经济地位以及性别进行控制之后，留级导致的退学率还是上升了 20~30 个百分点。艾德和萧瓦尔特（Eide and Showalter, 2011）发现，留级对于退学具有负面效应，但统计上并不显著。

---

[1] 霍尔姆斯（Holmes, 1989）和吉姆森（Jimerson, 2001）对多种研究进行考察之后作出结论称，在之后的测试中，留级的孩子比升学的孩子得分低于标准差 1/3。然而，许多研究并没有对升学和留级学生之间的其他差别进行控制。对于此类差异进行最佳控制的研究发现了留级对于考试成绩最大的负面效应。

与这些研究相反，杰克布和勒夫伦（Jacob and Lefgren，2004）发现，留级以及夏季补习课程，在很大程度上提升了三年级学生的学习成绩，但对六年级学生并没有明显的作用。关于"芝加哥高风险测试政策"的另一项研究发现，该政策使得八年级学生的留级率从1%提升至10%，但因为很少有学生进入高中而准备不足的情况，因此该政策实际上降低了后续的退学率（Allensworth，2004）。

对于发展中国家的研究还报告了相反的结论。在诸如巴西东北部农村的贫困地区，重复学习之前，留级的二年级学生表现要低于平均数的一半标准差，但在重复学习之后（Gomes-Neto and Hanushek，1994）[1]，其表现要略优于平均数。在塞内加尔，相对于那些学习同样不好但被允许进入到下一年级学习的学生而言，那些根据要求重复二年级学习的成绩不好的留级学生更有可能在完成小学教育之前退学（Glick and Sahn，2010）。

这里存在一个根本性的问题，那就是试图将升级学生的表现与学生在学校学习或退学进行关联。即便存在一个全部或者部分自动升级的政策，至少某些，甚至可能是大多数升级的儿童应该可以满足升级的标准。这意味着研究人员不得不在以表现为依据的升级与其他类型的升级之间进行区分。第二个问题是，除非基础义务教育完全执行，否则一般情况下，作出让孩子留在学校（至少是小学）决策的人是家长。如果家长主要对他们的孩子是否学习到知识感兴趣，那么他们的决定将取决于他们对学习成果的看法，而不是学校是否会让他们的孩子升学。因此，研究要针对家长如何识别其孩子是否学习到知识，以及家长如何对学校的升级决定做出反应来建模。

本研究对升级和留级之间争论的不同方面进行了考察——父母如何处理关于升级或留级的信息——并将这些信息纳入父母关于其孩子受教育的

---

[1] 在1981~1985年，该研究对学校的样本进行了追踪研究（Gomes-Neto and Hanushek，1994）。1981年，在2619个二年级学生中，有127名学生到1985年还在读二年级。

决定之中。① 即便是在低年级，家长也会对教育价值与孩子在学校耗去时间的机会成本进行隐含的评估，这些评估可能会受到孩子是否能从学校学到知识等方面的影响。本研究以开伯尔—普赫图赫瓦省（Khyber Pakhtunkhwa，巴基斯坦最大的四个省中最小也是最北的一个省）的一二年级学生为背景，对这一问题进行了探讨。分析首先确定了升级在多大程度上是以学生在教室中的表现为基础的。教师关于学生留级还是升级的决定是基于一定的因素，而非学业表现。这些因素包含学生的行为举止、自动升级的政策以及家长的压力。这导致了将升级分解为两个部分——一个部分以可观测到的学业良好表现为基础，而另一部分则以学业表现之外的因素为基础——这些组成部分随后将与持续的入学和退学进行关联。

  本分析使用了1994年在开伯尔—普赫图赫瓦省搜集的独特数据集。在那时，开伯尔—普赫图赫瓦省教育管理信息系统正在将学生评估系统的使用进行探索。在此之前，家长或教师没有任何正规的手段对在校学生的学业进行对比。即使之前缺乏对学生学习的了解，教师也会根据学生的入学以及对学生数学和语言能力的评估作出使其升级的决定。测试分数的关系特别有意思，教师从来都不在这些测试中考察学生的学业表现，因此他们必须在即便没有正式评估的协助下知道哪些学生掌握了知识。更为令人印象深刻的是，在很大程度上不识字的父母似乎也将在下一年把孩子送到学校的决定建立在以学业表现为基础的升级上。如果升级未与评估学生学业成就进行关联，那么将对学校的持续性或坚持性构成较小的正影响。这一发现表明，家长作出是否让孩子继续学习的决定是建立在他们对之前一年可见的学习成果之上的，而不是升级或者留级。这也意味着，如果孩子在未来一些年的学习能力因为他们在一个尚未准备好的年级中学习而受到限制，那么这样的升级会导致退学率的上升。

  有意思的是，研究人员和发展机构正在将学校管理改革和家长对学校

---

① 艾德和萧瓦尔特（Eide and Showalter，2001）在他们的研究中对美国关于留级的父母决定以及高中生留级收益的情况进行了评估。他们将父母的决定进行建模，将其建立在孩子的收益在扣除教育成本之后是比留级高还是低之上。对于留级的内生性进行控制，在较低的退学率以及较高的劳动力市场收益环境中，白人学生从留级中获得了好处。

不断提高的参与程度作为一种改善教学质量和提高学生学习表现的机制来进行探索。其中关于当地学校分散化控制的一项担忧就是，未受教育的父母由于无法对教学质量进行评估，因此也就无法对质量高的学校进行倡导。[①] 这里的发现表明，即便没有外部的信息来源，父母对学校质量的评判也比预想的要好。

二 模型

本部分展示了家庭对于教育需求的模型，然后是教师和学校关于是否让学生升学到下一年级的决策模型。贝克尔（Becker，1967）在其沃尔丁斯基讲课中首次提出，家庭通过让私人（折现的）预期边际收益和预期边际成本相等选择人力资本投资水平。将这一框架适用到孩子的教育需求之中，家长关于孩子受教育的决定取决于教育的直接和间接成本、家庭收入和预期的快乐和/或金钱收益。[②] 这一模型一般都假定成本、收入以及收益在决策时是可知的。实际上，关于这些因素的信息是随着时间而披露的，父母的决策可以被作为一种连续的决策来建模。

父母披露程序的部分是通过观察孩子在学校中的学业表现来了解更多关于孩子能力以及对学校态度的信息。在每一学年，父母通过两种指标来观察孩子在学校中取得的进步，以及孩子是否升学到下一个年级和孩子究竟学到了多少知识。根据新的信息，父母对其关于孩子需要在学校中待多少年的决定进行更新。根据任何义务教育法的规定，这一模型都意味着，如果孩子的进步低于父母的期望，那么父母将会降低孩子在学校中的年数，从而导致提前退学。

披露过程的另外一个部分就是父母发现了更多关于其孩子学校质量的

[①] 阿玛德等人（Ahmad et al.，2005）和巴丹（Bardhan，2002，2005）曾经对这些问题进行过考察。
[②] 参见贝尔曼和德莱卡尔（Behrman and Deolaikar，1991），阿尔德曼、奥拉兹姆和帕特诺（Alderman, Orazem and Paterno，2001），安德森、金和王（Anderson, King and Wang，2003），以获取关于发展中国家研究的相关信息。

信息,包括学校向其孩子教授新知识以及新技巧的程度、学校如何对学生学业表现进行评估,以及学校关于哪些学生升级或留级的决定。下文中的模型包含了父母关于教育决策中的升级决定。

在学校的时间长度

人力资本模型表明,父母会为其孩子选择一定的在校时间长度,以便通过教育和收入将其孩子在一生中的贴现效用最大化。父母的效用假定可以通过两个潜在的渠道随着孩子的教育而增加,即孩子的认知能力和升级带来的进步。下文中是升级对于父母价值的两种情况:首先是一种简化的情况,父母仅仅关注孩子的认知能力(而不是完成学业的年数);其次,父母关心升级,还关心与升级相关的文凭。

情况 A1:仅有孩子的认知能力才能提高父母的效用。

如果父母仅仅关心孩子是否在学校中学习到了知识,而并不关心完成的学年数,那么在时间 t 时的贴现效用则仅仅取决于所获得的人力资本 q_{it}。比如,如果父母的价值仅仅是其孩子未来的挣钱潜力,如果企业仅仅为认知而不是完成学业的年数支付薪酬,那么这会使父母的效用非常特别。实际上,格列夫(Glewwe,2002)、汉森克和吉姆科(Hanushek and Kimko,2000),以及汉森克和沃斯曼(Hanushek and Woessmann,2012)的证据证明,增加收入的是认知水平的提高,而非受教育的年限。[1] 阿克利什等人(Akresh et al.,2012)同样表明,在布基纳法索,父母更有可能会将天资更好的孩子送去学校。

在 $t+1$ 年,将孩子 i 送进学校的父母净贴现效用为:

$$V^S(q_{it}, W_{t+1}(q_{it}, t), C_{it+1}, t) \tag{1}$$

在学校学习额外一年的净价值随着孩子过去的知识积累 q_{it} 而增长,但将随着孩子的时间机会成本 W_{it+1} 以及教育直接成本 C_{it+1} 而下降。教育的机

---

[1] 为什么受教育和认知水平的提高对于增长并不具有相同的效应?这一问题部分被普利切特(Pritchett,2013)所解释,他提出的说服力很强的证据表明,受教育年数的增加,比如在印度或许多发展中国家,并不会使得学业产生类似的增长。

会成本 W_{it+1} 将随着孩子的年龄 t，以及孩子过去的知识积累 q_{it} 的增长而增长。最后，净现值同样也直接取决于 t；由于时间有限，剩余受教育年份长度的潜在收益将随着年龄的增长而下降（也就是说，由于受教育导致劳动力进入市场的年份被推迟，从而降低了收入）。假定 V^s (q_{it}, W_{t+1} (q_{it}, t), C_{it+1}, $t | t=0$) >0，以及教育的边际收益递减 $\frac{\partial V^s}{\partial t}<0$，那么将存在唯一的最优值 t^*，满足 V^s (q_{it^*}, W_{t^*+1} (q_{it^*}, t^*), C_{it^*+1}, t^*) $=0$，此后孩子将会离开学校。

等式（1）表明，父母从受教育的 $t+1^{st}$ 年中获得的效用假定父母能够对孩子的人力资本 q_{it} 进行观察，但是对 q_{it} 的观察在很大程度上都是带有偏差的。孩子的学业进步是由一系列升级结果所代表的，这在一定程度上向父母报告了孩子的学习情况。然而，如果这些升级决定取决于非学业成绩的因素，也就不能精确地反映学习情况。在一个极端情况中，升学对于所有的学生而言都是自动的，因此并不能表明学生获取知识的信息，使得父母不得不对孩子的 q_{it} 进行自我评估。

情况 A2：升级和孩子的认知进步均提高了父母的效用。

如果父母能够从其孩子独立于认知进步的升级中获得效用（或许是因为劳动力市场对完成教育年数的认可，而不论学习的层次），那么升级同样使得父母从受教育的 $t+1^{st}$ 年中获得的贴现效用为：

$$V^s(q_{it}, W_{t+1}(q_{it}, t, P_{it}), C_{it+1}, t, P_{it}) \tag{2}$$

其中，P_{it} 表明，如果孩子 i 在年份 t 中被升学，那么在学校的最优时间长度将被设定为 t^{**}，因此 V^s ($q_{it^{**}}$, $W_{t^{**}+1}$ ($q_{it^{**}}$, t^{**}, $P_{it^{**}}$), $C_{it^{**}+1}$, t^{**}, $P_{it^{**}}$) $=0$。

这一自动升级的情况依赖于这样一个假设，即当儿童与同龄人在一起时学习效果最好。升级提升了孩子的自尊和自信，这又会提高在学校更多时间的边际产出。自信的提升还会提高孩子在生产活动中的价值，从而提高在学校时间的机会成本。因此，在学校时间的最优长度并不一定要增长。然而，如果自动升级对儿童的时间机会成本没有影响，那么只要父母认为升学本身存在价值,而不在乎孩子在学校中学到了什么,则有 $t^{**} > t^*$①。

这一讨论展示了升级对于父母价值的两个观点。在情况(1)中,升级衡量了孩子的 q_{it},而父母在决定孩子应该在学校学习多长时间时将用到这一项。在情况(2)中,升级使得父母从受教育中获得的效用高于从孩子 q_{it} 中获得的效用。实证上对这两种观点进行区分,需要一定的机制以区分基于学业成绩的升级决定和基于除学业成绩之外其他因素的升级决定。

升级决定

在考虑老师如何做出升级决定时,存在两种极限情况:在第一种情况中,升级决定以学生学业表现为唯一依据;在第二种情况中,升级决定仅仅是以除学业表现之外的其他因素为依据。实际的升级是这两种极端情况的凸组合(第三种情况)。

情况 B1:以学业成绩为基础的升级。

假定在年份 t 中,学校 j 中学生 i 的学业成绩被写为 q_{ijt},且学业成绩由人力资本生产过程所确定:

$$q_{ijt} = f(A_{ijt}, M_{ijt}, L_{ijt}) \tag{3}$$

其中,A_{ijt} 是学生在这一年中的入学情况,M_{ijt} 和 L_{ijt} 是在该年末测试的数学和语言能力。根据 A_{ijt}、M_{ijt} 和 L_{ijt},教师推导出来对于学业的估计为 q^e_{ijt},这与实际的学业成绩 q_{ijt} 是不同的,其中存在一定的随机误差 ε_{ijt}。还存在着学业成绩的一个临界值 q^{min}_j,用于证明学校 j 中升级到下一年级的决定是合理的。② 因此,升级决定可以被写为:

---

① 然而,留级将使得在学校中耗掉的年份的边际收益被稀释。贝尔曼和德莱卡尔(Behrman and Deolaikar, 1991)对印度尼西亚高留级率对于小学教育收益的影响进行了考察,并发现留级率被极度高估。在对留级率进行的另一次估算中,对于小学阶段教育以下的高估达到了 82%~114%,对于完成小学阶段教育的高估达到了 38%~78%。

② 贝蒂和马歇尔(Bedi and Marshall, 2002)将日常入学模型构建为一个父母教育决策结果的模型。与父母关于入学的决定一样,他们发现入学受到预期收益的影响。而预期的收益则由考试分数的增加来衡量。

$$P_{ijt} = 1 \ if \ q_{ijt}^e - q_j^{min} = q_{ijt} - \varepsilon_{ijt} - q_j^{min} \geq 0$$
$$= 1 \ if \ q_{ijt} - q_j^{min} \geq \varepsilon_{ijt}$$
$$= 0, otherwise \quad (4)$$

P_{ijt}是一个二分变量，如果教师决定使学生升级，那么该二分变量就等于1。假定老师衡量学生学业表现的能力不足，偏误ε_{ijt}也如$N(0, \sigma)$一样分布，那么等式（4）就可以被估计为一个代理等式，其中q_{ijt}和q_j^{min}被定义为回归值。当升级严格以学业成绩为基础时，那么被观测的升级将关于其孩子学业表现的正确信号发给父母，除非存在较大的正面或负面估计偏差，ε_{ijt}。①

情况B2：以非学业为基础的升级。

教师的升级决定也部分取决于家长在社区的地位或者学校政策（或实际操作）以便将留级率保持在最低限度（或者为0）。在这种情况下，非学业因素Z_{ijt}影响升级，因此教师的升级决定可以写为：

$$P_{ijt} = 1 \ if \ Z_{ijt}\beta \geq \xi_{ijt}$$
$$= 0, otherwise \quad (5)$$

其中，ξ_{ijt}代表教师对学生评估中的随机变量。在这种极端情况中，升学决定并没有向家长提供关于其孩子表现的信息。

情况B3：混合升级。

升级决定不大可能出现上述两种极端情况，但极有可能是以学业和非学业为基础的因素的组合。将γ作为学业因素的权重，升级政策可以被写为：

$$P_{ijt} = 1 \ if \ \gamma[q_{ijt} - q_j^{min}] + (1-\gamma)[Z_{ijt}\beta] \geq \gamma\varepsilon_{ijt} + (1-\gamma)\xi_{ijt} = e_{ijt}$$
$$= 0, otherwise \quad (6)$$

如果$\gamma = 1$，那么混合升级决定是严格以学业为基础的决定收益，如果

---

① 在他们对巴西的研究中，戈麦斯—内托和汉森克（Gomes – Neto and Hanushek，1994）发现升学率与学生的考试成绩直接相关。葡萄牙学习考试中的1个百分点的增加会使得留级率下降1个百分点。数学考试中增长的影响大约为一半。由于在样本中平均观测的留级率仅仅为4%，因此这些学业效应是十分明显的。

$\gamma=0$，那么升级是以严格的非学业为基础决定的。在没有依据常规标准对学生表现进行测试的情况下，即便是学校老师都希望将升级的基础建立在学业之上，在这一过程中较大的测量误差标准差将使得权重 γ 偏向 0。因为缺乏对学生进行公证和精确的测试结果，家长（和学生）可能会获得一种学业并不重要的印象。

表现、升级和坚持

关于家长让孩子在学校时间长短的决定可以由孩子在学校的表现来决定，如等式（1）或等式（2）中的表现和升级。在等式（6）中，只要 $\gamma>0$，升级可能与孩子的表现正相关。为了对等式（1）和（2）进行区分，升级的比率可以被分解为与学业相关联的因素以及其他与学业无关联的因素。可以通过在等式（4）基础上进行的升级进行评价来完成这一分解，严格的以学业为基础的模型，将以学业为基础的因素衡量为 $P_{ijt}^M = E(P_{ijt} \mid A_{ijt}, M_{ijt}, L_{ijt})$。① 替代的方案可以仅仅将非学业因素，如 $P_{ijt}^N = E(P_{ijt} \mid Z_{ijt})$ 等包含在内。第三个替代性方案被贴上了剩余升级的标签 P_{ijt}^R，与所有影响升级可能性的学业和非学业因素没有关联的升级因素可以表达为：$P_{ijt}^R = P_{ijt} - E(P_{ijt} \mid A_{ijt}, M_{ijt}, L_{ijt}, Z_{ijt})$。使用这些观测到的升级决定的替代性因素，等式（2）的线性近似，父母在下一年中将孩子送入学校中获得的效用可以模型化为：

$$V_{ijt+1}^S = \delta_M P_{ijt}^M + \delta_N P_{ijt}^N + \delta_R P_{ijt}^R + \delta_W W_{ijt+1} + \delta_C C_{ijt+1} + \theta_{ijt+1} \tag{7}$$

只要 $V_{ijt+1}^S > 0$，家长便将他们的孩子留在学校，这与之前的 Probit 模型相对应：

$$\begin{aligned} E_{ijt+1} &= 1 \text{ if } \delta_M P_{ijt}^M + \delta_N P_{ijt}^N + \delta_R P_{ijt}^R + \delta_W W_{ijt+1} + \delta_C C_{ijt+1} > -\theta_{ijt+1} \\ &= 0 \text{ otherwise} \end{aligned} \tag{8}$$

---

① 将入学率包含为一个学业因素，使得我们能够将那些在考试当天没有参加考试的孩子包含在内。当仅有那些参加了考试的孩子被包含在内时以及考试成绩被包含在学业向量中时，将获得类似的结果。

其中E_{ijt+1}为二分变量，表示孩子是否在下一年中入学。当孩子的父母决定是否让孩子继续留在学校之时，系数δ_M、δ_N和δ_R代表父母在学业、非学业以及包含在升级中的随机信息的权重。如果父母既关心升级，又关心学习，那么他们可能会对如$\delta_M = \delta_N$等组成部分赋予相同的权重；如果学业更加重要，那么δ_M便更大一些。请注意剩余因素（系数为δ_R）可以对未被观测到的学业因素进行衡量，因此也就对学业在家长让孩子待在学校中的决定的重要性存在一定的低估。我们将在第四部分中对这一可能性进行阐述。

三　数据来源

本文实证分析的数据来源于由笔者设计并且由 NEMIS 执行的问卷调查。这一调查覆盖了 257 个具有代表性的样本，其中政府、清真寺和私人学校样本是阿里和里德（Ali and Reed，1994）课本调查中首次调查的对象。在最低的三个年级中各选定了一名教师；如果一个年级中存在不止一名教师，那么这一选择就是随机的。虽然调查也针对幼儿园或一年级搜集了相关数据，但这一分析仅仅使用了一年级和二年级的数据，原因是幼儿园儿童太小无法参加测试。学校调查还获得了关于教师社会经济背景的信息。在家庭调查方面，来自学校的两名学生被随机选取，同时也搜集了每一位学生家庭的社会经济情况信息。变量定义和样本统计特征报告在表 1 中。[①]

巴基斯坦西北边境省区学年开始于 4 月，学校在 6~8 月停课，随后学校一直开放到第二年的 3 月。人口调查员在学年开始的 4 月和 5 月对教师和学生进行调查。在这一时期，一年级学生参加考试以进入二年级，通常发生在一年级学生完成一年级学习后的 1~2 个月。同样，在学年末，学校

---

① 我们关于使用何种学校和家庭衡量标准的选择与反应的频率相关。比如，25 个家庭没有回答家庭与学校距离的问题。将家庭到学校距离排除在外，我们的结果并没有受到影响（平均距离小于 1 千米，因此这也就不令人感到惊奇），因此调查仅仅报告了排除学校距离的较大样本的结果。

还对一年级学生的考试进行管理。当学校在 4 月重新开学之后,人口调查员返回学校开展调查。在这一时期,他们搜集关于学生和教师入学的官方信息,以及关于这一年新入学孩子的信息。如果学生没有入学,那么人口调查员将获得关于该学生究竟是转学了还是退学了的相关信息。人口调查员能够找到所有除了 9 个初始样本孩子的入学状态信息;这 9 个观测值被排除在对学校学习的分析之外。

在学年中,人口调查员将针对学生和教师的旷课情况开展两次非公开的或现场抽查。第一次抽查在学年的头两个月中,第二次抽查在学年的后两个月中。关于学年中学生和教师的月参与率的信息同样来源于学校的考勤登记。根据现场访问,教师的脱岗率为 19%,这与乔杜里等人(Chaudhury et al., 2006)使用的与本研究中类似的方法在 6 个发展中国家发现的脱岗率是相同的。学生的旷课率相对较低,平均为 10%。[1] 如果教师脱岗,那么其他的教师将会在脱岗的当天代行脱岗教师的监管职责。

一年级的考试由萨尔·汗所设计。根据官方课程,无论是公立还是私立的所有学校,都期望遵循考试评估依据课程为每一年级设定学生最低的能力标准。[2] 语言考试将以教授的语言来开展,以避免为某一特定语言群体带来不适当的优势。[3] 如果总分为 25 分,那么数学和语言测试的平均分数分别为 14.3 分和 11.3 分。

---

[1] 达斯等人(Das et al., 2007)还发现,在赞比亚对旷课或脱岗率的抽查中,学生的旷课率要低于教师的脱岗率。在赞比亚,教师较高脱岗率的原因在于艾滋病以及相关的死亡。在巴基斯坦西北边境省区,脱岗或者旷课很明显的原因是教师的合同,合同内容含混不清,通常会使得教师负担很重,从而使得在拥有多个教师的学校中的脱岗率比拥有一个教师的学校的脱岗率要高。

[2] 精确衡量学生学习的测试能力是教育领域饱受争议的一个话题。由于其目标是在独立于教师和教师升学决定的基础上对学生学业进行衡量,因此一个标准化的但是以课程为基础的考试是最佳的选择。这些考试应当能够充分了解学生的学习,并且能够对学生的阅读水平等进行最基本的测试。

[3] 虽然普什图语是开伯尔—普赫图赫瓦省的主要语言,但该省内还有说其他语言的人,比如印地语、旁遮普语、波斯语和乌尔都语。

表 1　变量定义及描述统计

变 量	定 义	所有孩子	男 孩	女 孩
升级	如果孩子升级 = 1	0.91 (0.29)	0.92 (0.27)	0.89 (0.31)
坚持	如果孩子在下一学年入学 = 1	0.92 (0.27)	0.94 (0.23)	0.88 (0.32)
男性		0.67 (0.47)		
学生入学率	学校纪律中的月平均入学率	0.90 (0.13)	0.91 (0.11)	0.87 (0.14)
数学考试成绩		14.3 (5.4)	14.2 (5.3)	14.5 (5.6)
语言考试成绩		11.3 (6.3)	11.0 (6.0)	12.0 (4.6)
参加考试	如果孩子参加考试 = 1	0.82 (0.39)	0.84 (0.36)	0.76 (0.43)
二年级	如果孩子在 2 年级 = 1	0.49 (0.50)	0.50 (0.50)	0.47 (0.50)
教师出勤率	学校给出的平均出勤抽查	0.81 (0.16)	0.82 (0.16)	0.80 (0.16)
学生数量	学校中学生的总数	24.2 (16.2)	22.8 (15.4)	27.2 (18.2)
单亲家庭	单亲或家长没有受过学校教育	0.39 (0.49)	0.41 (0.49)	0.36 (0.48)
母亲的教育	母亲获得的最高学历背景	0.96 (2.46)	0.91 (2.37)	1.06 (2.62)
父亲的教育	父亲获得的最高学历背景	4.72 (4.9)	4.28 (4.67)	5.60 (5.29)
是否有弟弟或妹妹	弟弟或妹妹的数量	1.61 (1.23)	1.52 (1.16)	1.82 (1.34)
通常是健康的?	如果儿童通常是健康的 = 1	0.94 (0.24)	0.94 (0.23)	0.94 (0.24)
家庭收入	估计的家庭收入（1000 卢比）	5.28 (3.73)	5.01 (3.30)	5.83 (4.42)

注：括号中为标准差。

资料来源：笔者以文中探讨的数据为基础所开展的分析。

本分析是以 904 个孩子的工作样本为基础，其中 90.9% 升级，92.2% 在下一学年依然在学校学习（表2）。对于那些未升级的孩子，其中有 40.7% 退学；升级的孩子中，有 4.5% 的孩子退学。正如在上文模型中探讨的一样，升级和继续学习之间的正相关可能是因为学习，或者仅仅是因为升级。

表2　孩子分布、以学业为基础的升级以及以非学业为基础的升级，根据升级和持续状态区分（%）

升级	继续学习 否	继续学习 是	总计
否	40.7 [3.7] $P_{ijt}^{M}=50.3$ $P_{ijt}^{N}=89.2$	59.3 [5.4] $P_{ijt}^{M}=79.6$ $P_{ijt}^{N}=89.4$	100 [9.1] $P_{ijt}^{M}=67.7$ $P_{ijt}^{N}=89.4$
是	4.5 [4.1] $P_{ijt}^{M}=90.0$ $P_{ijt}^{N}=90.7$	95.5 [86.8] $P_{ijt}^{M}=93.4$ $P_{ijt}^{N}=91.1$	100 [90.9] $P_{ijt}^{M}=93.2$ $P_{ijt}^{N}=91.1$
总计	[7.8] $P_{ijt}^{M}=71.4$ $P_{ijt}^{N}=90.0$	[92.2] $P_{ijt}^{M}=92.5$ $P_{ijt}^{N}=91.0$	[100.0] $P_{ijt}^{M}=89.8$ $P_{ijt}^{N}=91.0$

注：每一个表格中最顶端的数字是对列于第一列中的学校中下一学年升级状态继续或者中断的百分比。方括号内的数字是占总样本的百分比。表格中下面两个数字是仅仅根据学业预测出的可能性（使用表3，第4列）或者仅仅根据9个非学业因素而预测的可能性。总计是基于用在回归分析中的样本，在回归分析中，所有的家庭数据都是可用的。完整的样本拥有十分近似的百分比。

资料来源：笔者以文中探讨的数据为基础所开展的分析。

大约有 18% 的学生未参加考试。本文之前的版本仅仅关注考试分数可用的样本。由于继续在学校学习的部分学生可能会与考试的排名相关，本分析当前使用的是完整的样本。从较小的样本和完整的样本中获得的结论是类似的；这或许是教师没有提前通知考试，并且没有阻止学习成绩较差的学生参加考试的经济动机。

四 实证分析和结果

本文的第一部分确定了学生升级的决定性因素,第二部分使用这些结论来将预测的升级嵌入对学生在学校继续学习的分析之中。

学生升级

我们估计两个版本的升级方程:完全以学业为基础的模型设定(4)以及混合模型设定(6)。学生学业表现是由数学和语言的考试分数来衡量的,并且反映了学生学习国家规定课程内容的程度。假定正常的学校出勤率能够影响学习,那么学生的学业表现还可通过学生的出勤率来衡量。出勤率官方有记录。①

q_j^{min} 是学校对于升级所需学业表现的规定,假定它随着学校数学和语言考试的平均分的变动而变动。这意味着,在一所学生平均表现更好的学校中,学生通过考试的难度更大。由于升级所需的学业表现应当随着年级的上升而增长,因此也就增加了一个二年级的虚拟变量。任何提高学业表现标准的事情都将有可能降低升级的可能性。

对于 Z_{ijt} 的衡量包含母亲和父亲所上过的最高年级、是否家庭里面只有一位单亲,以及家庭收入。之前对若干国家的研究发现,对于来自更为贫穷的家庭和学校的孩子而言,留级率会高一些(Bonvin, 2003; Eide and Showalter, 2001; Glick and Sahn, 2010; Gomes – Neto and Hanushek, 1994; Hauser, Pager and Simmons, 2004; Mete, 2004; Patrinos and Psacharopoulos, 1996),这也是为什么对估计留级对学生学业表现影响的研究而言,恰当的识别是一个方法论问题。

受教育程度更高的或者拥有更多收入的家长有望拥有更多的权力和能力对教师施加影响。家长可能这样做的变量包含弟妹的数量(由于家长可

---

① 官方的出勤记录是对于学生努力的完整记录。对于学生出勤率的抽查确定了官方学生出勤记录是精确的。

能对其长子的成就特别感兴趣），孩子是否是男孩（由于家长特别希望他们的儿子能够取得成功），以及孩子是否健康（如果孩子有望在长期内获得教育的收益，那么教育就会更有价值）。最后，使用了两个教师评估学生学业表现的度量指标：教师自己的出勤率以及班级的规模。① 教师缺勤的频率越高，以及班级规模越大，教师了解学生学业表现的可能性也就越低，因此升级表现受到学业表现影响的可能性也就越小。

最为重要的结果就是对于零假设的检验。零假设假定所有非学业向量 Z_{ijt}（表3）的组成部分都为 0。这一检验与等式（6）中 $\gamma = 1$ 的零假设检验等同。下文中报告的回归结果表明，对于所有的样本以及男孩子样本而言，向量 Z_{ijt} 的系数与 0 相等的零假设不能在标准的显著性水平上被拒绝。对于女孩子样本而言，这一零假设仅仅在 10% 显著性水平上被拒绝，其原因在于弟妹入学以及教师的出勤率同样也影响了女孩的升级。相反，关于学业向量 q_{ijt} 上的系数等于 0 的联合假设也被拒绝，这表明等式（6）中 $\gamma = 0$ 的零假设被强烈拒绝。在短期内，证据强烈地支持了教师主要根据学业来决定学生升级的观点。即便教师从来没有公布过考试的结果，但在数学和语言考试中更优秀的学业表现将在很大程度上提高升级的可能性。

在全样本中，除了数学考试分数并没有影响到女生的升级之外，升级可能性对数学和语言考试分数的弹性介于 0.04 ~ 0.06。由于分数是从低于一个标准差到高于一个标准差的平均数，更翔实的信息是预测的升级可能性。一名分数低于平均分一个标准差的学生，其升级可能性为 95%，而分数高于平均数的一个标准差，升级的可能性为 99%。语言分数甚至更为重要，其升级可能性的四分位距为 6 个百分点。相对于学校内的其他学生而言，升级并没有与学生的表现强烈地关联在一起。考试平均分数对于升级的影响较小，在统计学上也并不显著，这意味着升级标准在各种不同学校中并没有太大的差异。

升级与学生的出勤率关联更为紧密。从低于平均数的一个标准差到高

---

① 教师出勤率使用了抽查观察，而非官方的教师出勤记录。官方的出勤率为 95%，而抽查出勤率只有 80%。

学而升级还是不学亦可升级：对学生入学和退学的影响

于平均数的一个标准差，升级的可能性从91%提高至98%。对于女孩的升级而言，出勤率尤为重要，而对于男孩而言，语言和数学考试的分数则相对重要。这三项以学业为基础的衡量标准，相对于我们所考虑的除教师出勤率之外的所有其他因素而言，都对升级有着更为强烈的效应，教师出勤率是唯一一项含有可比性的弹性的非学业因素。

为了将升级分解为以学业为基础和以非学业为基础的组成部分，无论是考试分数还是出勤率对升级都不是外生的。当孩子正在学习之时，家长将他们送到学校上课，这看起来是可信的，但是这并不意味着出勤率在评估孩子是否真正具备升级条件中是一个不适当的因素。这一方法仅仅要求升级的衡量标准与孩子的表现不存在关联。然而，当在不考虑出勤率的前提下对这一模型进行估计时，结果表明考试分数是主导升级的决定性因素。

在对升级的非学业影响向量中，有两个因素十分突出。首先，有弟弟妹妹的学生更有可能升级。这与学校可能会面临压力来使得更大的孩子升级以避免抑制家庭中更小孩子进入学校的假定保持了一致。① 然而，这一因素对升级的效应很小，弹性仅仅为0.025。其次，学生升级受到教师出勤率的影响，弹性为-0.055。这一效应的方向令人感到惊奇。随着教师出勤率不断上升，在所有其他条件等同的情况下，升级的可能性下降。对此，一个可能的解释是，那些经常缺勤的教师很少拥有升级决定所需的与学业相关的信息，因此也就避免让留级的决定遭受非议。② 如其不然，这些教师会感觉到他们需要巴结家长以避免投诉。

由于巴基斯坦境内巨大的教育性别差异，对男孩和女孩的升级分析是分开进行的。关于决定升级对于男孩和女孩是一样的零假设被拒绝。这些系数与男孩和女孩方程中的正负和显著性完全一致。对于二者而言，导致升级差异的是考试分数和出勤率，因此γ与1十分接近。非学业因素仅仅

---

① 一名阅稿人指出，弟妹可能会反应长子吸引了父母更多的注意力，因此这也可能成为一个与学业相关的因素。如果这一假定成立，那么用于本分析中的学业表现部分低估了升学中真正的学业表现部分。
② 达斯等人发现，赞比亚在1个学年内，教师的缺勤率增加5%，导致学习成绩平均下降了4~8个百分点。他们解释称，学习中此类下降并不仅仅是由于接触时间的下降，还由于教师在准备时间中的减少。

发挥了很小的作用,即使它们有显著的系数。

中断孩子学习的决定与向量 Z_{ijt} 不存在关联,向量 Z_{ijt} 是影响升级的非学业因素(表2)。以向量 Z_{ijt} 为条件的继续在学校学习的可能性为90%。然而,使学生留在学校的决定与孩子的考试分数存在关联,即便孩子没有升级。表2每一个表格底部的第二个数字是升学的平均可能性,由学业因素单独预示。① 最大的差异是那些没有升级,但是依然在学校中的学生以学业为基础的升级率,比那些未能升级也未在学校继续学习的同学高出30个百分点,且仅仅比那些升级的学生低13%。在升级的学生中,那些退学的仅仅比那些在学校中的孩子表现差一点,这表明他们的退学在于非学业原因。

学生留校继续学习

升级决定能够影响学生继续在学校学习的可能性。对这一关系进行考试的设定包含虚拟变量 P_{ijt},表示孩子是否升级。第二个设定将观测到的升级决定分解为:P_{ijt}^M,表3中前三项(第1列)所预测的学业组成部分;P_{ijt}^N,表3中后九项解释的升级部分中的非学业组成部分;以及 P_{ijt}^R,与解释变量不相关的升级剩余组成部分。由于使用分解升级的估计要求一个两步骤的过程,那么我们使用一个自举程序来纠正标准差。②

表3 对影响学生升级的学业和非学业因素的 Probit 分析

变量	(1) 全样本	(2) 男孩	(3) 女孩	(4) 全样本	(5) 男孩	(6) 女孩
学业因素:q_{ijt}						
学生月出勤率[a]	0.278 ** (6.11)	0.192 ** (3.51)	0.301 ** (5.78)	0.315 ** (6.57)	0.226 ** (4.01)	0.457 ** (5.47)
数学考试分数/100[a]	0.388 ** (2.25)	0.417 ** (2.19)	0.197 (0.80)	0.439 ** (2.18)	0.468 ** (2.20)	0.225 (0.56)

---

① 预示的升学基于表2第4列中的模型。
② 引导标准偏差与原始标准偏差几乎是相同的。这一使用了线性可能性模型的估算获得了类似的结果。

续表

变量	(1) 全样本	(2) 男孩	(3) 女孩	(4) 全样本	(5) 男孩	(6) 女孩
语言考试分数/100[a]	0.582** (2.97)	0.542** (2.29)	0.568** (2.68)	0.629** (2.83)	0.566** (2.18)	0.807** (2.13)
参加考试[c]	-0.038** (2.85)	-0.037** (2.43)	-0.028 (1.39)	-0.044** (2.70)	-0.042** (2.27)	-0.038 (1.16)
学校平均数学分数/100[c]	0.089 (0.32)	0.328 (0.88)	-0.139 (0.42)	0.107 (0.34)	0.296 (0.72)	-0.212 (0.40)
学校平均语言分数/100[c]	-0.350 (1.31)	-0.426 (1.12)	-0.117 (0.38)	-0.371 (1.24)	-0.456 (1.08)	-0.148 (0.30)
二年级[c]	-0.014 (1.21)	-0.013 (0.90)	-0.017 (1.32)	-0.013 (0.95)	-0.011 (0.66)	-0.021 (0.89)
非学业因素:Z_{ijt}						
教师抽查出勤率[b]	-0.065* (1.74)	-0.053 (1.27)	-0.084* (1.68)			
学生数量/100[b]	-0.005 (0.13)	-0.013 (0.26)	-0.010 (0.29)			
男性[b]	0.004 (0.27)					
母亲受教育程度[b]	-0.001 (0.65)	-0.002 (0.90)	-0.001 (0.47)			
父亲受教育程度[b]	-0.002 (1.02)	-0.002 (1.06)	-0.001 (0.60)			
单亲家庭[b]	-0.007 (0.35)	-0.003 (0.12)	-0.006 (0.26)			
弟弟妹妹数量[b]	0.015** (2.99)	0.012* (2.08)	0.016** (3.59)			
一般都是健康的?[b]	-0.003 (0.10)	-0.014 (0.57)	0.030 (0.70)			
家庭收入[b]	0.002 (1.02)	0.001 (0.44)	0.002 (0.79)			
对数似然函数值[b]	-188.5	-125.1	-55.8	-194.9	-129.6	-60.9
虚假的 R^2	0.31	0.26	0.46	0.29	0.24	0.41

续表

变量	(1) 全样本	(2) 男孩	(3) 女孩	(4) 全样本	(5) 男孩	(6) 女孩
数量	904	604	300	904	604	300
H_0：性别之间同等的系数	15.2			8.8		
H_0：学业因素 $q_{ijt}=0$ i.e. 也就是 $\gamma=0$	69.2**	42.9**	38.2**			
H_0：非学业因素 $Z_{ijt}=0$ i.e. 也就是 $\gamma=1$	13.8	11.6	15.3*			
估计效应	所有样本		男孩		女孩	
	弹性	±1σ	弹性	±1σ	弹性	±1σ
数学分数	0.05	0.95~0.99	0.06	0.94~0.99	0.01	0.98~0.99
语言分数	0.06	0.93~0.99	0.04	0.94~0.99	0.05	0.97~0.99
出勤率	0.26	0.91~0.98	0.19	0.93~0.98	0.26	0.88~0.99

注：所有的结果都被转化为对于升学可能性变量的边际效应。对于聚集在学校层次的Z-统计数据修正被报告在圆括号内。**，*指代5%，10%水平上显著。
a 学业因素向量 q_{ijt}
b 非学业因素向量 Z_{ijt}
c 控制
资料来源：笔者根据文中探讨的数据开展的分析。

我们获得了除了前一学年升级数据的9名学生之外的注册状态信息，将样本规模变为895。第一项令人印象深刻的结果就是那些升级的学生在学校内继续学习的可能性提高了36%（见表4）。另一方面，家庭、学校或孩子共同参与的联合排除检验，使得 Z_{ijt} 无法在第一列中被拒绝，也没有任何系数是显著的。当在 Z_{ijt} 上的系数被限定为0时，升级对继续学习的估计几乎没有发生变化。出于这些原因，Z_{ijt} 被排除在剩余的分析之外，关注重点集中在升级次级组成部分的效应。

正如在表4中展示的一样，从低于一个标准差的数字到一个高于现实的升级可能性的标准差,导致在学校内坚持上学的儿童数量的平均预测率从88%上升为96%。升级和在学校中继续学习的高度关联性似乎支持自动升级政策。然而,升级仅仅表明学校对于更高级别的教育做好了准备,使得家长继续支持其孩子在学校中受教育,在这种情况下升级本身就对孩子继续在学校受教育的情况没有任何影响。当观测到的升级 P_{ijt} 被分解为三部分——学业表现、非学业表现以及剩余部分——时,升级中以学业为基础的组成部分将推动继续学习的效应(表4,第3列)。学业表现组成部分的边际效应比其他两个组成部分的边际效应要大三倍。高于或低于平均数一个标准差将使得继续学习的可能性发生12%的变化,为剩余部分的两倍。非学业表现组成部分对于继续在学校学习的决定几乎没有影响。

对于剩余升级组成部分的解读并不是直接的。该组成部分反映了与观测到的学业表现或者非学业表现升级因素不存在关联的未被观测到的因素。如果全部是因为未被观测到的非学业基础的升级因素,那么这些因素将发挥重要作用,但仅仅对学生继续学习的决定产生相对较小的效应。如果剩余组成部分完全是因为未被观测到的学业表现因素,那么学业表现的重要性就被低估了。对于这些结果仔细的解读是静态的,即便大多数不识字的父母在决定是否让孩子继续在学校受教育时也都会将最重要的考量放在学业表现之上。这意味着自动升级政策对继续在学校受教育比率的影响最小。

以学业为基础的升级政策对继续在学校受教育的影响,对女孩而言要比男孩大一些(女孩为52%,男孩为24%),这意味着家长对于他们的女儿是否在学习这个问题很敏感,并且家长会利用这一信息来决定他们的孩子是否继续留在学校受教育。在标准的显著性水平上,男孩和女孩对包含在升学决定中信号的同等反应检验不被拒绝,这主要是因为女孩几乎不会受到非学业表现因素以及升级随机因素的影响。对于男孩而言,以学业表现为基础的升级对继续在学校学习的边际效应几乎是以剩余标准为基础的升级的三倍。

对于升级或未升级的孩子而言,继续在学校受教育的可能性随着由以学业为基础的升级组成部分表示的学业表现的提高而迅速提高（见图1）。随着以学业表现为基础的升级的提高，升级和未升级学生之间的差距越来越小，这与父母应对他们的孩子究竟学到了多少知识的信息的假定保持一致。

表4 学生升级对于继续在学校受教育影响的Probit分析

变量	全样本	全样本	全样本	男孩	女孩	男孩	女孩
实际升级：P_{ijt}	0.361** (7.59)	0.362** (7.45)		0.25** (4.81)	0.52** (6.27)		
以学业为基础的升级：P_{ijt}^M			0.331** (7.03)			0.245** (4.034)	0.518** (6.40)
以非学业表现为基础的升级：P_{ijt}^N			0.071 (0.25)			-0.004 (0.01)	-0.229 (0.54)
剩余升级：P_{ijt}^R			0.106** (3.82)			0.085** (2.98)	0.118 (1.57)
Z_{ijt}	是	否	否	否	否	否	否
对数似然函数值	-199.4	-205.3	-203.4	-118.1	-82.9	-114.7	-74.7
伪R^2	0.188	0.164	0.17	0.11	0.23	0.14	0.31
观测值	895	895	895	598	297	598	297
H_0：$Z_{ijt}=0$	11.8						
H_0：不同性别的系数相等						6.83**	7.76
±1σ范围：P_{ijt}	[0.88, 0.96]	[0.87, 0.95]		[0.91, 0.96]	[0.79, 0.94]		
±1σ范围：P_{ijt}^M			[0.86, 0.98]			[0.90, 0.98]	[0.77, 0.98]

续表

变量	全样本	全样本	全样本	男孩	女孩	男孩	女孩
±1σ 范围：P_{ijt}^{N}			[0.94, 0.95]			[0.96, 0.95]	[0.93, 0.90]
±1σ 范围：$P_{ijt}^{N'}$			[0.91, 0.97]			[0.93, 0.97]	[0.88, 0.94]

注：所有的结果都被转化为对于继续在学校受教育可能性变量的边际效应。对于聚集在学校层次的 Z-统计数据修正被报告在圆括号内。使用自举程序对 Z-统计数据进行估计，借助一个两步骤估计程序进行200次计算。估计的范围反映了用升级度量的学生继续上学的概率推测值，从低于1个标准差到高于1个标准差。**，*指代在5%，10%水平上显著。

资料来源：笔者根据文中探讨的数据开展的分析。

对于教师作出的使他们希望的学生在下一年继续留校学习的升级决定，人们往往会很关注。用于升级的工具可以缓解这一问题：由人口调查员开展两项测试，并且教师永远都无法看到测试结果，因此这样的测试是在教师的影响范围之外。学生出勤率的统计由学生现场考勤记录以确保有效性，因此这种统计似乎也在教师的控制范围之外。相比较而言，以学业表现为基础的升学衡量将不会受到教师让那些希望返回学校孩子升级的动机的影响。

另一方面，两个以非学业表现为基础的升级组成部分将由这些因素聚集在一起，这是因为它们代表了不是以学生表现为基础的升级决定。在这两个组成部分之中，仅有剩余的部分对下一学年中继续在学校受教育的决定产生影响，也仅仅对男孩产生影响。请注意，即便剩余的组成部分完全由未被观测到的非学业基础因素组成，自动升级对于学生继续在学校受教育的效应的衡量上限也仅仅为8.5%，或者大约是男孩以学业为基础升级效应的1/3，又或者大约是女孩以学业为基础的升级效应的1/5，即11.8%。如果剩余组成部分依然以学业表现为基础，那么以学业表现为基础的总体效应的衡量标准上限对于学生继续在学校学习决定的影响，对男孩和女孩分别为33%和63%。

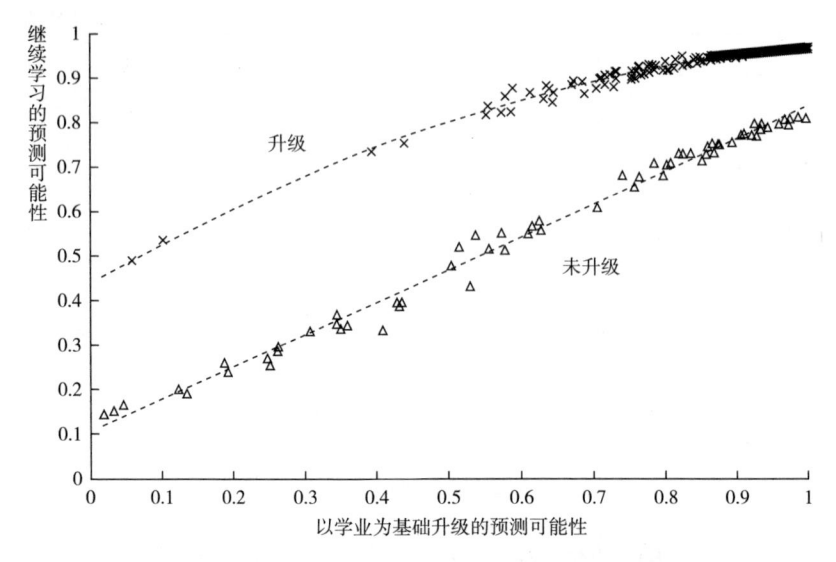

图1 继续在学校受教育和以学业表现为基础的升级之间的关系，根据孩子是否升级进行区分以学业为基础升级的预测可能性

资料来源：笔者根据文中探讨的数据开展的分析。

五 结论

在某些国家（如巴西、尼泊尔和塞内加尔），留级率较高，甚至达到了20%或更高，使得学生完成小学教育的年数增加，并对教育系统（在教室使用和教师等方面）和家庭构成了沉重的负担。研究人员长期以来认为，留级将损害学生的自尊，以及他们继续学习的决心。这些考虑意味着留级与增加入学率和毕业率以及促进学习的教育目标是背道而驰的。但是自动升级是否是达成这些目标的正确政策呢？

对受教育需求的经济模型是以父母（或学生）最终决定政策授权或者激励因素究竟能在多大程度上影响受教育决定的假设为基础的。教育回报是否能够超过教育成本与孩子是否进入学校学习，他们在学校学习的时间长度以及他们能够学到多少知识存在关联（Glewwe，2002；Behrman et al.，2008；Hanushek et al.，2008；Pritchett，2013）。比如，扩大教育供给，通常并不足以推动受教育的决定。家长不希望孩子进入教学质量低劣的公立学校，他们希望孩子获得更好的教育质量，即便教学质量较高的公立学校更远（Gertler and Glewwe，1990），又或者即使私立学校收取费用，但教学质量更好（Alderman et al.，2001；Andrabi et al.，2008），家长们也会愿意选择。在小学教育为义务教育或者免学费的发展中国家，大量学龄儿童并没有在学校接受教育就是家长作出关于其孩子受教育决定的部分证据。

本文考察了旨在降低完成受教育年限成本但教学质量并没有随之提高的自动升级政策是否能够提高学校招生率和学校继续学习比率。在对升级和学生表现之间的关系进行估计的过程中，分析区分了基于学生表现（学业）和基于非学业因素升学之间的差别。然而，关于对升级影响的证据并非来源于随机试验，而是基于教师的升级决定、学生的考试分数（教师或家长未知的），以及学生是否根据升级决定而做出的继续留校学习的相关决定。

结果表明，在巴基斯坦，学生的升级在很大程度上以学生表现或学业表现为基础。此外，以学业表现为基础的部分对于学生是否在下一学年继续留校学习的决定产生了最大的影响。以非学业为基础的升级仅仅对男孩是否继续留校学习的决定产生了影响，但即便如此，对于下一学年入学的影响也仅仅为以学业为基础升级的边际效应的1/3。显然，即便是不识字的以及受教育水平十分低下的家长都能分辨出其孩子的学业表现，并在作出继续让孩子留校学习的决策中对这些表现进行考虑。只要家长能够作出受教育的决定，且如果升级不能反映真正的学习成果，那么升级也就不会对学生提前退学产生影响。

参考文献

Ahmad, J. K., S. Devarajan, S. Khemani and S. Shah. 2005. "Decentralization and Service Delivery." Policy Research Working Paper 3603, TheWorld Bank, Washington, DC.

Akresh, R., E. Bagby, D. De Walque and H. Kazianga. 2012. "Child Ability and

Household Human Capital Investment Decisions in Burkina Faso." *Economic Development and Cultural Change* 61 (1): 157 −86.

Alderman, H., P. Orazem and E. Paterno. 2001. "School Quality, School Cost, and the Public/Private School Choices of Low − Income Households in Pakistan." *Journal of Human Resources* 36 (2): 304 −26.

Ali, M. and T. Reed. 1994. "A School and Parental Survey of Book Provision Issues in NWFP." Unpublished paper, International Book Development, Ltd.

Allensworth, E. M. 2004. *Ending Social Promotion in Chicago: The Effects of Ending Social Promotion in the Eighth Grade on Dropout Rates.* Chicago: Consortium on Chicago School Research.

Anderson, K., E. M. King and Y. Wang. 2003. "Market Returns, Transfers, and the Demand for Schooling in Malaysia." *Journal of Development Studies* 39 (3): 1 −28.

Andrabi, T., J. Das, A. I. Khwaja, T. Vishwanath and T. Zajonc. 2008. *Learning and Educational Achievements in Punjab Schools (LEAPS): Insights to Inform the Education Policy Debate.* Washington, DC: The World Bank. Also http://www.leapsproject.org/site/publications/.

Bardhan, P. 2002. "Decentralization of Governance and Development." *The Journal of Economic Perspectives* 16 (Fall): 185 −206.

———. 2005. *Scarcity, Conflicts and Cooperation: Essays in the Political and Institutional Economics of Development.* Cambridge, MA: The MIT Press.

Becker, G. S. 1967. "Human Capital and the Personal Distribution of Income: An Analytical Approach." Ann Arbor: University of Michigan, Woytinsky Lecture. Republished in *Human Capital* (New York: NBER, Second Edition, 1975).

Bedi, A., and J. Marshall. 1999. "School Attendance and Student Achievement: Evidence from Rural Honduras." *Economic Development and Cultural Change* 47: 657 −82.

Behrman, J. R., and A. B. Deolalikar. 1991. "School Repetition, Dropouts, and the Rates of Return to Schooling: The Case of Indonesia." *Oxford Bulletin of Economics and Statistics* 53 (4): 467 −80.

Behrman, J. R., D. Ross, and R. Sabot. 2008. "Improving the Quality versus Increasing the Quantity of Schooling: Estimates of Rates of Return from Rural Pakistan." *Journal of Development Economics* 85 (1 −2): 94 −104.

Bonvin, P. 2003. "The Role of Teacher Attitudes and Judgment in Decision − making:

the case of grade retention. " *European Educational Research Journal* 2 (2): 277 –94.

Chaudhury, N. , H. Jeffrey, M. Kremer, K. Muraldhiran and F. H. Rogers. 2006. "Missing in Action: Teacher and Health Worker Absence in Developing Countries. " *Journal of Economic Perspectives* 20 (1): 91 –116.

Das, J. , S. Dercon, J. Habyarimana and P. Krishnan. 2007. "Teacher Shocks and Student Learning: Evidence from Zambia. " *Journal of Human Resources* 42 (4): 820 –62.

Eide, E. R. and M. H. Showalter. 2001. "The Effect of Grade Retention on Educational and Labor

Market Outcomes. " *Economics of Education Review* 20 (6): 563 –76.

Gertler, P. and P. Glewwe. 1990. "The Willingness to Pay for Education in Developing Countries: Evidence from Rural Peru. " *Journal of Public Economics* 42 (3): 251 –75.

Glewwe, P. 2002. "Schools and Skills in Developing Countries: Education Policies and Socioeconomic Outcomes. " *Journal of Economic Literature* 40 (2): 436 –83.

Glick, P. and D. Sahn. 2010. "Early Academic Performance, Grade Repetition, and School Attainment in Senegal: A Panel Data Analysis. " *World Bank Economic Review* 24 (1): 93 –120.

Gomes –Neto, J. B. and E. A. Hanushek. 1994. "Causes and Consequences of Grade Repetition: Evidence from Brazil. " *Economic Development and Cultural Change* 43 (1): 117 –48.

Grissom, J. B. and L. A. Shepard. 1989. "Repeating and Dropping Out of School. " In L. A. Shepard, and M. L. Smith, eds. , *Flunking Grades: Research and Policies on Retention*. London: Falmer Press.

Hanushek, E. A. and L. Woessmann. 2012. "Do better schools lead to more growth? Cognitive skills, economic outcomes, and causation. " *Journal of Economic Growth* 17 (4): 267 –321.

Hanushek, E. A. and D. D. Kimko. 2000. "Schooling, Labor Force Quality, and the Growth of Nations. " *American Economic Review* 90 (5): 1184 –208.

Hanushek, E. A. , V. Lavy and K. Hitomi. 2008. "Do Students Care about School Quality? Determinants of Dropout Behavior in Developing Countries. " *Journal of Human Capital* 2 (1): 69 –105.

Hauser, R. M. , D. I. Pager and S. J. Simmons. 2004. "Race –Ethnicity, Social Background, and Grade Retention. " In H. J. A. J. Walberg Reynolds, and M. C. Wang, eds. , *Can Unlike Students Learn together? Grade Retention, Tracking, and Grouping.* Greenwich, CT: Information Age Publishing.

Holmes, C. T. . 1989. "Grade level retention effects: A meta-analysis of research studies. " In L. A. Shepard, and M. L. Smith, eds. , *Flunking Grades: Research and Policies on Retention.* London: Falmer Press.

Jacob, B. A. and L. Lefgren. 2004. "Remedial Education and Student Achievement: A Regression

Discontinuity Analysis. " *The Review of Economics and Statistics* 86 (1): 226 -44.

Jimerson, S. R. 2001. "Meta-analysis of Grade Retention Research: Implications for Practice in the 21st Century. " *School Psychology Review* 30 (3): 420 -37.

Mete, C. 2004. "The Inequality Implications of Highly Selective Promotion Practices. " *Economics of Education Review* 24 (3): 301 -14.

Patrinos, H. and G. Psacharopoulos. 1996. "Socioeconomic and Ethnic Determinants of Age-Grade Distortion in Bolivian and Guatemalan Primary Schools. " *International Journal of Educational Development* 16 (1): 3 -14.

Pritchett, L. 2013. *The Rebirth of Education: Schooling Ain't Learning.* Washington, DC: Center for Global Development.

Roderick, M. and J. Nagaoka. 2005. "Retention under Chicago's High-Stakes Testing Program: Helpful, Harmful, or Harmless?" *Educational Evaluation and Policy Analysis* 27 (4): 309 -40.

L. A. Shepard and M. L. Smith (eds) . 1989. *Flunking Grades: Research and Policies on Retention.* London: Falmer Press.

图书在版编目(CIP)数据

世界银行经济评论.2016.No.3/(美)埃里克·埃德蒙兹(Eric Edmonds),(美)尼娜·帕维克里克(Nina Pavcnik)主编;徐广彤等译. -- 北京:社会科学文献出版社,2017.4
ISBN 978 - 7 - 5201 - 0491 - 3

Ⅰ.①世… Ⅱ.①埃… ②尼… ③徐… Ⅲ.①经济学 - 文集 Ⅳ.①F0 - 53

中国版本图书馆 CIP 数据核字(2017)第 056703 号

世界银行经济评论(2016 No.3)

主　办 / 世界银行
主　编 / 〔美〕埃里克·埃德蒙兹(Eric Edmonds)
　　　　　〔美〕尼娜·帕维克里克(Nina Pavcnik)
译　者 / 徐广彤　肖皓元　朱旭敏
译　审 / 尹志超

出 版 人 / 谢寿光
项目统筹 / 许春山
责任编辑 / 王珊珊
特邀编辑 / 孙　竞

出　　版 / 社会科学文献出版社·教育分社 (010)59367278
　　　　　地址:北京市北三环中路甲29号院华龙大厦　邮编:100029
　　　　　网址:www.ssap.com.cn
发　　行 / 市场营销中心 (010)59367081　59367018
印　　装 / 三河市尚艺印装有限公司

规　　格 / 开　本:787mm × 1092mm　1/16
　　　　　印　张:15　字　数:230千字
版　　次 / 2017年4月第1版　2017年4月第1次印刷
书　　号 / ISBN 978 - 7 - 5201 - 0491 - 3
定　　价 / 39.00元

本书如有印装质量问题,请与读者服务中心(010 - 59367028)联系

▲ 版权所有 翻印必究